Waldtraut Lewin
Griechische Sagen

Noch weitere Titel in dieser Reihe:

Griechische Sagen
Artussagen
Nordische Sagen
Deutsche Heldensagen
Römische Sagen

Griechische Sagen

Ausgewählt und neu erzählt von Waldtraut Lewin

Loewe

ISBN 978-3-7855-7660-1
Überarbeitete Neuausgabe
2. Auflage als Loewe-Taschenbuch 2013

Umschlagillustration: Markus Lovadina
Umschlaggestaltung: Christian Keller
Redaktion: Burkhard Heiland
Printed in Germany

www.loewe-verlag.de

INHALT

DIE OLYMPISCHEN GÖTTER UND IHRE VERWANDTEN

PROMETHEUS UND SEINE GESCHÖPFE

VON GÖTTERN UND MENSCHEN

DIE GROSSEN HEROEN

DIE OLYMPISCHEN GÖTTER UND IHRE VERWANDTEN

Der Olympos

Nach unendlichen und grausamen Kämpfen gegen andere, lange vor ihnen entstandenen Göttergeschlechter, nach Kämpfen mit den Titanen, nach Mord und Totschlag auch untereinander, festigte sich schließlich die Herrschaft jener Götter, die Olympier genannt werden. Denn für die meisten von ihnen wurde als Wohnsitz der Olympos angesehen, ein dreitausend Meter hoher, von ewigem Schnee bedeckter Berg in Thessalien.

Dort lebten die Unsterblichen in wunderbaren Palästen, ernährten sich von Nektar und Ambrosia, trugen ihre Streitigkeiten aus, liebten oder hassten sich gegenseitig und hatten stets einen scharfen Blick auf das irdische Geschehen, denn die Menschen waren der Gegenstand ihrer beständigen Neugier, und nichts taten sie lieber, als sich in das Geschehen der Welt einzumischen.

Einige wenige Götter wohnten nicht auf dem Olymp, so Poseidon, der Gott des Meeres, Hades, der in der Unterwelt regiert, und Gaia, die Mutter Erde.

Der Gott aber, der sich als König des Himmels und der Erde, als absoluter Herrscher durchgesetzt hatte, ist Zeus.

Zeus

Er ist derjenige, der alles überwacht, was am Himmel geschieht. Seine Hand schleudert den Blitz, er sammelt die Wolken und sorgt für das strahlende Blau des Alls. Sein Wort ist Gesetz im Himmel wie auf Erden, die Götter sind seiner Entscheidung ebenso unterworfen wie Fürsten und Könige der Welt. Oft kommt er Bedrängten zu Hilfe, straft unerbittlich, wenn das Gastrecht verletzt wird oder Schutzflehende missachtet werden.

Doch auch der oberste Gott kennt noch eine Instanz über sich: Das ist Moira, das unergründliche Schicksal. Zeus hat eine goldene Waage, auf der er die Geschicke der Menschen abwägt und deren Ausschlag von Moira bestimmt wird. Senkt sich eine Waagschale, so steuert das Schicksal des Betroffenen unaufhaltsam dem Untergang zu, steigt sie, bedeutet das Glück und Gewinn. Gegen diese Entscheidung gibt es keinen Einspruch.

Zeus ist die Verkörperung der Männlichkeit, und so ist es kein Wunder, dass er unzählige Liebesaffären hat, sowohl mit weiblichen Gottheiten als auch mit sterblichen Frauen, denen er sich oft in anderer Gestalt nähert, um sie zu verführen – als Schwan, als Stier, als goldener Regen oder als der Ehemann. Aus diesen Liebschaften sind viele Kinder hervorgegangen, Götter und Halbgötter, von denen wir hören werden.

Zeus achtet eifersüchtig darauf, dass sich niemand in seine Machtbefugnisse einmischt. Die Einzige, die es wagt, sich ihm entgegenzustellen, ist seine Gattin Hera.

Hera

In den ältesten Geschichten war sie seine Schwester, später war davon aber nie mehr die Rede. Ihre Hochzeit mit Zeus auf einem Berggipfel bedeutet so etwas wie ein Frühlingsfest, bei dem der segensreiche Regen die Erde fruchtbar macht. Zeus nähert sich seiner Gemahlin als goldleuchtende Wolke, und ihr Brautlager ist frischer Rasen, aus dem Blumen sprießen, Lotus, Safran und duftende Hyazinthen. Heras heiliger Vogel ist der Pfau, er verkörpert ihre prächtige Schönheit – aber auch ihre Eitelkeit.

Sie ist die Hüterin der Ehe und dringt darauf, dass Ehebruch streng bestraft wird. Freilich hat sie viel Grund zu Kummer, denn ihre eigene eheliche Verbindung ist ständig gefährdet durch die unendlichen Liebesabenteuer ihres Mannes. Da sie selbst das Musterbild der Treue ist, verfolgt sie die Geliebten ihres Gemahls gnadenlos, quält sie oder verwandelt sie in andere Gestalten, und auch deren Nachkommen sind Gegenstand ihrer Rache. Es gelingt ihr allerdings fast nie, die Sprösslinge ihres Mannes umzubringen.

Hera ist zänkisch, und ein Streit zwischen ihr und Zeus hat schon oft ein olympisches Festmahl gestört. Aber der große Frauenkenner versteht es immer wieder, sie zu versöhnen.

Pallas Athene

ist die Tochter des Zeus, und zwar seine alleinige Tochter. Sie ist sein Lieblingskind, denn sie ist in voller Rüstung aus dem Kopf ihres Vaters herausgesprungen, und als das schöne bewaffnete Mädchen zum ersten Mal in den Kreis der Olympier trat, erregte es Furcht und Schrecken.

Pallas Athene ist also eine »Kopfgeburt«, und dementsprechend sind ihre Eigenschaften: Sie ist die Besonnenheit, die Planung, die Übersicht im Kampf, nicht das blinde Dreinschlagen. Sie ist zwar eine Kriegsgöttin, aber sie hilft den Menschen auch beim Handwerk und bei Erfindungen. Sie führt dem Baumeister die Hand oder plant die Konstruktion von Schiffen, sie lehrt die Frauen zu spinnen, zu weben und zu sticken.

Kluger Ratschlag und politische Weisheit sind ihr Gebiet, und in der Stadt Athen, die nach ihr benannt ist, sitzt sie dem Areopag, dem Gericht, als oberste Richterin vor. Ihr Wahrzeichen ist die Eule, der kluge und besonnene Vogel. Daher rührt das Sprichwort »Eulen nach Athen tragen«, wenn man nämlich etwas an einen Ort bringen will, wo es das schon längst gibt.

Mit Männern verkehrt Athene als Gleichberechtigte; von Liebe will sie nichts wissen. Sie ist eine Jungfrau und wird es immer bleiben, und als nahezu der einzigen aller Himmlischen gibt es von ihr keine Abenteuer zu berichten.

Ares

ist ein Sohn von Zeus und Hera. Im Gegensatz zu seiner Schwester verkörpert er die rohe Gewalt, den Kampf um des Kampfes willen. Darum wechselt er im Krieg auch häufig die Parteien: Die Ziele sind ihm gleichgültig, wenn nur genug Blut fließt. Ares ist ein Kraftprotz und mit seiner Klugheit ist es nicht sehr weit her. Aber seine Muskeln können auch auf manche Frauen sehr anziehend wirken, und dazu gehört sogar die Göttin der Liebe selbst, Aphrodite.

Aphrodite

Es heißt, diese Göttin, deren Kraft sich jedes Lebewesen unterordnen muss, ist aus dem Schaum des Meeres geboren. Woher sie wirklich kommt und wer ihre Eltern sind, ist nicht bekannt. Aber wegen ihrer Herkunft stehen die meisten ihrer Tempel in der Nähe des Meeres.

Vor allem wird sie auf der blühenden Insel Kypros (Zypern) verehrt, hier gibt es einen heiligen Hain, in dem Zypressen und Zedern, Mandelbäume und Granatäpfel wachsen – lieblich und erhaben zugleich. Und auch an anderen Stätten wird sie meist in Gärten angebetet; an allen Orten, wo es schön und fruchtbar zugleich ist.

Wenn die Göttin auf ihrem goldenen Wagen daherkommt, vor den Tauben und Sperlinge gespannt sind, so ist es stets ein Triumphzug. Wo sie vorbeigeht, blüht die Natur auf, die wilden Tiere werden zahm und sehnen sich nach Paarung, und in die Herzen der Menschen kehren Heiterkeit und Glück ein.

In ihrem Gefolge zieht ein Schwarm kleiner Liebesgötter daher, Kinder der Nymphen, der schönen weiblichen Wesen, die ihr dienen. Ebenfalls gehören die drei Grazien zu ihrem Hofstaat, die Verkörperung der Anmut und Lieblichkeit. Der Anführer dieser Schar ist Eros, ihr Sohn, den sie von Ares empfangen hat, der ewig kindliche, mutwillige Gott, der mit seinem Pfeil die Herzen der Menschen trifft, damit sie sich ineinander verlieben, gleichgültig, ob sie für die Liebe bereit sind oder nicht. So bringt sein Pfeil manchmal Glück, manchmal auch großes Leid, wenn die Liebe nicht erwidert wird. Deshalb halten ihn manche für blind oder stellen sich vor, dass er seine Augen mit einer Binde verhüllt, wenn er sein Geschoss abschickt.

Die Rose und der Apfel sind Aphrodites Wahrzeichen, und sie

besitzt einen Gürtel, der ihr ewige Anmut verleiht. Ihren Schmeicheleien kann niemand widerstehen.

Die Göttin sät nicht nur die Liebe in andere Herzen, sie selbst ist ebenfalls sterblichen und unsterblichen Männern zugeneigt. Sie hat Göttern und Menschen Söhne geboren und sie mit ihren Gaben der Anmut und der Wohlgefälligkeit ausgestattet. Allerdings ist sie nicht nur freundlich. Verachtet jemand ihre Macht oder hält sich gar für schöner als sie, so kann sie unerbittlich strafen.

Obgleich sie so flatterhaft ist – das gehört nun einmal zu ihrem Wesen –, hat Aphrodite auch einen Gatten: Hephaistos.

Hephaistos

Er ist der Gott des Feuers, ein Sohn des obersten Götterpaares, wie Ares. Aber so schön Aphrodite erscheint, so hässlich ist ihr Gemahl. Missgestaltet und hinkend, wie er ist, entsetzte sich seine Mutter Hera so vor ihm, dass sie ihn nicht ansehen wollte, als er geboren war. Aphrodite jedoch kennt solche Vorbehalte nicht. Für sie ist jedes Lebewesen der Liebe wert, und so nahm sie den Feuergott zum Mann.

Es zeigte sich bald, dass der Herr über das Feuer ein Meister der Schmiedekunst war. Er wurde zum Lehrmeister und Patron aller Schmiede und machte sich bei Göttern und Göttinnen beliebt, indem er für sie schöne Waffen oder Schmuckstücke herstellte.

Auf einem hohen Berg in Zypern hatte er den Garten seiner Frau mit einem goldenen Gatterzaun und kupfernen Toren ausgestattet, um ihr seine Liebe und Dankbarkeit zu beweisen – und auch, um sie zu überwachen.

Denn Hephaistos kann furchtbar eifersüchtig sein. Als er zum Beispiel bemerkte, dass die Liebesgöttin ihn mit seinem Bruder Ares betrog, packte ihn ein furchtbarer Zorn.

Mit aller Kunstfertigkeit schmiedete er ein goldenes Netz, so feinmaschig, dass man es kaum sah, und hängte es über Aphrodites Bett auf. Als sie sich nun einmal wieder mit Ares traf, zog Hephaistos das Netz über ihnen zusammen. Das Paar war in der verfänglichsten Situation ertappt, und der wutentbrannte Gatte rief die anderen Olympier herbei, damit sie Zeugen des Ehebruchs werden sollten.

Aber die Unsterblichen, eigene Seitensprünge gewohnt, fanden die ganze Angelegenheit nur komisch. Sie hielten sich die Seiten vor Lachen, und Hephaistos hatte das Nachsehen, denn nun war er für alle als Hahnrei bloßgestellt.

Trotzdem ließ seine Liebe für die goldene Aphrodite niemals nach.

Apollon und Artemis

sind Zwillingsgeschwister. Ihr Vater ist Zeus. Die Mutter Leto, eine Tochter des frühen Göttergeschlechts der Titanen, wurde von der grausamen Eifersucht der Hera verfolgt. Lange Zeit irrte Leto umher und suchte eine Stelle, wo sie gebären könnte, denn aus Furcht vor Hera verweigerten ihr Länder und Inseln, auf ihnen zu verweilen, ja, sogar die Quellen spendeten ihr keinen kühlen Trank. Schließlich fand sie Zuflucht auf dem Eiland Delos, einer kleinen Insel der Kykladengruppe. Damals war diese Insel steinig und unwirtlich. Dort gebar sie ihre beiden Kinder, und kaum war das Zwillingspaar auf der Welt, war die Insel verwandelt und begann zu grünen und zu blühen.

Delos ist daher das bevorzugte Heiligtum des strahlenden Gottes Apollon. Er ist eine Lichtgestalt, mit der Sonne auf Du und Du, ein Gott der Klarheit und des Überblicks. Nie kämpft er anders als mit seinem unfehlbar treffenden silbernen Bogen. Er befreit die Menschen von Raubtieren und Ungeheuern, kämpft gegen Wölfe und Schlangen. Aber wenn man ihn kränkt, kann dieser Bogen auch Seuchen, Pest und Tod bringen.

Neben dem Bogen ist sein zweites Attribut die Leier, denn Apollon ist der Gott der Musik und der Künste. In seinem Gefolge schreiten die neun Musen im Reigen, Göttinnen, denen jeweils eine Form der Kunst oder der Wissenschaft zugeordnet ist wie Tanz, Dichtung, Sternkunde oder Geschichtsschreibung.

Nach Zeus ist Apollon der am meisten verehrte Gott der Griechen. Das Zentrum seines Kults ist Delphi in Mittelgriechenland, wo sich nach Ansicht der Griechen der Nabel der Welt befindet. Apollon kennt die Zukunft, und durch den Mund seiner Priesterin, der Pythia, wird sie den Menschen verkündet. Diese Seherin, die durch Dämpfe aus einem Erdspalt oder durch berauschende Kräuter, die man auf einem Dreifuß verbrannte, in Ekstase versetzt wird, lallt meist unverständliche Worte, die ihre Priester dann zu Orakelsprüchen machen; oft sind diese Voraussagen doppeldeutig und führten die Menschen in die Irre.

Artemis, Apollons Zwillingsschwester, ist die Göttin der Wälder, der Jagd und des Mondes. Ihre zarte Jungfräulichkeit und ihre Scheu sind Sinnbilder der unberührten Natur. Sie wohnt nicht in Gärten, sondern fühlt sich wohl auf schattigen und windigen Berggipfeln oder inmitten undurchdringlicher Wälder. Ihren heiligen Hain darf kein Mensch betreten.

Artemis' größtes Vergnügen ist die Jagd. Mit den Nymphen, den Jungfrauen, die sie begleiten, durchstreift sie ruhelos Hain und Flur. Sie ist aber auch eine liebevolle Pflegerin eines jeden Wildes, und in ihrem Heiligtum leben Wolf und Hirsch friedlich nebeneinander.

Sterbliche, die die Unnahbarkeit der Göttin in irgendeiner Weise verletzen oder sich an ihrer Keuschheit vergehen wollen, werden von ihr freilich auf die grausamste Weise verfolgt: von ihren Hunden zerrissen, in Wildtiere verwandelt oder mit einem sicheren Pfeilschuss getötet.

Mit ihrem Bruder Apollon verbindet sie innige Zuneigung, oft sind die Geschwister gemeinsam mit Pfeil und Bogen unterwegs, und wenn es darum geht, ihre Mutter Leto zu verteidigen oder zu schützen, vereinen sie sich und senden beide todbringende Pfeile.

Hermes

ist ebenfalls ein Sohn des Zeus. Seine Mutter ist die scheue Bergnymphe Maja, eine Tochter des Atlas, der das Himmelsgewölbe trägt. Maja lebte in einer Höhle am Berg Kyllene in Arkadien. Nachts, wenn Hera schlief, machte sich der Göttervater auf und besuchte die Schöne. Dort in der Höhle gebar Maja dann auch ihren kleinen Sohn, der von Anfang an eine bemerkenswerte Frühreife an den Tag legte.

Schon am ersten Tag seines Lebens kletterte er aus der Wiege und verließ die Höhle. Er fand eine Schildkröte, und aus ihrem Panzer, den er mit Schilfrohren als Saiten bespannte, bastelte er sich ein Instrument, ähnlich einer Harfe, auf dem er, ein Neugeborener, bereits perfekt spielte und dazu sang.

Doch damit des Ungewöhnlichen nicht genug: Gegen Abend hatte der kleine Tunichtgut Hunger auf Fleisch bekommen. Er machte sich auf und fand die Herden der Götter, und sofort stahl er dem Apollon fünfzig Rinder, trieb sie fort und briet sich zwei zum Abendessen. Danach legte er sich wieder in seine Wiege und tat, als sei nichts geschehen.

Natürlich bemerkte Apollon den Diebstahl, doch Hermes leugnete so geschickt, dass Zeus selbst den Streit schlichten und dem gewitzten Kind befehlen musste, die Herde herauszugeben. Daraufhin begann Hermes auf seiner »Harfe« zu spielen, und als Apollon die bezaubernde Musik hörte, tauschte er bereitwillig all seine Kühe gegen das Instrument ein. Seither waren Apollon, der Gott des hohen Geistes, und Hermes, der Gott des praktischen Verstandes, die besten Freunde.

Hermes ist schlau, witzig, umtriebig und gewandt. Seine Schnelligkeit kann niemand überbieten und er ist ständig unterwegs. Als er erwachsen wurde, machte ihn Zeus zum Götterboten, verlieh ihm als Zeichen seiner Würde einen Stab und schuf ihm geflügelte Sandalen. In manchem Streit dient er als Vermittler, und bei Zeus' Liebesabenteuern ist er sein treuer Helfer und Komplize.

Hermes ist den Menschen wohlgesinnt. Weil er selbst so gern auf Reisen ist, wurde er zum Wegbegleiter der Menschen, zum Schutzpatron derer, die nicht zu Hause sind, und darüber hinaus geleitet er als Führer der Seelen die Verstorbenen bis zur Schwelle des Totenreiches.

Es liegt nahe, dass Hermes der Schutzpatron der Kaufleute ist – und der Diebe! Er hatte sich ja früh genug in diesem Metier geübt. Er kann klar und überzeugend reden – und wunderbar lügen! Ausgestattet mit diesen Eigenschaften sowie mit seinem Witz und seiner Anmut, hat er unzählige Liebesaffären wie sein Vater Zeus.

Poseidon und die Meeresgötter

Poseidon, einer der Brüder des Zeus, gehört zu den ältesten und mächtigsten Göttern überhaupt. Er ist nicht nur der Gott des Meeres, sondern der Beherrscher jeglichen Wassers, süßen und salzigen. Wie sein Element ist Poseidon von aufbrausender Natur, und oft gerät er mit anderen Göttern in Streit, meistens wegen der Vorherrschaft über bestimmte Gebiete, von denen er meint, dass sie eigentlich dem »Wasser« gehören sollten.

Poseidon zeigt sich selten auf dem Olympos, die meiste Zeit verbringt er mit seiner Gattin Amphitrite, einer Titanentochter, in einem Unterwasserpalast.

Das Zeichen seiner Herrschaft ist der Dreizack. Mit ihm regiert er das Meer, peitscht es zu wilden Wogen auf oder beruhigt die Stürme und schafft den Seeleuten gute Fahrt.

Poseidon ist unberechenbar, er kann sehr grausam sein, aber auch großzügig Gaben verleihen. Er kommt im Wasser auf einem von Pferden gezogenen Wagen daher, denn der Herr der Wogen ist auch der Gott der Pferde.

Die Söhne, die er mit Nymphen oder Menschenfrauen gezeugt hat, sind, im Gegensatz zu den Heldengestalten der Söhne des Zeus, oft Ungeheuer – wie der einäugige Riese Polyphemos, der in den Abenteuern des Helden Odysseus eine Rolle spielen wird.

Das Meer ist außerdem von einer Reihe anderer niederer Gottheiten bevölkert. Die freundlichen Nereiden, die spielenden Wellen, Töchter des Seetitanen Nereus, vergnügen sich gern mit den Tritonen, Götter halb in Menschen- und halb in Fischgestalt, die auf einem Muschelhorn die Ankunft Poseidons verkünden. Eine der Nereiden ist Thetis, die sich mit einem Sterblichen vermählt und von ihm einen berühmten Helden empfängt, den Achilleus, der in Geschichten um die Stadt Troja eine große Rolle spielen wird.

Gefahren, die den Seefahrern drohen, werden verkörpert durch die Sirenen, deren verführerischer Gesang die Schiffer in den Tod zieht, und die beiden Ungeheuer Skylla und Charybdis, Letztere ein Meeresstrudel von unwiderstehlicher Gewalt.

Dem Schiffsvolk freundlich gesinnt sind die Brüder Kastor und Polydeukes, die Dioskuren oder Zwillingssterne, die auf dem Meer Verirrten Beistand leisten, indem sie ihnen die Richtung weisen und sie so vor der Zerstörungswut Poseidons retten.

Hades

Hades, der zweite Bruder des Zeus, ist der Beherrscher der Unterwelt, die ihm zufiel, als der Göttervater Luft und Erdreich und Poseidon das Wasser erhielt.

Dort in der Unterwelt haust er abgesondert von der Welt der Götter und der Sterblichen. Er regiert über die Toten. In sein Reich, das oft einfach nach ihm Hades genannt wird, dringt kein Sonnenstrahl, und er selbst trägt oft einen Helm, der ihn unsichtbar macht.

Dunkle Klüfte und Höhlen, tiefe Seen und geheimnisvolle Erdspalten sind die Eingänge, durch die man zur Unterwelt gelangen kann.

Hades herrscht nicht nur über die Toten; ihm gehören auch alle Schätze, die im Erdinnern schlummern, alles Erz, alle Edelsteine, alles Gold. Darum wird er auch Pluton, der Reiche, genannt.

Wenn jemand gestorben ist, geleitet Hermes die Seele des Verstorbenen im schwindenden Licht zunächst zum Fluss Acheron. Charon, der Fährmann über dieses Gewässer, lässt niemanden in sein Boot, der nicht nach den alten überlieferten Riten bestattet worden ist und einen Obolus, eine kleine Münze als Fährgeld, unter der Zunge mitbringt. Der eigentliche Eingang zum Totenreich wird von einem dreiköpfigen Hund namens Kerberos bewacht.

Ein zweiter Fluss, Styx, grenzt dann unerbittlich das Reich des Zwielichts von dem der ewigen Finsternis ab.

Nach einigen Überlieferungen leben die Seelen dort für immer in freudlosem Dunkel.

Es gibt aber auch andere Geschichten. Sie erzählen davon, dass es im Totenreich ein Gericht gibt, das die Taten der Menschen auf Erden beurteilt. Diejenigen, die sich helden- und ehrenhaft benommen haben, gelangen auf die Inseln oder zu den Gefilden der Glückseligen. Andere aber, die sich frevelhaft gegen Menschen und Götter aufgeführt haben, sind zu ewigen Qualen verurteilt. Dort unten wälzt Sisyphos ständig einen Felsblock ächzend einen Hang hinauf. Wenn er oben angekommen ist, rollt ihm der Stein weg und er muss erneut anfangen. Und Ixion, der die oberste Göttin Hera frevlerisch zur Geliebten begehrte, ist auf Zeus' Befehl an ein brennendes Rad geschmiedet.

Demeter

Die Schwester der drei Ur-Götter Zeus, Poseidon und Hades ist die alte Göttin der Fruchtbarkeit. Ihr Interesse gilt nicht dem Olymp – dort hält sie sich nur sehr selten auf –, sondern der Erde. Sie sorgt für das Gedeihen der Feldfrüchte und lehrt die

Menschen den Anbau von Getreide, deshalb ist ihr auch jedes Stück Brot heilig.

Demeter hat eine Tochter, Persephone. Eines Tages erblickte der Herr der Unterwelt das Mädchen und verliebte sich in sie. Er bat seinen Bruder Zeus, ihm Persephone zur Frau zu geben. Der König des Olymp war wohlwollend, aber er wandte ein, dass Demeter nicht einverstanden sein würde, ihr Kind im sonnenlosen Inneren der Erde zu wissen. Er schlug Hades deshalb unter der Hand eine Entführung vor. Angetan mit seinem unsichtbar machenden Helm, näherte sich der Gott der Unterwelt dem Mädchen, als sie mit ihren Freundinnen auf einer blühenden Wiese spielte, und riss sie mit sich ins ewige Dunkel.

Als Demeter nach ihrer Tochter fragte, wusste niemand zu sagen, wohin sie verschwunden war. Klagend und jammernd irrte die Göttin nun über die Erde und suchte nach ihrem Kind. Überall verdorrten die Ernten und das fruchtbare Land lag brach.

Schließlich verriet ihr Helios, der alles sehende Sonnengott, wer ihre Tochter geraubt hatte. Er versuchte, sie davon zu überzeugen, dass Hades als Herrscher über ein Drittel des Universums kein unwürdiger Gatte für Persephone war, aber davon wollte Demeter nichts wissen. Sie war untröstlich und zog sich in eine Höhle zurück.

Die Erde begann, sich in eine Wüste zu verwandeln.

Zeus, der einsah, dass sein Rat unvorhergesehene Folgen für Götter und Menschen hatte, versuchte, seinen Bruder zur Rückgabe des Mädchens zu veranlassen, aber es war zu spät. Persephone hatte vom Granatapfel gekostet, den Hades ihr gereicht hatte – durch einen Liebeszauber war sie nun der Unterwelt und ihrem Herrscher verfallen.

Schließlich bestimmte Zeus, dass Persephone den größten

Teil des Jahres, die Zeit des Blühens und Reifens, bei ihrer Mutter verbringen sollte, den Winter über aber in der Unterwelt bei ihrem Gatten wohnen durfte.

So kehrte die Fruchtbarkeit auf die Erde zurück.

Dionysos

Dieser Gott, ebenfalls ein Sohn des Zeus, ist von einer sterblichen Mutter geboren worden, die ihn freilich nie zu Gesicht bekam. Die Königstochter Semele war Zeus' Geliebte, und die eifersüchtige Hera verleitete die junge Schöne arglistig, sie solle von Zeus fordern, dass er sich ihr in seiner göttlichen Gestalt zeige. Im Zucken der Blitze des Gottes verbrannte Semele zu Asche, doch Zeus rettete seinen ungeborenen Sohn und pflanzte ihn sich selbst in den Schenkel ein, um ihn zu nähren und zum richtigen Zeitpunkt zur Welt zu bringen. Dann vertraute er den Kleinen dem Götterboten Hermes an und ließ ihn ins sagenhafte Land Nysa bringen, wo er von Nymphen zärtlich umhegt und aufgezogen wurde; sein guter alter Lehrer war ein Silenos, ein Waldgott.

Dionysos' großes Geschenk an Götter und Menschen ist der Wein. Er pflanzte die ersten Rebstöcke, erfand die Kelter und berauschte alsbald sein ganzes Waldgefolge mit dem neuen Getränk. Dann trat er aus seiner Waldeinsamkeit heraus, begleitet von Silenos und den bocksfüßigen Satyrn, halbwilden, stets lüsternen Naturgöttern, und den Mänaden, entfesselten Mädchen und Frauen, die seinem Lockruf in rasendem Rausch folgen.

So brausen sie nun über die Erde dahin wie ein Sturmwind, und Dionysos schwingt seinen Stab, den Thyrsosstab, der mit

Weinranken und Efeu umwickelt ist und an dessen Spitze sich ein Pinienzapfen befindet.

Dionysos ist ein mächtiger Gott. Er kann alle menschlichen Sorgen auflösen oder vergessen machen und rettet diejenigen aus körperlicher und geistiger Not, die sich ihm anvertrauen. Aber denen, die sich gegen ihn wehren, zwingt er seine Macht auf und bestraft sie mit Raserei und Irrsinn.

In wilden, ausgelassenen Festen wird er verehrt, und wer sich zu seinen Dienern zählt, der muss sich aus allen anderen Bindungen lösen; Familie und Vaterland werden ihm gleichgültig, wenn er »voll des Gottes« ist. Gesang und Tanz ruft der Schöne hervor, und Eros und Aphrodite sind seine Verbündeten.

Aus den Wechselgesängen, mit denen Sterbliche den Gott priesen, ging schließlich die Bühnenkunst hervor, deswegen ist Dionysos auch der Gott des Theaters.

Pan und die Götter der Natur

Pan ist der Gott der Schafhirten. Es heißt, dass er ein Sohn des Hermes ist, aber andere Überlieferungen berichten, Hermes habe das Kind nur gefunden, denn seine Mutter (wer auch immer sie war) habe beim Anblick ihres neugeborenen Sohnes so einen furchtbaren Schreck bekommen, dass sie wegrannte. Das Kind hatte nämlich Bockshörner und Ziegenfüße. Hermes jedoch adoptierte den Kleinen, brachte ihn stolz auf den Olymp und zeigte ihn den anderen Göttern, die ihn lustig fanden und ihren Spaß mit ihm trieben.

Pan lebt im Bergland, und zusammen mit den ebenfalls bocksfüßigen Satyrn und den Nymphen tanzt und singt er und spielt eine Flöte, die Syrinx oder Pansflöte, die er selbst erfunden hat, indem er Schilfrohre unterschiedlicher Länge aneinanderband. Genau wie die Satyrn ist er immer zu einem Liebesabenteuer bereit und nimmt auf die jungfräuliche Scheu der Nymphen keine Rücksicht, sondern fällt einfach lüstern über sie her.

Die gespenstische Stille der heißen Mittagsstunde gehört ihm; da wagt kein Hirte, die Ruhe des Gottes zu stören, denn er kann, aufgeschreckt aus süßen Träumen, Mensch und Tier durch seinen durchdringenden Schrei in »panischen« Schrecken versetzen. Da kann es dann geschehen, dass die Herden auseinanderstieben und blindlings in einen Abgrund rennen.

Mit diesem gewaltigen Schrei, der die Gegner fast lähmt, soll er auch den Göttern in mancherlei Schlachten beigestanden und deren Feinde in die »Panik« getrieben haben.

Wo Pan sich herumtreibt, sind auch immer Nymphen und Satyrn da.

Überall, wo die Natur unberührt und geheimnisvoll ist, leben die Nymphen, schöne und scheue Naturwesen, göttliche Mädchen, deren Stimmen im Murmeln der Quellen, im Flüstern des Laubs und im Plätschern des Wasserfalls zu vernehmen sind. Die Griechen kennen drei Arten von Nymphen: die Najaden, die im Wasser leben, die Dryaden, die in Bäumen heimisch sind und mit ihrer Pflanze zugleich entstehen und untergehen, und die Oreaden oder Bergnymphen, zu denen das Echo gehört.

Meist lassen sie sich vor den Menschen nicht sehen, folgen entweder der Artemis auf die Jagd oder tanzen mit Pan über die Hügel und Täler. Wenn sie sich aber einmal in einen Sterblichen verlieben, dann verlangen sie von ihm unbedingte Treue und strafen unerbittlich, wenn sich der Geliebte von ihnen abkehrt.

Im Gegensatz zu ihnen sind die Satyrn halb tierische, arglistige, lüsterne Gesellen mit Bockshörnern, Schwänzen und stumpfen Nasen, die lärmend durch die Wälder toben. Den Menschen sind sie nicht sonderlich wohlgesinnt. Sie erschrecken gern die Wanderer, überfallen Herden und verfolgen zudringlich alle Frauen, derer sie habhaft werden können.

Silene (ein Silenos zog den Dionysos auf!) gehören auch zu den Satyrn, nur haben sie Pferdeohren und Pferdeschwänze und sind meist dickbäuchig und alt, was ihrer Lust auf Frauen keinen Abbruch tut.

Andere Gottheiten

Obgleich das Geschwisterpaar Apollon und Artemis stellvertretend für Tag und Nacht, für Klarheit und Helligkeit und für Dunkelheit und Kühle steht, gibt es noch weitere Gottheiten, die bestimmte Naturphänomene verkörpern. Das sind Helios, der Sonnengott, seine Schwestern Eos, die Morgenröte, und Selene, die Mondfrau.

Helios wird morgens von Eos angekündigt und begleitet. Er fährt in einem vierspännigen Wagen tagsüber durch das Himmelsgewölbe. Nachts kehrt er von Westen, in einer goldenen Schale schwimmend, übers Meer nach Osten zurück. Auch Helios hat viele Liebesabenteuer und einige Kinder, darunter die Zauberin Kirke, und er hütet eifersüchtig seine Rinderherde. Wer es wagt, sich an ihr zu vergreifen, wird von ihm grausam bestraft.

Die Mondfrau Selene ist im Gegensatz zu Artemis durchaus keine keusche Jungfrau. Sie hat von vielen Göttern Kinder, soll sich sogar dem Pan für ein Schaffell hingegeben haben. Auch einen irdischen Geliebten gibt es, den Endymion, der sich allerdings von ihr etwas ziemlich Unüberlegtes wünschte: Er wollte ewig schlafen, um nicht zu altern! Leider war es mit der Liebe damit vorbei.

In späterer Zeit geriet Selene im Bewusstsein der Menschen etwas in Vergessenheit. Sie wurde ersetzt durch Artemis oder – wenn es um die dunklen Seiten des Mondgestirns geht – durch die grausige Hekate. Ähnlich wie Eris, die Göttin der Zwietracht, steht sie für das Böse und Abgründige. Hekate wird manchmal mit drei Köpfen dargestellt, man verehrt sie an Kreuzwegen mit Opfergaben, höllische Hunde begleiten sie mit heiserem Gebell, wenn sie fackelschwingend erscheint, und sie fordert blutige Opfer. Ihr gefällt es, wenn Tiere bei lebendigem Leib zerstückelt oder Kinder geschlachtet werden. Sie ist die Beschützerin aller Zauberinnen und wird angerufen, wenn eine unheilvolle und schädliche Beschwörung vollbracht werden soll.

Ebenfalls zu den abgründigen Mächten gehören die drei Erinnyen.

Das sind furchtbar aussehende Frauenwesen, die Schuldige verfolgen und quälen – gleichzeitige Verkörperung des schlechten Gewissens der Verbrecher und der Vergeltung für Taten, die menschliches Recht nicht ahndet. Aber selbst wenn ein öffentliches Gericht ein Urteil verhängt – oft genügt ihnen die Strafe nicht und sie wollen den Verbrecher in alle Ewigkeit verfolgen. Vor allem bei Zwisten in der Familie treten sie auf den Plan. Wird jemandem von einem Familienmitglied Unrecht zugefügt, kennen sie kein Erbarmen.

Unnachsichtig verfolgen sie Kinder, die ihren Eltern etwas angetan haben. Das schlimmste aller Vergehen ist für sie der Muttermord. Solchen Tätern bleiben sie Tag und Nacht auf den Fersen und treiben sie in den Wahnsinn.

Die Menschen fürchten diese Rachegöttinnen über alles. Um sie zu besänftigen, gaben sie ihnen sozusagen einen »Kosenamen«. Man nennt die furchtbaren Wesen, deren wahren Namen man nicht in den Mund nehmen möchte, gern die Eumeniden, das heißt: die Wohlmeinenden.

In der Nähe von Athen hat man ihnen einen heiligen Hain errichtet.

Der Götterhimmel der Griechen wird Pantheon genannt, und er ist so randvoll mit bunten Gestalten erfüllt, dass unmöglich alle beschrieben werden können. Oft sind sie auch, ähnlich wie die Mondfrau Selene und der Sonnengott Helios, die Verkörperung von Phänomenen aus der Natur. So gibt es Aiolos, den Gott der Winde, oder Thanatos, der für den Tod oder das Sterben steht, wie der Sensenmann in der späteren Überlieferung.

Aber die wichtigsten haben hier vielleicht ihren Platz einnehmen können.

PROMETHEUS UND SEINE GESCHÖPFE

Die Erschaffung der Menschen

Prometheus ist kein olympischer Gott, sondern gehört den Titanen an, dem alten Göttergeschlecht, das im Kampf den Olympiern weichen musste. Dennoch stritt er auf der Seite der neuen Götter gegen seine eigenen Verwandten und durfte nun ebenfalls auf dem Olympos wohnen.

Solche Überläufer sind zwar zunächst einmal sehr willkommen, weil sie aus der genauen Kenntnis ihrer früheren Freunde und jetzigen Feinde besonders gut wissen, wie man sie bekämpfen kann – aber wenn der Sieg errungen ist, betrachtet man sie häufig mit Misstrauen. Einmal Verräter, immer Verräter! So auch im Fall Prometheus.

Der Titan war ein lebhafter und erfindungsreicher Geist, und es heißt, dass er irgendwann anfing, aus Lehm Geschöpfe zu formen, die er Menschen nannte. Die Götter zeigten lebhaftes Interesse an den Arbeiten des Prometheus, und Athene beteiligte sich sogar daran, indem sie ihnen Sachverstand und Kunstfertigkeiten verlieh.

Prometheus begann nun, die neuen Wesen zu unterrichten. Er lehrte sie, den Auf- und Niedergang der Gestirne zu beobachten, erfand für sie die Zahl und die Schrift, brachte ihnen bei, wie man Tiere zähmt, wie man den Ochsen ins Joch spannt und das Ross unter den Sattel zwingt. Er zeigte ihnen die Kräuter und Pflanzen, mit deren Hilfe man Krankheiten heilen konnte, und wies sie in die Kunst des Wahrsagens und der Traumdeutung ein.

Zeus selbst aber waren diese Wesen unheimlich. Er verlangte von den neuen Geschöpfen Demut, Verehrung, Unterwerfung und vor allem Opfergaben.

Das Leben der ersten Menschen war armselig, und oft litten sie Hunger, weil die Spenden, die von den Göttern verlangt wurden, ihre letzten Vorräte aufzehrten. Da verfiel Prometheus auf eine List, wie er seinen Geschöpfen zu einem besseren Dasein verhelfen könne. Er überredete Zeus, jeweils nicht das ganze Opfertier als Gabe für die Götter zu verlangen, sondern nur einen Teil.

»Nun gut«, sagte der Herr des Olympos, »ich bin einverstanden. Aber welchen Teil des Tieres sollen nun die Götter erhalten und welchen die Menschen?«

Der Titan bereitete daraufhin zwei unterschiedliche Portionen vor: Die eine bestand aus den besten Teilen des Fleisches. Die umhüllte er mit einer struppigen Ochsenhaut. Knochen und Innereien aber bettete er in einladend üppiges Fett. Zeus ließ sich tatsächlich täuschen und wählte die schlechtere Portion. Die war von nun an sein Anteil an einem Tier, das geopfert wurde.

Zeus ließ sich zunächst nichts anmerken, aber er verzieh dem Prometheus diesen Trick nicht und grollte ihm insgeheim.

Seitdem aber ging es den Menschen besser, denn ihnen blieb mehr Essen übrig.

Zu ihrem Glück fehlte ihnen aber immer noch etwas sehr Wichtiges: das Feuer. Denn das Feuer war den Göttern vorbehalten, und sie wachten mit Eifer darüber, dass dieses Gebot eingehalten wurde.

Prometheus sah voller Besorgnis, dass seine Geschöpfe ohne

das Feuer immer noch elend dran waren. Sie konnten kein Essen kochen und sich nicht wärmen, und die Schmiedekunst oder den Schiffsbau auszuüben, bei dem man ja Holzspanten überm Feuer biegen muss, war ihnen unmöglich. So wagte der Titan, das Feuer für sie zu stehlen. Umsichtig dachte er sich eine Möglichkeit aus. Er nahm einen hohlen Stängel des Riesenfenchels, begab sich ans Firmament und wartete auf Helios, den Sonnengott. Er näherte sich dem vorbeifahrenden Sonnenwagen und setzte den Stängel so in einen schwelenden Brand. Damit eilte er zu den Menschen hinab und bald loderte der erste Holzstoß auf der Erde.

Prometheus hatte angenommen, dass ihm auch diesmal seine List durchgehen würde. Aber er hatte sich getäuscht.

Wutentbrannt sah Zeus, dass er schon wieder hintergangen worden war. Für ihn war das Maß nun voll. Er beschloss, den Übeltäter für seine Unverschämtheit zu bestrafen. Er ließ Prometheus von seinen beiden Dienern Kratos und Bia – das bedeutet: Zwang und Gewalt – packen und ins Kaukasus-Gebirge schleppen.

Dann befahl er dem Schmied Hephaistos, den Titanen über einem schauerlichen Abgrund mit Ketten an eine Felswand zu schmieden.

Ungern befolgte der Gott den Befehl seines Vaters, denn er war mit Prometheus befreundet; beide vereinte die Liebe zur Kunstfertigkeit und zu schöpferischen Tätigkeiten. Seufzend sagte er beim Abschied: »Zeus hat befohlen, dass du bis in alle Ewigkeit an dieser Klippe hängen sollst, und glaube nicht, dass du ihn mit Jammern und Klagen erweichen kannst, denn sein Herz ist gegen dich verhärtet, und er ist grausam.«

Prometheus aber sagte: »Es reut mich nicht, dass ich meine Geschöpfe mit allem ausgestattet habe, was zivilisiertem Verhalten dient. Und wenn das Schicksal, die Moira, es will, so werde ich dereinst auch von diesem Felsen befreit werden, denn das Schicksal steht noch über dem Spruch des Zeus.«

Der oberste Gott hörte diese Worte und sein Hass gegen den Unbeugsamen wuchs noch. Er begnügte sich nicht mit dem, was er Prometheus angetan hatte, sondern dachte sich eine weitere Marter aus. Um den Gefesselten noch mehr zu quälen, schickte er einen Adler, der ihm Tag für Tag die Leber heraushackte, die in jeder Nacht wieder nachwuchs.

Daraufhin überlegte Zeus, wie er den Menschen, den Geschöpfen des Prometheus, schaden könnte. Er fürchtete die Weisheit und das Wissen, das ihr Schöpfer ihnen gegeben hatte, fürchtete, dass sie sich ihm eines Tages nicht mehr bedingungslos unterordnen würden, wie er es von ihnen forderte.

Wieder musste Hephaistos herhalten. Zeus befahl ihm, eine künstliche Frau zu erschaffen, die an Schönheit alle anderen Frauen übertraf.

Sie hieß Pandora, die von allen Beschenkte, weil alle Götter mithelfen mussten, sie mit besonderen Gaben wie Schönheit, Anmut, süßer Rede und freundlichem Wesen auszustatten. Zeus aber übergab ihr eine verschlossene Büchse und befahl dann Hermes, das reizende Geschöpf auf die Erde zu führen.

Nun hatte Prometheus einen Bruder, der Epimetheus hieß und bei den Menschen lebte. Er war arglos und unüberlegt in seinem Tun; Prometheus hatte ihn oftmals ermahnt, keine Geschenke von den Göttern anzunehmen. Aber als Epimetheus die wunderschöne Frau erblickte, vergaß er alle Warnungen seines Bruders und nahm Pandora zur Frau.

Kaum aber war sie in seiner Wohnung angekommen, da öffnete sie den Deckel der Büchse, die Zeus ihr gegeben hatte, und ihr entströmten alle Plagen und Mühen, die nur denkbar waren.

Nur die Hoffnung ließ sie nicht heraus, sondern schloss, wie Zeus es ihr befohlen hatte, den Deckel vorher wieder. Seitdem werden die Menschen von Beschwerden und Krankheiten geplagt, sie machen sich Sorgen um nichtige Dinge, verfallen in Schwermut oder gar in Wahnsinn und laufen dem Reichtum und der eitlen Ruhmsucht hinterher.

Prometheus aber musste dreißigtausend Jahre die grausame Marter im Kaukasus erleiden. Aber schließlich wurde er doch erlöst. Der Held und Halbgott Herakles kam auf einer seiner Fahrten an der Felswand vorbei und sah, wie der Adler sich an der Leber des Titanen zu schaffen machte. Empört über diese Quälerei, spannte er seinen mächtigen Bogen und erschoss das Tier.

Dann löste er die Ketten und führte Prometheus mit sich fort. Damit Zeus aber nicht Lügen gestraft würde, musste der Titan einen Ring mit einem kleinen Felsbrocken jener Wand, an der er gehangen hatte, mit sich führen. So konnte der Göttervater behaupten, Prometheus sei noch immer am Kaukasus angeschmiedet.

Die Sintflut und das neue Menschengeschlecht

Zeus besah sich das Treiben der Menschen und fand schließlich, dass sie abgrundtief schlecht seien. Betrug und Verrat, Niedertracht und alle Arten von Gemeinheiten regierten die Welt. Das versetzte den Gott in furchtbaren Zorn – wobei er geflissentlich übersah, dass er ja Schlechtigkeit und Bosheit selbst in die Büchse der Pandora hatte einpflanzen lassen und die Schuld eigentlich bei ihm lag.

Er berief die Götter zur Ratsversammlung und teilte ihnen

seinen Entschluss mit, die Menschheit zu vernichten. Die Frage war nur, auf welche Weise das geschehen sollte. Eigentlich hatte er vorgehabt, seine Blitze über die ganze Erde zu verstreuen, um mit ihnen alles Menschliche auszulöschen. Aber die anderen Olympier meinten, das wäre zu gefährlich. Dabei könnte ja vielleicht der ganze Äther in Flammen aufgehen.

Der Meeresgott Poseidon sagte: »Lieber Bruder, ist es nicht angebrachter, wenn wir das Land einfach überschwemmen? Ich habe ja Wasser genug und die Winde können Regenfluten herbeiholen. So werden wir die Menschen alle ersäufen.«

Dieser Vorschlag fand allgemeine Zustimmung.

Sofort stürzte sich der Feuchtigkeit bringende Südwind mit triefenden Schwingen aus seiner Höhle, griff ans Himmelsgewölbe und begann, die Wolken auszupressen. Regenströme stürzten auf die Erde herab und vernichteten die junge Saat. Poseidon befahl den Flüssen, über die Ufer zu treten, und durchstach mit seinem Dreizack Wälle und Dämme, und die Meeresfluten stiegen und stiegen.

Bald waren Land und Meer nicht mehr zu unterscheiden. Die Menschen versuchten, sich zu retten, indem sie auf die Berggipfel kletterten, aber auch die waren bald von Wassermassen umspült.

Ein einziger Berg im Lande Phokis trotzte den Fluten. Er hieß Parnassos.

Es gab einen Sohn des Prometheus, Deukalion, dem hatte sein Vater die Kunst beigebracht, Schiffe zu bauen. Mit einem selbst gezimmerten Schiff gelang es ihm und seiner Frau Pyrrha, sich zu diesem Berg zu retten.

Deukalion und seine Frau galten als die rechtschaffensten und untadeligsten Menschen überhaupt.

Als Zeus nun vom Himmel herabschaute und sah, dass gerade dieses Paar die Sintflut überlebt hatte, da begriff er, dass das allmächtige Schicksal es so gewollt hatte. Er bat Poseidon, die Wasser zu besänftigen, sperrte den Südwind ein und ließ den Nordwind die Erde trocknen. Das Land tauchte wieder aus Schlamm, Dunst und Nebel auf.

Deukalion blickte vom Parnassos über die verwüstete Erde und sagte zu seiner Frau: »Ich glaube, wir sind das letzte Menschenpaar auf der Welt. Ach, hätte mein Vater mich doch gelehrt, Menschen aus Lehm zu erschaffen und ihnen Leben einzuhauchen, wie er selbst es konnte! Aber er ist weit fort und gefesselt. Wir müssen versuchen, Zeus gnädig zu stimmen, etwas anderes bleibt uns nicht übrig.«

Und sie stiegen hinab und warfen sich beide vor einem halb zerstörten Altar des Zeus nieder. »Vater des Alls«, baten sie, »hab Erbarmen! Hilf uns, die versunkene Welt wieder zum Leben zu erwecken! Wie können wir die Erde wieder bevölkern?«

Zeus und die anderen Götter fanden es inzwischen langweilig ohne das Menschengeschlecht. Seine Verehrung und seine Opfergaben fehlten ihnen, und es fehlte ihnen, sich in ihr Leben einzumischen und ein bisschen mit ihnen zu spielen. Der Göttervater vermisste inzwischen auch seine Abenteuer mit sterblichen Frauen. Also hatten die Olympier nichts dagegen, die Menschheit neu zu beleben.

Allerdings war Zeus nicht bereit, auf direktem Weg Rat und Hilfe zu geben. Er verpackte seinen Rat in ein Rätsel und wartete gespannt, ob das Paar es lösen konnte. Unter Donner und Blitz ließ er sich vernehmen: »Verschleiert euer Haupt und werft die Gebeine eurer Mutter hinter euch!«

Verwirrt verließ das Paar den Altar, vor dem es gebetet hatte.

Pyrrha schüttelte den Kopf und sagte: »Wie könnte ich so einen Frevel begehen und mit den Gebeinen meiner Mutter herumwerfen?«

Der kluge Deukalion allerdings überlegte hin und her und suchte nach einem verborgenen Sinn in dem Götterspruch.

»Ich glaube nicht, dass uns die Götter zu einer Übeltat auffordern wollen. Ich hoffe, mein Scharfsinn trügt mich nicht: Ich denke, mit unserer Mutter ist die Erde gemeint, und ihre Gebeine sind die Steine, und die sollen wir hinter uns werfen!«

Also taten sie, wie ihnen geheißen worden war, bedeckten ihre Häupter und begannen dann, Steine hinter sich zu werfen.

Deukalion behielt recht. Aus den Steinen, die er warf, wurden Männer, und aus denen, die Pyrrha warf, Frauen, und so bevölkerte sich die Erde langsam wieder.

Aber den Ursprung aus der Erde und dem Gestein kann das Menschengeschlecht seitdem nicht verleugnen. Es ist hart im Nehmen, imstande, viel Mühsal auszuhalten, und wird für alle Zeiten dem Boden verhaftet bleiben, in den es nach dem Tode zurückkehrt.

VON GÖTTERN UND MENSCHEN

Wem die Götter zürnen

Nicht nur Prometheus musste lange Qualen erdulden. Unzählige Geschichten erzählen davon, wie grausam und unerbittlich die Olympier sich rächen, wenn sie von Sterblichen beleidigt werden.

Einerseits ist ihre Neugier auf die Menschen groß und immer wieder mischen sie sich in ihre Angelegenheiten ein. Aber sobald die Sterblichen, durch ihren Umgang mit Zeus und seinem Gefolge verwöhnt, selbst wie Götter sein möchten, trifft sie deren unerbittliche Rache.

Einige der vielen Geschichten sollen hier erzählt werden.

Tantalos

Von Tantalos heißt es, dass er ein Sohn des Zeus und einer Sterblichen war, also eigentlich ein Halbgott. Er herrschte in Lydien als König und war berühmt wegen seines Reichtums, seiner Freigebigkeit und seiner Klugheit.

Zeus war sehr stolz auf diesen Sohn. Er erlaubte ihm nicht nur, bei den Gastmählern der Götter auf dem Olympos dabei zu sein, sondern er gestattete Tantalos sogar, an ihren Beratungen teilzunehmen und ihre Beschlüsse über das Schicksal der Welt zu erfahren.

Aber Tantalos konnte mit dem Vertrauen der Götter nicht umgehen. Bald fing er an auszuprobieren, was er sich alles erlauben konnte.

Er verriet den Menschen die Geheimnisse des Olympos. Einerseits konnten sie sich so vor Schäden wie Flutwellen oder Dürren im Voraus schützen. Aber er plauderte auch aus, wie sich die Götter untereinander aufführten (nämlich genauso zänkisch, rechthaberisch und eitel wie die Menschen), sodass man mit der Zeit den Respekt vor den höheren Wesen verlor.

Tantalos stahl auch Nektar und Ambrosia, Trank und Speise der Götter, und brachte sie mit auf die Erde. Wahrscheinlich kam er sich wie ein zweiter Prometheus vor, obwohl ihn das Schicksal des großen Titanen eigentlich hätte warnen müssen.

Einmal versteckte Tantalos einen von Hephaistos geschmiedeten goldenen Hund, der aus dem Zeustempel in Kreta gestohlen worden war. Tantalos hatte ihn von dem Dieb selbst erhalten, bestritt das jedoch mit einem Eid vor den Göttern.

All das hatte er ungestraft getan. Immer war ihm von Zeus Verzeihung gewährt worden. Doch diese Nachgiebigkeit brachte Tantalos dazu, die Götter zu verachten. Sie waren launisch und handelten oft töricht, von ihren Gefühlen getrieben. Waren sie überhaupt allwissend? Das wollte er herausbekommen und sann sich dazu einen Plan aus, der davon zeugte, dass der ständige Umgang mit den Unsterblichen seinen Sinn für Gut und Böse ausgeschaltet hatte und dass er nicht mehr ganz bei Sinnen war.

Er ließ nämlich seinen eigenen Sohn Pelops schlachten und setzte ihn zerstückelt bei einem Festessen den Göttern vor. Wenn sie es merken, so überlegte er, werden sie ihn retten und wieder zum Leben erwecken. Und wenn sie es nicht merken, werde ich es ihnen sagen und über sie lachen. Und dann müssen sie ihn auch wieder lebendig machen.

Sie merkten es sofort. Und nun war es vorbei mit ihrer Duldsamkeit. Sie ließen sich nicht zum Gespött machen. Natürlich belebten sie den Knaben wieder, indem sie die Stücke in einen Kessel warfen und ihn dank ihrer Zauberkraft heil wieder herausholten. Aber Tantalos wurde in die Unterwelt gestoßen und die erfinderischen Götter hatten sich für ihn eine immerwährende Qual ausgedacht.

Er stand bis zum Hals in einem Teich. Aber niemals gelang es ihm, mit den Lippen den Wasserspiegel zu erreichen und seinen brennenden Durst zu löschen. Sobald er sich herunterbeugte, wich das Wasser zurück, immer eine Handbreit vor seinem ausgedörrten Mund.

Er litt auch entsetzlichen Hunger. Rings um den Teich wuchsen üppige Obstbäume und ließen ihre Zweige dicht über seinem Haupt herabhängen. Da gab es Äpfel und Birnen, grünlich schimmernde Feigen, dunkel glühende Granatäpfel, aber immer wenn er mit der Hand hinauflangte, entschwanden die Zweige in unerreichbare Höhen.

Zu alledem hing über ihm an der Felswand ein loser Gesteinsbrocken, der jeden Augenblick herunterfallen und ihn zerschmettern konnte.

So wurde dem Tantalos eine dreifache Qual beschieden für alle Ewigkeit: Durst, Hunger und Todesangst.

Niobe

Sie war eine Tochter des Tantalos, und eigentlich hätte man annehmen müssen, dass ihr das Schicksal ihres Vaters eine Lehre war, sich nicht übermütig gegen die Götter aufzuführen.

Niobe war eine glückliche Frau und eine glückliche Königin.

Sie kam aus Lydien, war mit König Amphion von Theben verheiratet und von den Göttern gesegnet, denn sie hatte vierzehn wunderschöne Kinder, sieben Jungen und sieben Mädchen.

Eines Tages hatten sich die Frauen von Theben versammelt, um der Leto zu huldigen, der Mutter des Apollon und der Artemis. Sie versammelten sich um den Altar der Göttin, das Haar mit Lorbeer bekränzt, und brachten Gebete und Weihrauchopfer dar.

Da trat Niobe zu ihnen. Sie erschien inmitten ihres Gefolges, gekleidet in ein golddurchwirktes Gewand, ein Diadem auf dem Haupte, und unterbrach die Opferzeremonie, indem sie voller Hochmut sagte: »Was ihr da tut, ist Wahnsinn! Warum huldigt ihr einer Gottheit, die einst als Bettlerin von Ort zu Ort geirrt ist, weil keine Insel und kein Hain sie aufnehmen wollten, und die schließlich auf Delos gerade einmal zwei Kinder in die Welt gesetzt hat?! Seht mich an! Verdiene ich eure Verehrung nicht viel eher als Leto? Mein Großvater ist Zeus, also stamme auch ich von Göttern ab, mein Vater hat als einziger Sterblicher an der Tafel der Olympier gesessen, und in meinem Palast habe ich unendliche Schätze. Vor allem aber sind meine vierzehn Kinder mein ganzer Stolz – wie könnte sich da Leto mit mir messen? Nehmt die Lorbeerkränze vom Kopf und verschwendet keinen Weihrauch weiter an diese armselige Frau!«

Still und betreten beendeten die Thebanerinnen die Zeremonie und gingen nach Haus, wo sie im Stillen die Göttermutter um Vergebung baten.

Leto aber sah voll Zorn und Entsetzen, wie ihr die Anbetung verweigert wurde. Sie eilte zu ihren Zwillingen auf den Berg Kynthos auf Delos und klagte: »Eure Mutter, die keiner Göttin weicht außer Hera, wird in Theben von einer Sterblichen beschimpft und herabgesetzt, und ihr beide, die ihr mein Stolz und mein Ruhm seid, werdet verlacht, weil sie eine größere Kinderschar hat als ich!«

Apollon und Artemis verloren keine Worte. Sie tauschten nur einen Blick, und schon schulterten sie ihre unfehlbaren Bögen, hüllten sich in eine dichte Wolke und schwebten herab nach Theben, den Schimpf ihrer Mutter zu rächen.

Vor den Toren der Stadt befand sich ein großes Feld, auf dem die Jugend sich in Wettkämpfen und Spielen vergnügte. Dort waren die sieben Söhne der Niobe gerade dabei, ihre Kräfte zu messen. Einige tummelten sich auf ihren Pferden, andere wieder übten sich im Ringkampf.

Plötzlich war ein seltsames Sirren von irgendwoher zu vernehmen – und schon stürzte der erste von Niobes Söhnen seitwärts vom Pferd: Der Pfeil des göttlichen Schützen Apollon hatte ihn getroffen. Sein Bruder, der ebenfalls beritten war, hatte das Rasseln des Köchers in der Luft gehört. Er ahnte Unheil und versuchte, in gestrecktem Galopp zu entkommen. Vergeblich. Auch ihn durchbohrte der Pfeil und er besprengte die Erde mit seinem Blut.

Zwei andere waren gerade beim Ringen. Brust an Brust, die Arme miteinander verschlungen, versuchten sie, einer den anderen vom Kampfplatz zu drängen. Wieder sirrte der schreckliche Bogen und der Pfeil durchdrang sie beide zugleich.

Auch die nächsten zwei tötete der erzürnte Gott.

Der Jüngste, ein Knabe mit langen Locken, der das alles mit angesehen hatte, sank in die Knie und breitete die Arme aus: »All ihr Götter, wer ihr auch sein mögt, verschont mich!«, rief er mit heller kindlicher Stimme.

Und Apollon hätte ihn wohl geschont, gerührt von der Jugend und Anmut des Kindes, aber es war zu spät. Der Pfeil war schon von der Sehne geschnellt.

Nun waren alle Söhne der Niobe tot.

Die Kunde vom Mord an den Königssöhnen verbreitete sich wie ein Lauffeuer in der Stadt.

Niobe kam aus den Toren herausgestürzt. Ihr Haar war zerrauft, und sie hatte keine Zeit gefunden, sich mit ihren goldenen Gewändern zu schmücken. Jammernd und schreiend warf sie sich auf ihre toten Kinder und bedeckte die Leichname mit Küssen. Dann reckte sie die Arme zum Himmel auf und rief: »Grausame Leto, weide dich an meinem Schmerz! Triumphiere, mächtige Feindin!«

Indessen waren auch ihre Töchter herbeigekommen, bereits in dunklen Trauerkleidern, und begannen, sich an die Brust zu schlagen und die Wangen zu zerkratzen als Zeichen ihres Schmerzes. Als Niobe sie sah, trat ein Schimmer des alten Hochmuts in ihre Augen. Sie richtete sich auf und rief höhnisch: »Auch in meinem Unglück sind mir noch mehr Kinder geblieben als dir in deinem Glück, Leto!«

Und da erklang wieder von fern das Schwirren einer Bogensehne … Nun übernahm Artemis das Geschäft der Rache.

Die Mädchen fielen, eine nach der anderen hingestreckt vom tödlichen Pfeil der unerbittlichen Bogenschützin.

Nur eine war noch übrig geblieben. Wimmernd vor Angst hatte das Kind sich zu der Mutter geflüchtet und schmiegte sich in ihren Schoß, wie ein junger Vogel ins Nest flüchtet, und Niobe umschlang sie mit den Armen, um sie zu schützen, und umhüllte sie mit den Falten ihres Gewandes.

Das Gesicht zum Himmel gereckt, schrie sie flehend: »Eine nur! Lass mir die Jüngste, Unerbittliche, erbarme dich unser!«

Aber die strenge Artemis kannte noch viel weniger Mitleid als ihr Bruder. Der Pfeil traf das Kind in den Hals und sein Blut besudelte das Gewand ihrer Mutter.

Niobe ließ die Tote sanft aus ihren Armen gleiten – und auch ihre eigenen Glieder erkalteten, wie die ihrer Kinder. Kein Klageruf kam mehr über ihre Lippen, keine Träne floss aus ihren Augen. Das Blut stockte in ihrem Leib, die Glieder erstarrten, ihr Herz wurde zu Fels. Nicht einmal ihr Haar bewegte sich noch im Wind.

Niobe war vor Schmerz zu Stein erstarrt.

Ein gewaltiger Sturm erhob sich und trug die versteinerte Frau fort in ihre alte Heimat Lydien. Hier steht sie auf ewig über den Steinklippen am Meer auf einem Bergesgipfel. Aber eine einzige Gnade haben die Götter ihr gewährt: Sie kann wieder weinen. Unablässig rinnen aus ihren marmornen Augenhöhlen die Tränen, Zeugen ihrer niemals versiegenden Qual.

Aktaion

Aktaion, der Enkel des thebanischen Königs Kadmos, war eines Tages mit seinen Gefährten auf der Jagd.

Als es Mittag wurde und die Sonne unerbittlich vom Himmel brannte, sagte er: »Bisher hatten wir großes Jagdglück, liebe Freunde. Wir müssen uns nicht in der Hitze des Tages weiter mühen. Lasst uns die Jagdnetze mit der Beute füllen, reinigt die Waffen vom Blut der Tiere, und jeder mag sich einen schattigen Platz suchen, um sich auszuruhen, bis es kühler wird.«

Die müden Gefährten stimmten ihm nur zu gern zu.

Sie befanden sich gerade in der Nähe eines dichten Hains – einem Heiligtum der Jägerin Artemis. Zypressen und Fichten gaben üppigen Schatten und im innersten Winkel des Tals befand sich eine Grotte. Klare Bäche rieselten aus dem Stein hervor und bildeten einen kleinen See, wie geschaffen zum Baden.

Und es war auch ein Bad: das Bad, in dem sich die Göttin selbst mit ihren Jagdgefährtinnen, den Nymphen, erfrischte, wenn sie von ihren Streifzügen durch die Wälder ermattet waren.

Aktaion war auf der Suche nach einer Stelle, wo er sich ungestört ausruhen konnte, hierher gelangt. Als er sich der Grotte näherte, die ihm einladende Kühle zu versprechen schien, hörte er Frauengelächter. Neugierig ging er näher.

Am Eingang zur Grotte sah er abgelegte Kleider, Sandalen, Gürtel, Speere, Bogen und Köcher liegen. Offenbar, so dachte er, waren die Frauen, die sich dort aufhielten, ebenfalls Jägerinnen.

Wie konnte er ahnen, dass es die Göttin der Jagd selbst war, die sich hier im Bade erfrischte?

Auf Zehenspitzen schlich sich Aktaion weiter heran. Badende Mädchen zu beobachten, sie vielleicht ein bisschen zu erschrecken – nichts als ein unschuldiger Spaß! So dachte er.

Aber kaum war er an die nackten Frauen herangekommen, als ihn auch schon eine von ihnen entdeckte und gellend aufschrie. Aufgescheucht wie Tauben, wenn sich der Habicht nähert, versuchten die Nymphen, sich vor die Göttin der Jagd zu stellen, ihren jungfräulichen Leib vor der Entweihung durch männliche Blicke zu schützen.

Und Aktaion? Als er merkte, dass er keine Geringere als Artemis vor sich hatte, hätte er Hals über Kopf fliehen müssen, um sich vor dem göttlichen Zorn zu schützen. Stattdessen ging er näher, stand dann wie angewurzelt, vertieft in den Anblick des schlanken, elfenbeinblassen Körpers der Jägerin.

Artemis schoss die Röte der Scham und des Zorns in die Wangen.

»Was wagst du, Sterblicher!«, rief sie drohend. »Kein Mann hat mich jemals nackt gesehen, und du – du würdest es ausplaudern, da bin ich mir sicher. Meine Pfeile und den Bogen habe ich nicht bei mir, aber ich kann dich auf andere Weise zum Verstummen bringen!«

Mit diesen Worten schöpfte sie Wasser mit der hohlen Hand und spritzte es auf Aktaion.

Der Jüngling spürte, dass eine merkwürdige Veränderung mit ihm vorging. Er tastete mit den Händen nach seiner Stirn und entdeckte voller Entsetzen, dass ihm ein Hirschgeweih gewachsen war. Seine Ohren wurden spitz, sein Hals streckte sich, und als er seine Finger bewegen wollte, ging es nicht mehr, denn die Hände waren zu Hufen geworden. Arme und Beine wurden schlank und sehnig, und ein gesprenkeltes Fell überzog seinen Körper.

Aktaion hatte sich in einen Hirsch verwandelt!

»Weh mir, was geschieht mit mir?«, wollte er rufen, aber aus seinem Maul kam nur ein wimmerndes Blöken.

Nun stand er auf vier Beinen, und sein Hirschleib verlangte nach nichts so sehr, als zu fliehen, den Feinden zu entkommen. Er stürzte aus der Grotte ins Freie und blieb mit bebenden Flanken zwischen den Bäumen stehen, dort, wo das Laub am dichtesten war.

Was sollte er tun? Sein menschlicher Verstand war ihm geblieben, aber alles andere an ihm gehörte dem Tier; vor allem dessen Drang davonzulaufen. Während er noch erwog, ob er nach Theben zurückkehren und versuchen sollte, sich irgendwie seinen Freunden und Verwandten bemerkbar zu machen, hörte er von ferne lautes Gebell. Erschreckt reckte er sein Hirschhaupt in die Höhe, hielt die Nase in den Wind. Es waren seine eigenen Hunde, die er da vernahm. Ob sie ihn an der Witterung erkennen würden, merken würden, dass in dem Tier ihr Herr steckte?

Aber es auszuprobieren, war unmöglich, denn der Fluchttrieb des Hirsches erfasste seinen Körper, egal, was seine Vernunft auch immer verlangte. Aktaion brach aus dem Dickicht hervor und jagte in langen Fluchten davon – dicht hinter ihm seine eigene Meute, die begierig die Witterung aufgenommen hatte und nun mit lautem Gekläff das Wild verfolgte.

Er, der selbst noch vor Kurzem das Wild unbarmherzig gejagt hatte, wurde nun selbst gehetzt und raste mit röchelndem Atem und versagendem Herzen über Klippen und Felsen, übersprang Bäche und bahnte sich den Weg durch verwachsene Gehölze.

Nun hörte er auch die Stimmen seiner Jagdgenossen, die mit fröhlichen Rufen und Hörnerklang der Meute folgten, um die prachtvolle Beute zu erlegen.

Aktaion lief um sein Leben, aber die Hunde waren schneller. Einige hängten sich von der Seite an seine Flanken und verbissen sich, andere schnitten ihm den Weg ab und sprangen knurrend und jaulend an seine Kehle, zerfleischten seine Schlagader.

Er konnte nicht mehr weiterlaufen und brach zusammen, und noch bevor die Gefährten heran waren, hatten die Hunde ganze Arbeit geleistet und schlugen ihre Zähne in seinen Leib, zerrten ihm die Eingeweide heraus und balgten sich um sein Herz und seine Nieren.

Noch einmal schrie er, versuchte zu schreien: »Helft mir! Ich bin's, Aktaion!« Aber aus dem weit aufgerissenen Maul kam nur das Todesröcheln eines waidwunden Hirsches.

Die Jagdgesellschaft war inzwischen herangekommen. Mit flehenden Augen blickte er die Freunde an – sie erkannten ihn nicht.

»Was für ein prachtvoller Hirsch!«, sagte der eine.

»Schade, dass Aktaion ihn nicht selbst erlegen kann. Wo mag er nur sein?«, bemerkte ein anderer.

»Vielleicht ist er schon nach Theben zurückgekehrt«, äußerte ein dritter, während er sein Messer zückte. »Geben wir dem armen Tier den Fangstoß, dann können wir es den Hunden zur Beute überlassen. Nur das Geweih wollen wir als Trophäe mit nach Hause bringen.«

Und so stieß einer der Gefährten seinem Herrn den Dolch in die Kehle, und während Aktaion, der Hirsch, zuckend verblutete, tat sich die Hundemeute an seinem Fleisch gütlich.

Die keusche Jägerin Artemis indessen verließ mit ihren Nymphen das Bad, neue Beute in den Wäldern aufzuspüren, wie es ihre Lust war.

Den zum Hirsch verwandelten Mann hatte sie längst vergessen.

Psyche

Erster Teil

Es war einmal eine Königstochter mit Namen Psyche. Sie war die jüngste von drei Schwestern, und sie war so schön, dass die Leute von überall herkamen, sie anzuschauen. Oft wurde sie mit Aphrodite verglichen, und die Schwärmerei für ihre Schönheit ging so weit, dass man begann, ihr Blumen zu streuen, statt Kränze auf dem Altar der Göttin niederzulegen. Naiv und unschuldig gefiel das dem Mädchen, und es nahm diese Huldigungen entgegen, ohne zu bedenken, dass sie damit gegen Aphrodite frevelte.

Aphrodite war höchst verärgert. So etwas verlangte nach Strafe! Sie rief ihren Sohn Eros zu sich, zeigte ihm das Mädchen und sagte: »Dies hochmütige Ding verdunkelt durch ihre

Schönheit meinen Glanz. Schieß ihr einen Pfeil ins Herz, aber so, dass sie sich in irgendeinen Kerl ohne Rang und Ansehen verliebt! Das sei meine Rache.«

Psyche war allerdings überhaupt nicht hochmütig, sondern eher tieftraurig. Denn niemand wollte sie zur Frau haben, alle beteten sie nur an. Ihr Vater war ebenfalls besorgt und fürchtete mit Recht den Groll irgendwelcher Gottheiten. Er fragte deshalb das Orakel zu Delphi nach der Zukunft der Psyche. Was er zu hören bekam, war niederschmetternd.

»Führe deine Tochter auf eine hohe Bergspitze«, hieß es, »und nimm Abschied von ihr, als würde sie zu Grabe gehen. Es ist ihr bestimmt, ein grausames Wesen zu heiraten, dessen Waffe sogar Zeus nicht widerstehen kann und das alle Welt fürchtet.«

Der König kehrte betrübt nach Hause zurück und verkündete seiner Familie, was Psyche bevorstand.

Natürlich gab es keinen Einwand gegen den Götterspruch. Die Braut wurde wundervoll geschmückt, die Hochzeitsfackeln entzündet, und unter dem traurigen Klang von Flöten und dem Schluchzen der Familie führte man Psyche auf den nächsten Berggipfel. Mutter und Schwestern küssten und umarmten sie zum Abschied und zogen sich dann zurück.

Weinend und zitternd wartete das Mädchen auf das Erscheinen des vorhergesagten Wesens, aber es kam niemand. Schließlich schlief sie erschöpft ein.

Kaum hatte sie die Augen geschlossen, da erhob sich ein sanfter Westwind. Er fuhr in die Falten ihres Gewandes, ließ es wie ein Segel schwellen und wehte sie durch die Luft davon.

Als Psyche erwachte, fand sie sich zu ihrem Erstaunen in einem Hain mit dicht belaubten Bäumen und blütenreicher Wiese wieder und eine klare Quelle rieselte zu ihren Füßen. Vor ihr erstreckte sich ein wunderbarer Palast! Psyche rieb sich die

Augen, sie glaubte zu träumen. Aber der Palast war wirklich vorhanden. Zögernd erhob sie sich von der Rasenbank, auf der sie gelegen hatte, und betrat das Haus.

Was für eine Pracht erwartete sie da! Goldene Säulen trugen die Decke aus Zitronenbaumholz, der Fußboden war ein Mosaik aus Edelsteinen, das Gold an den Wänden glänzte wie Sonnenlicht.

Plötzlich hörte sie eine Stimme: »Psyche, sei willkommen in deinem neuen Heim! Das alles gehört dir, und die Stimmen, die zu dir sprechen, sind die Stimmen deiner unsichtbaren Diener, die bereit sind, jeden deiner Wünsche zu erfüllen. Betrachte alles nach Herzenslust und tu, was immer dir gefällt. Wenn es dich nach einem Bad verlangt, so sag es uns, wir bereiten es für dich. Hast du Hunger oder Durst? Alles, was das Herz begehrt, steht sogleich auf dem Tisch. Möchtest du ruhen? Wir bereiten dir ein Lager. Willst du, dass Musik erklingt? Ein unsichtbarer Sänger wird dich zur Leier unterhalten.«

Zunächst zaghaft, dann immer kühner und mit wachsendem Entzücken ließ sich Psyche von den Unsichtbaren verwöhnen.

Als es Nacht wurde, legte sie sich zu Bett. Plötzlich fühlte sie sich von zärtlichen Armen umfangen und eine weiche Stimme raunte ihr zu: »Fürchte dich nicht, Psyche, ich bin es, der Mann, der dir vom Orakel versprochen wurde. Die ganze Nacht werde ich bei dir sein, aber bevor der Tag anbricht, muss ich dich verlassen.«

Psyche war froh, dass es doch kein grausamer Unhold war, dem sie angehören sollte, sondern ein sanfter und freundlicher Liebhaber, und sie schlang ebenfalls die Arme um ihn und freute sich seiner Liebe.

Bevor der unsichtbare Gatte am Morgen aber fortging, sagte er: »Psyche, meine süße Gemahlin, unser Glück wird andauern.

Du darfst nur niemals versuchen, mich zu sehen oder herauszufinden, wer ich bin – dann wäre alles vorbei. Versprich mir, dass du dich daran halten wirst!«

Dieses Versprechen gab Psyche aus vollem Herzen.

Aber es stellte sich schnell heraus, dass trotz allem Glanz und Luxus ihre Tage voller Langeweile waren. Wenn sie doch nur jemanden gehabt hätte, mit dem sie reden und den sie sehen konnte! Sie wurde immer trübsinniger.

Eines Nachts hielt sie es nicht mehr aus. Unter Tränen sagte sie zu ihrem Ehemann: »Ich bitte dich von Herzen, lass es doch zu, dass ich meine beiden Schwestern einlade. Ich fühle mich so einsam. Mit irgendwem muss ich doch einmal sprechen, muss jemandem zeigen, wie glücklich ich hier bin!«

Schließlich ließ sich der Unsichtbare überreden. Auf den Schwingen des Zephyrs, des sanften Südwinds, wurden die beiden herbeigeholt, und die arglose kleine Psyche zeigte ihnen den Palast und wie sie in Glanz und Pracht lebte. Sie schenkte den Schwestern freigiebig von ihrem Schmuck und ihren schönen Kleidern – und erzählte von ihrem unsichtbaren Ehemann und dem Verbot, ihn zu sehen.

Die Schwestern platzten fast vor Neid.

»Es ist eindeutig!«, sagten sie. »Es kann nur ein Gott sein, der unser Schwesterchen hier zu seinem Vergnügen festhält und ihr einredet, er sei ihr Ehemann. Welchen Grund gibt es eigentlich, dass es ihr besser gehen soll als uns? Wir müssen diesem Spuk ein Ende machen.«

Mit heuchlerischer Sorge wandten sie sich deshalb an Psyche und sagten: »Arme Schwester, du ahnst nicht, in welcher Gefahr du dich befindest! Erinnerst du dich nicht, was dir geweissagt wurde? Ein grausames Wesen würde dich freien, hieß es! Darum waren wir misstrauisch, als du uns sagtest, er zeigt sich dir nie.

Wir haben uns auf die Lauer gelegt, als es Abend wurde, und deinen Gemahl beobachtet. Er erscheint in Gestalt eines Drachens – und nur wenn er mit dir zusammen ist, verwandelt er sich für kurze Zeit in einen Mann. Bestimmt wird er dich irgendwann verschlingen, wenn er keine Lust mehr auf dich hat.«

Bleich vor Entsetzen sah Psyche von einer zur anderen. Sie war die Jüngste und sie war es gewohnt, den Worten ihrer Schwestern zu trauen. »Ich flehe euch an, sagt mir, was ich tun soll!«, rief sie verzweifelt.

Die boshaften Schwestern wechselten einen Blick: Sie hatten ihr Ziel erreicht.

»Nimm heute Nacht, wenn das Ungetüm schläft, eine Lampe und ein Messer, und mache ihm den Garaus!«, rieten sie.

Und Psyche war töricht genug, sich wirklich mit einem Messer und einer Öllampe zu bewaffnen und, zitternd am ganzen Leib, in tiefer Nacht an das Bett heranzutreten, um das »Ungeheuer« zu beseitigen.

Und dann sah sie ihn. Das schönste und liebreizendste aller grausamen Wesen, in der Lage, mit seinen Pfeilen die ganze Welt zu unterjochen: Eros, den Sohn der Liebesgöttin. Goldblonde Locken umrahmten sein knabenhaftes Gesicht und seinen milchweißen Hals, sie leuchteten im Licht der Lampe. Frisch wie Morgentau schimmerten seine zusammengefalteten Flügel, nur ihre zarten Flaumfedern zitterten, wenn der Gott atmend die Schultern hob.

Psyche sank vor dem Bett in die Knie. Das Messer fiel ihr aus der Hand. Sie war überwältigt von Glück und Liebe, und ihr schossen die Tränen in die Augen.

Neben ihr lagen der Bogen und der mit Pfeilen gefüllte Köcher. Vorsichtig zog sie einen heraus und probierte ihn an ihrem

Finger; da quoll sofort ein Blutstropfen – und nun war sie dem Gott erst recht auf Gedeih und Verderb verfallen.

Sie konnte nicht anders: Die Lampe hoch erhoben, um sich an seiner Schönheit zu weiden, beugte sie sich über ihn und berührte seine Lippen in einem leidenschaftlichen Kuss.

Dabei hielt sie die Lampe schräg und ein Tropfen glühend heißen Öls floss aus und verbrannte die Schulter des göttlichen Jünglings.

Eros fuhr mit einem Schmerzensschrei aus dem Schlaf auf und starrte Psyche an. Ihr Ungehorsam machte ihm seinen eigenen Ungehorsam bewusst: Er hatte gegen den Befehl seiner Mutter gehandelt und nun sah er sich betrogen.

Er breitete die Schwingen aus und flog auf und davon, ohne noch ein Wort an die Unglückliche zu richten.

Vernichtet blieb Psyche zurück.

Zweiter Teil

Eros flog zum Haus seiner Mutter und kurierte seine Brandwunde.

Aphrodite war gerade nicht daheim, sie badete im Meer und spielte mit den Wellen. Da kam eine schöne silberweiße Möwe angeflogen, setzte sich auf ihre Schulter und brachte ihr die Neuigkeit, dass ihr Sohn krank sei.

Aber der geschwätzige Vogel beließ es nicht bei dieser Nachricht.

»Herrliche Göttin«, sagte er, »wie kannst du nur so in aller Ruhe deinem Vergnügen nachgehen, und inzwischen verrohen die Völker, denn keiner bringt mehr die süße Liebe zu ihnen!«

»Was meinst du damit?«, fragte Aphrodite beunruhigt.

»Nun«, erwiderte die Möwe, »weißt du es etwa nicht? Dein Sohn kommt seinen Pflichten nicht mehr nach! Er hat eine heimliche Liebschaft irgendwo in den Bergen! Die ganze Welt redet davon!«

Die Göttin lächelte ungläubig. »Aber er ist doch noch ein Kind!«, sagte sie kopfschüttelnd.

»Ja, das denken die Mütter gern von ihren Söhnen«, sagte die Möwe. »Dabei sind sie längst zu jungen Männern herangewachsen, die Mütter haben es bloß nicht bemerkt!«

»Nun«, entgegnete Aphrodite nachsichtig, »schließlich ist er der Gott der Liebe. Warum soll er nicht auch selbst ... Wer ist es denn? Eine der Musen vielleicht oder eine Grazie aus meinem Gefolge?«

»Nein, es ist eine Sterbliche!«, sagte die Möwe. »Ich weiß nicht, wer sie ist, aber ich habe gehört, dass sie Psyche heißt.« Damit schwang sie sich auf und flog davon.

»Psyche? Ausgerechnet Psyche?« Aphrodite glaubte, ihren Ohren nicht zu trauen.

Wutentbrannt stieg sie aus dem Meer. Da hatte der Taugenichts sich in das Mädchen verliebt, statt es zu bestrafen für seine Frechheit, so schön zu sein wie sie selbst! Ihr Zorn war grenzenlos. Eilig begab sie sich in ihren Palast und begann schon an der Schwelle, ihren kranken Sohn auszuschimpfen. »So also befolgst du meine Anweisungen! Wenn du dich in sterbliche Frauen verlieben musst – nun gut, so etwas kommt vor. Aber dass es ausgerechnet das Weib sein muss, das du bestrafen sollst – das ist wirklich der Gipfel der Frechheit! Ich hätte nicht übel Lust, dir den Bogen und den Köcher wegzunehmen und dich hier für immer einzuschließen!«

Damit machte sie kehrt und ließ ihren Sohn mit seiner Wunde und seiner Traurigkeit wegen des Verrats der Liebsten allein.

Inzwischen hatte Psyche ihr Schicksal verwünscht und ihre bösen Schwestern zu ihren Ehemännern zurückgeschickt. Sie hatte den Palast und den Hain verlassen und irrte durch die Welt auf der Suche nach ihrem schönen Liebesgott, um seine Verzeihung zu erlangen. Wenn sie nur bei ihm sein könnte! Sie würde ihm gern auch als niedrigste Magd dienen.

Tag und Nacht streifte sie umher, und vor allem suchte sie die Tempel auf, denn sie hoffte, dass sich dort vielleicht Eros aufhalten könnte.

Zunächst bat sie Demeter und Hera um Hilfe, aber die Göttinnen waren ja mit Aphrodite befreundet und konnten ihr schlecht in den Rücken fallen. Sie wussten, wie wütend die Goldene werden konnte, wenn sie sich beleidigt fühlte.

Endlich – was blieb ihr anderes übrig? – näherte sich Psyche voll Zittern und Zagen der Mutter ihres Geliebten, um zu fragen, ob Eros wohl bei ihr zu finden sei.

Ein schlimmer Empfang erwartete sie.

»Nun, Schwiegertochter«, sagte Aphrodite höhnisch, »ist es dir doch noch eingefallen, dich mir vorzustellen? Warte nur, ich werde dich lehren, was es heißt, eine Göttin wie mich zu missachten und deine Schönheit neben meine zu stellen! Obendrein hat mein Sohn dich ohne die Einwilligung seiner Eltern zur Frau genommen, und so bist du für mich weiter nichts als die letzte Magd. Und nun an die Arbeit!«

Die aufgebrachte Göttin hatte ihren Sohn hinter Schloss und Riegel gesetzt, damit er nicht mit Psyche sprechen konnte, und sie hatte sich lauter unmögliche Aufgaben für die arme junge Frau ausgedacht, die eigentlich unmöglich zu erfüllen waren. So sollte sie bis zum Einbruch der Nacht einen Haufen untereinander vermischter Körner und Früchte, Weizen, Gerste, Hirse und Mohn, Erbsen, Linsen und Bohnen auseinandersortieren, und Wasser aus dem Fluss der Unterwelt schöpfen, der für Sterbliche das reine Gift war. Aber Psyche bekam Hilfe von den Tieren, die Mitleid mit ihr hatten. Ameisen kamen herbei, um die Körner zu verlesen, und Zeus' Adler selbst half ihr, den Krug mit Styxwasser zu füllen.

Aphrodite wunderte sich, dass ihre Schwiegertochter so gut mit den Aufgaben zurechtkam, aber ihren Hass dämmte das nicht ein. Sie wollte sie endgültig loswerden und schickte sie deshalb in die Unterwelt, um eine Schachtel von der Schminke der Persephone zu holen.

Der armen Psyche war klar, dass ein Gang in die Unterwelt für sie nur den sicheren Tod bedeuten konnte.

»Da bringe ich mich doch lieber gleich um!«, sagte sie zu sich selbst. »Wenn ich meinen geliebten Eros nicht wiedersehe, ist das Leben ohnehin für mich wertlos.«

Sie stieg auf einen hohen Turm, um sich herabzustürzen, aber der Turm war ein lebendiges Wesen und begann zu ihrer Überraschung zu reden. Er gab ihr gute Ratschläge, wie sie heil und unversehrt zum Hades und wieder zurück gelangen konnte, und sie befolgte sie ganz genau.

Sie nahm zwei Obolus in den Mund und zwei Honigkuchen in die Hand. Mit dem Geld bezahlte sie Charon, den Unterweltfährmann, für die Hin- und Rückfahrt, und mit den Honigkuchen besänftigte sie den gefräßigen Höllenhund Kerberos am Eingang zur Welt der Toten.

So kam sie voran und gelangte wirklich in den Palast des Fürsten der Unterwelt und trat vor Persephone, zwar voller Furcht, aber doch entschlossen, die Aufgabe zu erfüllen, und bat sie für Aphrodite um frische Schminke.

Die Herrin des Totenreichs bot ihr freundlich einen Stuhl an und lud sie zu einem üppigen Mahl ein, aber Psyche lehnte bescheiden ab. Sie setzte sich auf den Boden und nahm nur ein Stückchen Brot, denn sie wusste: Von diesen Stühlen konnte man nie wieder aufstehen, und wer üppigere Speisen im Hades zu sich nahm, der vergaß, woher er gekommen war.

So erlangte sie wirklich die Schachtel mit der Schminke und kam wieder ans Tageslicht.

Alles war gut gegangen und Psyche atmete auf.

Nun hatte ihr der Turm auch geraten, auf keinen Fall die Schachtel mit der Schminke zu öffnen. Aber Psyche war durch ihren Erfolg leichtsinnig geworden.

»Warum soll ich nicht ein wenig von dieser göttlichen Schminke benutzen, um mich schön zu machen, und so die Liebe meines verlorenen Gatten zurückgewinnen?« Und sie öffnete die Schachtel.

Aber darin befand sich keine Schminke, sondern tiefer Unterweltsschlaf. Er fiel über Psyche her und sogleich sank sie wie ohnmächtig zu Boden.

Zum Glück war Eros, der inzwischen genesen war, seiner Mutter entwischt und auf der Suche nach Psyche. Aphrodite hatte ihn zwar eingeschlossen, aber er hatte ja Flügel, und der Fensterbogen war groß genug. Gerade noch rechtzeitig fand er das Mädchen, ehe sie in eine Nacht versunken war, aus der man sie nie mehr hätte erwecken können. Dank seiner göttlichen Natur war es ihm möglich, dem Zauber entgegenzuwirken. Er wischte den Schlaf von Psyche ab und tat ihn in die Büchse zurück. Dann stach er das Mädchen ganz sacht mit der Spitze seines Pfeils in den Finger, damit sie aufwachte, und als sie die Augen aufschlug, küsste er sie freundlich lächelnd auf den Mund.

»Beinah hättest du mit deiner Neugier großes Unheil angerichtet!«, sagte er. »Jetzt lauf schnell und bring die Schachtel zu meiner Mutter, und dann werden wir weitersehen.«

»So bist du nicht mehr böse auf mich?«, fragte Psyche, ganz atemlos vor Glück über das Wiedersehen.

»Ganz bestimmt nicht!«, erwiderte der Gott schelmisch, und schon flog er auf und davon wie eine Schwalbe, die aus dem Nest aufsteigt.

Er begab sich schnurstracks auf den Olympos und trat vor Zeus' Thron.

»Göttervater!«, sagte er. »Gewähre mir eine Gunst. Ich habe mich in ein sterbliches Mädchen verliebt. Nimm sie gnädig auf und lass uns im Kreise der anderen Olympier Hochzeit feiern. Ich weiß, dass es meiner Mutter nicht genehm ist – aber gegen dein Wort wird sie nichts einwenden können.«

Zeus hatte bei seinen zahllosen Liebesabenteuern schon oft die Hilfe des kleinen Gottes in Anspruch nehmen müssen. Er stand in seiner Schuld und konnte schlecht Nein sagen. Also sprach er ein Machtwort. Hermes mit den Flügelschuhen wurde sogleich ausgesandt, die anderen Götter zum Hochzeitsfest zu laden.

Aphrodite machte gute Miene zu dem Spiel, denn was blieb ihr auch anderes übrig? Als Apollon beim Bankett auf dem Olympos die Leier schlug und die Musen und Grazien danach tanzten, schwang sie sich ebenfalls mit im Reigen, so schön und anmutig wie eh und je, und lächelte der Schwiegertochter so huldvoll zu, als wäre nie etwas Böses geschehen.

Der süßen Psyche aber verlieh Zeus Unsterblichkeit; vielleicht bedauerte er ein bisschen, dass sein Blick nicht eher auf das schöne Frauenbild gefallen war.

Psyche empfing von Eros eine wunderschöne Tochter, ein Kind, das von den Menschen »Wonne« genannt wird.

Wen die Götter lieben

Für einen Sterblichen ist es gewiss ehrenvoll, wenn die Olympier ihm ihre Gunst zuwenden. Aber es ist und bleibt gefährlich, mit den Göttern auf Augenhöhe zu verkehren.

Schwer hatten jene Menschenfrauen zu leiden, die sich Zeus zur Geliebten auserkoren hatte. Der Zorn seiner eifersüchtigen Gemahlin Hera verfolgte sie, wo auch immer sie sich verstecken wollten. Sie verwandelte sie in Tiere, ließ sie von Insekten quälen oder verweigerte ihnen eine Stätte, wo sie das Kind ihres göttlichen Geliebten zur Welt bringen konnten.

Ein Günstling des einen Gottes konnte schnell zum Spielball der Launen eines anderen werden.

Einige wenige dieser Erdensöhne zogen – nach mancherlei Abenteuern – Vorteil aus ihrer Götterfreundschaft. Aber sie sind die Ausnahmen.

Kadmos

Zeus war wieder einmal auf Brautschau zur Erde heruntergestiegen und entdeckte in Phönizien eine schöne junge Königstochter, in die er sich sofort verliebte. Ihr Name war Europa. Um sich des Mädchens zu bemächtigen, nahm er die Gestalt eines Stiers an. Als Europa mit ihren Freundinnen am Meeresufer spielte, näherte er sich ihr und brachte sie dazu, dass sie sich auf seinen Rücken setzte. In Stiergestalt durchschwamm er mit ihr das Meer und verwandelte sich erst in Kreta in den Gott zurück. (Die Affäre mit Europa war eine der wenigen, die den wachsamen Blicken Heras entging.)

Nach dieser Entführung sandte der verzweifelte Vater Europas Brüder aus, um die Schwester zu suchen. Er befahl ihnen, nicht ohne sie zurückzukommen.

Die Brüder wurden in alle Winde zerstreut, sie waren lange unterwegs, aber niemand konnte das Mädchen ausfindig machen. Einer von ihnen war Kadmos. Er irrte lange Zeit umher, aber Zeus hatte seine Geliebte zu gut versteckt.

Da ihm nun durch das Gebot des Vaters die Heimkehr verwehrt war, wandte er sich an das Orakel des Apollon in Delphi und fragte, in welchem Land er sich niederlassen sollte.

Apollon ließ ihm folgenden Spruch zukommen: »Du wirst ein weißes Rind auf der Weide finden, das noch kein Joch als Zeichen der Dienstbarkeit auf seinem Nacken getragen hat. Lass dich von ihm leiten, und wo es sich niederlegt, da sollst du eine Stadt gründen.«

Kaum hatte sich Kadmos mit der kleinen Schar Männer, die ihn begleitete, aufgemacht, da fanden sie schon das mondweiße Rind und folgten ihm übers Land, wie der Gott es ihnen befohlen hatte. Und als sich das Tier schließlich niederlegte, war es beschlossene Sache, dass dort die Stadt des Kadmos entstehen sollte.

Die Gegend war unbewohnt. Kadmos schickte einige seiner Männer aus, um nach einer Wasserquelle zu forschen. Aber keiner kam zurück.

Schließlich machte sich Kadmos selbst auf, um nach dem Rechten zu sehen. Er hatte gut daran getan, seine Waffen mitzunehmen, denn als er der Spur seiner Leute folgte, stieß er auf einen gewaltigen Drachen, der die Quelle, nach der alle gesucht hatten, bewachte. Das Gift und Feuer speiende Untier hatte die Männer ohne Ausnahme umgebracht.

Kadmos zögerte nicht lange. Er stellte sich dem Drachen zum Kampf und überwand ihn schließlich, indem er seinen Leib mit dem Speer am nächsten Baum festnagelte und ihm dann den Kopf abschlug.

Als er noch erschöpft und nach Luft ringend sein Werk betrachtete und das Blut von der Waffe abwischte, wurde es plötzlich hell neben ihm. In voller Rüstung, ihren Schild in der Hand, stand die Göttin Pallas Athene da und betrachtete ihn mit ihren strahlenden Augen.

»Fürchte dich nicht! Deine Klugheit und deine Kampftechnik betrachte ich schon eine Weile mit Wohlgefallen«, sagte sie zu dem erschrockenen Mann. »Jetzt aber hast du unwissentlich einen verhängnisvollen Fehler gemacht. Der Drache hier diente meinem Bruder Ares, dem die Quelle geweiht ist. Sicher wird er dir zürnen. Aber ich stehe dir zur Seite! Zunächst einmal musst du Folgendes tun: Reiß dem Drachen die Zähne aus dem Maul. Die eine Hälfte gib mir, ich werde sie noch irgendwann brauchen können. Die andere säe auf einem Feld aus und die Bewohner deiner künftigen Stadt werden dir erwachsen.«

Kadmos tat, wie ihm geheißen, und aus der Drachensaat entstanden mächtige Krieger. Zunächst wollten sie aufeinander losgehen, aber Athene mischte sich ein und verbot ihnen den Kampf.

Mithilfe dieser Krieger erbaute Kadmos nun die Stadt im Süden von Boiotien und nannte sie Theben. Diese Stadt sollte zum Schauplatz vieler Begebenheiten und Geschichten werden.

Aber der Zorn des Ares, dessen heiligen Drachen er getötet hatte, war nicht so schnell zu besänftigen. Acht Jahre lang war Kadmos ein Diener des Kriegsgottes und musste sich wie ein Söldner auf Geheiß seines kampfwütigen Gebieters dorthin begeben, wo das meiste Blut vergossen wurde. Danach aber gelang es Athene, ihren grimmigen Bruder zu versöhnen.

Kadmos wurde König der von ihm gegründeten Stadt und erhielt eine Tochter des Ares, Harmonia, zur Gattin. Bei der Hochzeit der beiden gaben sich sogar die Götter die Ehre!

Apollon und die Musen sorgten für die Festmusik, Athene schenkte der Braut ein kostbares Halsband, das Hephaistos geschmiedet hatte, Demeter schenkte dem Land, das zur Stadt Theben gehörte, reichen Erntesegen.

Das Paar starb nach einem langen, glücklichen Leben und vielen Abenteuern.

Pelops

Pelops war jener Sohn Tantalos', der den Göttern gekocht vorgesetzt wurde, um ihre Allmacht auf die Probe zu stellen. Da sie alle empört auf den Betrug reagierten und den Jungen mit vereinten Kräften wieder zum Leben erweckten, war er gewissermaßen ihr »Kind« und sie achteten besonders sorgfältig darauf, wie er sich entwickelte.

Da die Olympier Hand an ihn gelegt hatten, um ihn wieder ins Leben zurückzurufen, war Pelops ein besonders schöner und stattlicher Jüngling, gewandt in allen Kampfkünsten, klug und leidenschaftlich.

Kaum war er den Kinderschuhen entwachsen, da hörte er davon, dass König Oinomaos im Land Elis eine Mitteilung überallhin gesandt hatte: Wer seine schöne Tochter Hippodameia zur Gattin haben wolle, müsse ihn selbst im Wagenrennen besiegen. Falls aber er, der König, siegen würde, nahm er sich das Recht heraus, dem gescheiterten Freier den Kopf abzuschlagen und ihn an die Tür seines Palastes zu nageln. Angeblich hatte er bereits zwölf solcher Trophäen erbeutet.

Nun galt Hippodameia nicht nur als wunderschön – mit ihr errang der Glückliche, der sie gewann, als Mitgift auch das halbe Königreich Elis.

Pelops fand sowohl die Braut als auch die Brautgabe erstrebenswert. Nun hatte er gehört, dass der Kriegsgott Ares selbst dem Oinomaos Rüstung und Pferde gegeben hatte. Gegen so einen göttlichen Beistand war es immer am besten, sich ebenfalls die Hilfe eines Gottes zu sichern. Pelops wandte sich deshalb an Poseidon, der ja bekanntermaßen auch der Herr über die Pferde war. Wohlwollend hörte sich der Meeresbeherrscher die Bitte des jungen Götterfreundes an. Die Wogen des Meeres teilten sich und ein prachtvolles Viergespann nebst einem goldenen Wagen tauchte aus dem Wasser auf.

Pelops dankte dem Gott, opferte ihm einen Widder und brach sogleich nach Elis auf.

Als er allerdings vor der Königsburg ankam und die zwölf abgeschlagenen Köpfe seiner Vorgänger sah, kehrte Furcht in sein Herz ein. Er wollte auf keinen Fall der Nächste sein! So beschloss er, nicht allein auf das Geschenk des Gottes zu vertrauen, sondern sich nach anderen Möglichkeiten für einen sicheren Sieg umzusehen, ehe er sich auf das Wagnis einließ.

Klug wie er war, wandte er sich an Myrtilos, den Wagenlenker des Königs Oinomaos, und bestach ihn mit der Versprechung, ihm die Hälfte des Landes – seines Brautschatzes – zu geben. Außerdem sollte Myrtilos, der in Hippodameia verliebt war, eine Nacht mit ihr verbringen dürfen.

Der Wagenlenker ließ sich zum Verrat an seinem Herrn überreden. Bevor das Rennen beginnen sollte, ersetzte er heimlich die bronzenen Achsnägel des königlichen Wagens durch Wachsstifte.

Dann begann das Rennen. Wie immer ließ der König, im sicheren Gefühl, dass er der Schnellste sein würde, dem Brautwerber einen Vorsprung, und es zeigte sich, dass Pelops der Wagen des Poseidon wahrscheinlich keinen Vorteil eingebracht hätte, denn Oinomaos näherte sich mit unheimlicher Geschwindigkeit; offenbar waren die Pferde des Ares denen des Meeresgottes überlegen.

Aber die rasende Fahrt wurde dem Verfolger zum Verhängnis. Durch die Hitze der Reibung schmolz das Wachs der Stifte in den Achsen und der Wagen brach. Der König, verwickelt in die Zügel seines Gespanns, wurde blutig zu Tode geschleift.

Pelops heiratete die schöne Hippodameia, doch bevor er seine Herrschaft antrat, eroberte er noch den größten Teil der griechischen Halbinsel, die dann nach ihm Peloponnes genannt wurde.

Myrtilos aber, der verräterische Wagenlenker, versuchte von Pelops vergeblich, seine Belohnung zu erlangen. Er war der betrogene Betrüger. Als er allzu dringlich nach dem Versprochenen verlangte, wurde er Pelops lästig. Bei einer gemeinsamen Schiffsreise stieß er ihn kurzerhand über Bord. Myrtilos ertrank.

Aber Pelops hatte sich allzu sehr auf die Gunst der Götter verlassen. Er glaubte, man würde ihm alles durchgehen lassen. Doch diese letzte Übeltat empörte die Unsterblichen und sie verhängten einen Fluch über die Nachkommen von Pelops und Hippodameia. Beide lebten zwar ihr Leben weiter und hatten unzählige Kinder, aber fast alle erlitten ein unseliges Schicksal – bis hin zu ihrem Nachkommen Agamemnon, ein großer Held der Griechen, der nach der Rückkehr aus dem Krieg gegen die Stadt Troja von seiner eigenen Frau ermordet wurde.

Aber das ist eine andere Geschichte.

Daphne

Den Zorn der Götter zu erregen, ist entsetzlich und Gründe dafür gibt es viele. Doch wehe dem, der es wagt, die Liebe eines Gottes auszuschlagen! Ihn erwarten die schlimmsten Strafen des gekränkten Unsterblichen …

Bevor Apollon in Delphi sein Orakel gründete, lebte dort der Drache Python, der, wie es Drachen so an sich haben, das Land verwüstete und die Menschen tyrannisierte. Apollon tötete das Ungeheuer mit einem einzigen Pfeilschuss. Mit stolzgeschwellter Brust eilte er zurück auf den Olymp und traf dort zufällig gerade Eros an, der seinen Bogen spannte, und er konnte es nicht lassen, den Schützen zu verspotten.

»Was machst du mit dieser Heldenwaffe?«, fragte er verächtlich. »So etwas gehört in meine Hand. Ich bekämpfe Ungeheuer und habe mit meinen weithin treffenden Geschossen schon unzählige Krieger getötet. Du solltest dich damit begnügen, mit einer Fackel die Herzen zu entfachen, und nicht nach dem Ruhm eines Bogenschützen trachten.«

Eros lachte laut auf. »Denkst du, mich kann man ungestraft verachten? Hüte dich, Apollon! Dein Pfeil ereilt jeden, aber bald ereilt mein Pfeil dich!« Er schwang sich auf und eilte durch die Lüfte auf den Gipfel des waldigen Parnassos, wo Artemis und die Nymphen gern jagten. Zwei Pfeile bereitete er vor. Der eine war schlank und hatte eine gebogene Spitze. Den jagte er dem Apollon ins Herz, als der gerade die anmutige Nymphe Daphne erblickte. Für Daphne aber hielt der rachsüchtige Knabe einen anderen Pfeil bereit: stumpf und mit Blei beschwert. Der Pfeil, der die Nymphe bis ins Mark getroffen hatte, rief Kälte und Furcht vor Gefühlen hervor. Das Geschoss, das Apollon getroffen hatte, erweckte rasende Liebe.

Dann eilte Eros hohnlachend davon.

Apollon wusste in dem Moment, als er getroffen wurde, dass es auf der Welt keine begehrenswertere Frau gab als Daphne. Er loderte auf wie trockenes Stroh, in das jemand eine brennende Fackel wirft. Ihre schlanke Gestalt, ihre aufgelösten Locken, ihre Sternenaugen und die Anmut ihrer Bewegungen schienen ihm von keiner Göttin des Olymps erreichbar, selbst Aphrodites Reiz verblasste vor ihr.

Das Mädchen aber warf nur einen flüchtigen Blick auf ihn – dann eilte sie leichtfüßig fort, floh vor dem verliebten Gott.

Immer wieder gelang es Apollon, sie zu stellen, um zärtlich auf sie einzureden. »Daphne, Geliebte!«, flüsterte er mit sanft klingender Stimme. »Ich bin kein Feind, den du fürchten musst, innige Liebe allein bringt mich dazu, dir nachzulaufen! Bitte, höre doch zu, was ich dir sage! Ich bin kein plumper Hirte oder einfältiger Bergbewohner, der um dich wirbt! Das Land Delphi dient mir, Zeus ist mein Vater! Durch mich klingen die Saiten der Leier, durch mich wachsen Weisheit und Einsicht in der Welt. Ich bin der Pfeilschütze und derjenige, der die Wunden des Geschosses heilen kann, denn ich habe die Heilkunst erfunden. Liebe mich, Daphne! Ein Gott begehrt dich!«

Aber Daphne bedeckte nur mit zitternden Händen ihr Gesicht, und schnell wie ein gehetztes Reh lief sie davon; ihr flatterndes Gewand und ihre wehenden Locken ließen sie dem liebestollen Gott noch schöner erscheinen. Nun vergeudete er keine Worte mehr, sondern hetzte ihr nach, rannte wie ein Jagdhund, der auf dem Feld den Hasen hetzt. Und Daphne lief, als gälte es ihr Leben. Es war ihr gleichgültig, dass ein Gott um sie warb. Sie wollte nicht – weder ihn noch einen anderen.

So eilten sie dahin; Daphne trieb die Angst vorwärts, den Gott die Liebesglut.

Schließlich hatte Apollon sie eingeholt, er ergriff ihr Haar und hielt sie fest, umschlang sie von hinten. Daphne sträubte sich und rief verzweifelt: »Mutter Erde, beschütze deine Tochter, lass nicht zu, dass mir Gewalt angetan wird!«

Und da geschah ein Wunder. Daphne wurde zum Baum! Als grüner Lorbeer reckte sie sich zum Himmel auf. Ihre Haare wurden zu starrem Laub, ihre flinken Füße wurzelten tief in der Erde, und dort, wo der Gott eben noch die warmen Brüste berührt und das vor Angst rasend klopfende Herz gespürt hatte, waren nun raue Rinde und hartes Holz.

Apollon umschlang den Baum und küsste ihn, aber auch noch die Zweige des Baums entzogen sich seinen Küssen.

Bebend vor Zorn und verschmähter Liebe sagte der Gott: »Nein, du entkommst mir nicht, Daphne. Auf immer wirst du mir geweiht sein. Dich, Lorbeer Daphne, will ich zu meinem Baum machen. Deine Zweige sollen meine Stirn zieren, sie sollen der Siegespreis für Helden und Sänger sein, und immer und immer wieder werden meine starken Hände dein Laub plündern.«

Und mit diesen Worten riss er mit zorniger Hand einen Zweig vom Baum. Daphne seufzte, wie wenn der Wind durch die Blätter des Lorbeers fuhr … Sie war nun dem Gott auf ewig ausgeliefert.

Pygmalion

Pygmalion war ein König auf der Insel Kypros, und obwohl er der Aphrodite sehr ergeben war und ihr huldigte, fand er nicht die richtige Frau. Vielleicht lag es auch daran, dass er jede mit der Vollkommenheit der Göttin verglich, und so fand er keine, die ihm genügte.

Pygmalion war nicht nur Herrscher, sondern auch ein geschickter Künstler. Oft schon hatte er versucht, aus Holz oder weichem Stein Bildwerke zu schnitzen, die seinem Ideal einer Frau entsprachen, aber bisher war er nie mit seiner Arbeit zufrieden gewesen.

Nun versuchte er sich an Elfenbein und zum ersten Mal gefiel ihm, was er geschaffen hatte. Ihm war wirklich eine Gestalt von großer Schönheit gelungen, eine Mädchenfigur mit lieblichen Zügen und vollkommenen weiblichen Formen.

Pygmalion verliebte sich in die von ihm geschaffene Statue. Er küsste das schöne Gesicht und streichelte über den Leib, und er konnte sich nicht damit abfinden, dass sie nicht lebte. Er gab ihr sogar einen Namen: Galathea. »Endlich habe ich die Frau vor mir, die ich lieben könnte!«, sagte er verzweifelt. »Ach, Galathea, warum kannst du nicht zum Leben erwachen?«

Er begann, seine Statue in schöne Gewänder zu kleiden, und behängte ihre Arme und ihren Hals mit Schmuck, steckte ihr Ringe an die Finger und legte sie auf ein mit purpurnen Kissen und Decken geschmücktes Ruhebett. Aber so viel er sie auch liebkoste: Galathea blieb stumm und leblos.

Inzwischen war Pygmalion besessen von der Idee, dass die Statue seine Frau werde müsse. Täglich ging er zum Tempel der Aphrodite, opferte ihr, was sie am liebsten hatte, süßen Wein, Honig und junge Tauben, und flehte sie an, ihm zu helfen.

»Ich weiß, dass es keine Sterbliche gibt, die sich mit dir messen kann!«, sagte er und umschlang flehend das Standbild der Göttin. »Aber wenn eine deines Segens würdig wäre, dann meine Galathea. Als ich sie schuf, habe ich nur an dich gedacht, Unsterbliche, golden Leuchtende. Warum nur muss sie kalt und unbelebt sein?«

Doch noch hielt sich die Göttin zurück.

Das Fest der Aphrodite kam heran, Pygmalion selbst hatte es ins Leben gerufen und es wurde auf ganz Kypros mit großem Glanz begangen. Weiße Kühe mit vergoldeten Hörnern wurden an ihrem Altar geopfert und Weihrauchdüfte zogen durch den Tempel. Pygmalion brachte das Opfer dar und betete: »Göttin, in deiner Macht steht alles. Wenn dir meine geringen Opfer wohlgefällig sind, so erwecke mir die Gattin, die ich mir in Galathea schuf!«

Die Göttin oben im Olymp lächelte, und zum Zeichen, dass sie geneigt war, Pygmalions Bitte zu erfüllen, ließ sie das Opferfeuer am Altar hoch emporlodern.

Der König eilte nach Haus, das Herz erfüllt von süßen Vorahnungen. Er näherte sich seinem Geschöpf, und wie er es gern tat, berührte er ihre elfenbeinernen Brüste vorsichtig mit der Hand. Voller Staunen und Entzücken merkte er, dass er nicht mehr glattes, kaltes Elfenbein anfasste, sondern warme, weiche Haut; in den Adern am Hals sah er das Blut pulsieren und ein tiefer Atemzug hob die Brust einer jungen Frau. Galathea war zum Leben erwacht! Sie öffnete die Augen, und das Erste, was sie sah, war das Gesicht ihres Schöpfers und Geliebten, der ihren Mund mit Küssen bedeckte und ein über das andere Mal der Göttin dankte.

Pygmalion schloss mit dem wundersam erweckten Mädchen die Ehe, und zur Hochzeit erschien die Göttin selbst und schenkte der neuen Menschenfrau ein kostbares Geschmeide.

Übers Jahr gebar Galathea einen Sohn, Kyneras, der ebenfalls zum eifrigen Verehrer der Aphrodite wurde und ein kräftiges Geschlecht liebeskundiger Männer in die Welt setzte.

VON ERFINDERN UND GRÜNDERN

Daidalos und Ikaros

Der eifersüchtige Meister

Daidalos wurde in Athen geboren, und einige behaupten, er würde aus königlichem Geschlecht stammen. Wie dem auch sei: Daidalos war der kunstreichste Bildhauer, Erfinder und Handwerksmeister seiner Zeit. Überall in Griechenland bewunderte man seine Werke, die Statuen, die er schuf, wirkten wie lebendig.

Die Meister vor ihm hatten Bildsäulen mit geschlossenen Augen und starr herabhängenden Händen und geschlossenen Füßen geschaffen. Daidalos gab ihnen gemalte Augen oder gar Pupillen aus Edelstein, er ließ sie die Hände in bewegter Geste ausstrecken und ihre Füße schreiten.

Auf der Höhe seines Ruhmes nahm er seinen Neffen Talos als Schüler auf. Aber bald entdeckte er, dass dieser junge Mann auf vielen Gebieten geschickter und erfindungsreicher war als er selbst. Noch als Knabe erfand Talos die Töpferscheibe, durch die es möglich wurde, Gefäße aller Art in gleichmäßiger Form aus Ton herzustellen. Er entdeckte, dass man mit den gezackten Kinnbacken einer Schlange Holz durchschneiden konnte, bildete diese Zacken in Eisen nach und erfand so die Säge.

Daidalos gefiel das gar nicht. Er war eitel und eifersüchtig darauf bedacht, dass er von niemandem übertroffen wurde. Und als er sah, dass sich die Athener tiefer vor Talos verneigten als vor ihm, beschloss er, dem ein Ende zu machen.

Er ging mit dem Jungen nachts auf die Akropolis, die Burg der Stadt, und stürzte ihn von der Mauer.

Beim Wegschaffen der Leiche wurde er von einigen Bürgern überrascht. Man zerrte ihn vor den Areopag, den obersten Gerichtshof. Aber Daidalos wartete das Urteil nicht ab (das sicher auf Todesstrafe gelautet hätte), sondern floh nach Kreta.

Aufträge in Kreta

König Minos von Kreta war einer der einflussreichsten und mächtigsten Herrscher des Mittelmeers. Er galt als ein Sohn des Zeus, den dieser in Stiergestalt mit Europa gezeugt hatte. Außerdem stand er in dem Ruf, ein ziemlich schlimmer Tyrann zu sein, aber das kümmerte Daidalos nicht. Einen so geschickten Mann wie Daidalos nahm Minos gern in seine Dienste – vor allem, da er mit der Stadt Athen ohnehin gerade im Streit lag. Minos ließ sich von dem großen Erfinder und Baumeister einen wunderbaren Palast errichten.

Den seltsamsten Auftrag aber erhielt er von der Gemahlin des Königs, Pasiphae. Minos hatte aus irgendeinem Grund dem Poseidon ein Stieropfer verweigert – vielleicht, weil er sich an seinen göttlichen Vater erinnert fühlte –, und die Götter reagieren, wie man weiß, sehr empfindlich auf dergleichen. Der Herr der Meere dachte sich darum eine merkwürdige Rache aus: Er ließ einen besonders stattlichen Stier der See entsteigen, als Pasiphae gerade mit ihren Dienerinnen am Gestade spazieren ging, und der Gott verblendete ihre Augen so, dass sich die Königin in dieses Tier rasend verliebte.

Heimlich wandte sie sich an Daidalos.

»Großer Meister!«, sagte sie mit gerungenen Händen. »Ich sterbe vor Liebessehnsucht. Nichts will ich mehr, als mit dem schönen Stier vereint zu sein, der aus dem Meer gekommen ist. Wenn du mir dazu verhilfst, dass sich der Stier mit mir paart, so will ich dich mit Gold überschütten!«

Das Gold reizte Daidalos gar nicht so sehr. Vielmehr lockte ihn die Aufgabe, wobei er mit keiner Silbe daran dachte, dass er ja auf diese Weise dazu beitragen würde, seinen Herrn, den König, zu betrügen. Also baute er ein hölzernes Gestell, in dem Pasiphae sich verstecken konnte, bekleidete es mit Fellen, gab ihm einen künstlichen Kuhkopf mit allem, was dazugehörte, Augen, Ohren, sanfter Schnauze und Hörnern, und ließ dies Ding ans Gestade des Meeres bringen. Vielleicht hatte er ihm auch noch den Geruch einer jungen Kuh gegeben. Jedenfalls ließ sich der Stier tatsächlich täuschen und hielt die falsche Kuh für lebensecht.

Neun Monate später gebar die Königin ein Ungeheuer, einen Menschen mit einem Stierkopf, den Minotauros.

König Minos war voller Zorn auf Daidalos. Die unüberlegte Willfährigkeit des Künstlers hatte ihm und seiner Frau Schande gebracht. Und wohin nun mit dieser Missgeburt? Sie ganz aus der Welt zu schaffen, wagte er nicht. Schließlich war der Stier quasi göttlichen Ursprungs gewesen und er wollte es sich nicht noch mehr mit Poseidon verscherzen.

Minos rief Daidalos zu sich. »Du hast dazu beigetragen, dass dies Ungetüm auf der Welt ist. Du hast mich verraten. Jetzt sorge dafür, dass Minotauros vom Angesicht der Erde verschwindet! Sperre ihn in ein Gefängnis, wie es die Welt noch nicht gesehen hat, baue etwas, was man, wenn man einmal darin ist, nicht wieder verlassen kann.«

Daidalos machte sich ans Werk und begann mit dem Bau eines Labyrinths. Die Gänge dieses Bauwerks waren so verschlungen, dass niemand wieder herausfand, wenn er nicht die Pläne des Baumeisters zur Hand hatte.

In der Mitte dieser unzähligen Wege wurde der Minotauros eingesperrt, und alle neun Jahre verschlang er eine Opfergabe aus Knaben und Mädchen aus Athen, die die Stadt dem Minos als Tribut stellen musste.

Als Daidalos mit dieser Arbeit fertig war, wollte er sich gern anderswo ein Tätigkeitsfeld suchen, denn er fand, dass es auf Kreta keine Herausforderung seiner Fähigkeiten mehr gab. Aber als er mit seiner Bitte um Entlassung vor den König trat, sagte dieser grimmig: »Warum soll ich jemanden aus meinem Dienst entlassen, der mein schlimmstes Familiengeheimnis kennt und als Einziger in der Lage wäre, das Ungeheuer zu befreien? Nein, du und dein Sohn, ihr werdet lebenslang auf Kreta bleiben.«

Die Flucht

Der Sohn, den der König erwähnt hatte, hieß Ikaros und war auf Kreta geboren worden; seine Mutter starb bei der Geburt. Im Gegensatz zu den Gefühlen, die Daidalos seinem Neffen Talos entgegengebracht hatte, liebte er den Ikaros zärtlich, und der Gedanke war ihm unerträglich, dass der Junge sein Leben lang auf Kreta bleiben und nichts von Griechenland sehen sollte. Er grübelte, auf welche Weise er und das Kind entfliehen könnten.

»Zu Land und auf dem Wasser kann Minos mich zurückhalten«, sagte er sich, »doch der Himmel steht mir offen. Über den Luftraum hat Minos keine Gewalt.«

So begann der Künstler damit, die Schwingen eines Vogels

nachzubauen. Er legte Federn in genau der Ordnung nebeneinander, wie sie im Vogelflügel vorhanden sind, verband sie mit dünnen Fäden und knetete Wachs, um damit die Federgebilde zusammenzufügen. Ikaros sah ihm neugierig zu und versuchte, hin und wieder zu helfen, indem er das Wachs erwärmte, um es geschmeidig zu machen, oder die Federn zurechtlegte.

Schließlich war Daidalos fertig. Zwei Paar Flügel hatte er geschaffen, für sich und für seinen Sohn, schöne glänzende Schwingen, die an den Armen befestigt werden konnten.

Er probierte seine eigenen Flügel aus, schwebte einmal hoch in die Lüfte und ließ sich langsam wieder zu Boden sinken. Staunend betrachtete der Knabe seinen Vater und klatschte vor Vergnügen in die Hände.

Daidalos war zufrieden. »Sohn«, sagte er zu Ikaros, »die Stunde unserer Freiheit ist gekommen. Ich werde dir ebenfalls deine Flügel anlegen und wir werden nach Griechenland fliegen.« Dann nahm er das Kind zwischen seine Knie und belehrte es ernst und nachdrücklich: »Fliege genau hinter mir her! Weiche nicht vom Kurs ab! Wenn du zu tief fliegst, wird die Feuchtigkeit von Erde und Meer die Federn zu schwer machen, bist du aber zu weit oben, wird die Sonne sie versengen. Hast du das verstanden?«

Ikaros nickte eifrig, aber so richtig hatte er nicht hingehört; zu aufregend fand er die ganze Unternehmung und freute sich unbändig auf den Flug.

Daidalos küsste den Knaben und mit Mühe hielt er die Tränen zurück. Im Gegensatz zu dem Kind war ihm wohl bewusst, wie gefährlich die Angelegenheit war, und er hatte eine böse Vorahnung.

Dann erhob er sich in die Luft und Ikaros folgte ihm.

Daidalos schwang besonnen und kraftvoll seine Flügel, damit der Sohn es ihm nachmachen konnte, und sah sich immer wieder nach dem Knaben um, ob er ihm auch folgte. So wie ein Vogel sich sorgenvoll umsieht, ob sein Junges, das gerade flügge geworden ist und das Nest verlässt, auch alles richtig macht.

Der kleine Ikaros fand über alle Maßen Gefallen an der neuen Art der Fortbewegung. Jauchzend sah er hinab auf das sanft gekräuselte Meer und seine verschiedenen Farben, von Silberblau bis Tiefdunkel und Violett, die weißen seidigen Strände, die die Inseln umgaben, die waldigen Schluchten und blühenden Haine auf ihnen.

Und von dort unten schaute mal ein Bauer vom Pfluge auf und ein Fischer, der seine Netze einzog, sah sie am Himmel dahinschweben und hielt sie für Götter.

Sie überflogen den östlichen Teil des Ägäischen Meeres. Links hatten sie schon Samos, die Insel der Hera, und Delos und Paros hinter sich gelassen, und näherten sich anderen Inseln – da wurde Ikaros auf einmal übermütig und konnte nicht widerstehen, einen waghalsigeren Flug zu wagen. Er schwang sich höher auf, um Daidalos zu überholen. Er hatte die Warnung seines Vaters vergessen. Unter dem sengenden Einfluss der Sonne schmolz das Wachs. Die Schwingen verloren ihre Federn und die Flügel des Ikaros waren nur noch ein leeres Gerüst. Wie ein Stein stürzte der Knabe in die Tiefe und versank im Meer.

Daidalos sah sich wieder nach seinem Sohn um. Aber da war niemand mehr am Himmel! Verzweifelt begann er zu kreisen und rief immer wieder den Namen seines Sohns – vergebens. Dann schaute er hinunter aufs Meer und sah dort die Federn treiben … Da wusste er, was geschehen war. Ikaros war abgestürzt. Die Götter hatten den Mord an Talos gerächt.

Auf der nächsten Insel landete Daidalos und wartete, bis die

Strömung den Leib des armen Knaben an Land trug. Lange klagte der Vater um seinen Sohn. Dann bestattete er ihn mit allen Ehren auf jener Insel, die im Gedenken an den Knaben Ikaria genannt wurde.

Daidalos erhob sich wieder in die Lüfte. Sein Ziel war nun Sizilien.

Daidalos auf Sizilien

König Kokalos von Sizilien empfing den großen Erfinder mit offenen Armen und übertrug ihm sofort Aufgaben, die seinem Einfallsreichtum würdig waren. So setzte Daidalos auf einen steilen Felsen eine befestigte Burg. Da der Baugrund so schmal war wie ein Tisch und er die Festung also nicht in die Breite ausdehnen konnte, baute er mehrere Stockwerke in die Höhe und legte einen Weg an, so schmal, dass drei oder vier Mann ausreichten, die Festung zu verteidigen. Dort bewahrte Kokalos dann seine Schätze auf.

Ferner leitete Daidalos die Hitze des unterirdischen Feuers in eine Grotte, sodass dort eine sanfte feuchte Wärme entstand, in der jeder seine Krankheiten ausschwitzen konnte. Und im Tempel der Aphrodite weihte er der Göttin eine goldene Honigwabe, die so kunstvoll gearbeitet war, dass man sie von einer natürlichen nicht unterscheiden konnte.

Unterdessen ließ König Minos überall nach seinem geflohenen Gefangenen suchen. Weil nicht anzunehmen war, dass jemand Daidalos freiwillig hergeben würde, hatte er sich eine List ausgedacht. Er schickte seine Abgesandten von Insel zu Insel und bat die Fürsten, für ihn eine Aufgabe zu lösen – nämlich einen Faden durch eine spiralförmige Muschel zu ziehen.

Alle scheiterten.

Kokalos indessen übergab die Sache Daidalos und bereits am nächsten Tag konnte er die mit dem Faden durchzogene Muschel zurückgeben. Daidalos war schließlich der Erbauer eines Labyrinths, er wusste, wie man sich auf verschlungenen Wegen orientieren konnte, und hatte das Garn einer Ameise ans Bein gebunden. Die hatte sich dann durch das Innere der Muschel ihren Weg gesucht.

Wieder brillierte Daidalos mit seinem Einfallsreichtum. Er wusste ja nicht, dass die gestellte Aufgabe von Minos kam, sonst hätte er sich sicher zurückgehalten. Denn für den kretischen König war nun klar, wo sich der Flüchtling aufhielt. Niemand anderes als Daidalos wäre zu so einer schlauen Lösung fähig gewesen.

Eines Tages rauschte eine goldgeschmückte Galeere mit purpurnen Segeln in den Hafen der sizilianischen Hauptstadt. König Minos machte König Kokalos einen Staatsbesuch.

Natürlich wusste Kokalos, weswegen der mächtige Fürst zu ihm gekommen war – zudem sich im Dunst draußen auf dem offenen Meer die Silhouette von ein paar Ehrfurcht gebietenden Kriegsschiffen abzeichnete. Er hatte nichts Eiligeres zu tun, als »seinen« Erfinder ins Landesinnere zu schicken, und lud Minos mit geheuchelter Freundlichkeit ein, sich zunächst von den Anstrengungen der Reise mit einem Bad zu erholen – in einem eigens von Daidalos entwickelten Becken, das von unten beheizbar war. Danach würde er versuchen, den Baumeister aufzuspüren und ihn ausliefern.

Minos glaubte dem Kokalos. Er nahm im behaglich warmen Wasser Platz. Als er es sich bequem gemacht hatte, zog man die Einstiegstreppe fort und machte ein tüchtiges Feuer unter dem Becken, sodass König Minos elend gekocht wurde.

Den Toten lieferte Kokalos dem kretischen Gefolge des Königs »mit dem größten Bedauern« aus: Der Fürst sei in der Badewanne ausgeglitten. Daidalos blieb bis zu seinem Lebensende auf Sizilien.

Orpheus und Eurydike

Die Macht der Musik

Orpheus wurde in Thrakien geboren. Es heißt, eine der Musen, der Begleiterinnen des Apollon, sei seine Mutter gewesen, und daher nahm sich Apollon selbst seiner an und unterrichtete ihn schon als Kind im Spiel auf der Leier und im Gesang. Orpheus erwies sich als ein begnadeter Schüler. Bald schon erklärte ihm Apollon lächelnd: »Liebes Kind, ich glaube, ich kann dich nichts mehr lehren. Du machst deiner Mutter alle Ehre. Ich werde mich lieber auf meine Künste als Bogenschütze besinnen. Die Musik ist dein Reich.«

Wo immer Orpheus auftrat, um zu singen und zu musizieren, verstummte schnell jedes Gespräch. Wie verzaubert lauschten die Menschen seiner Stimme und den Klängen seines Instruments. Bisher hatten sie feierliche Musik bei der Opferung in den Tempeln vernommen, meist mit Hörnern und Trommeln, oder aber ein Hirte hatte auf seiner Flöte zum Tanz aufgespielt.

Der junge Orpheus machte eine ganz andere Art von Musik. Sie ergriff die Herzen der Zuhörer, und welche Gefühle auch immer der Sänger ansprach – Schmerz oder Trauer, Fröhlichkeit, Nachdenklichkeit, Glück, Liebeslust –, sie empfanden das Gleiche wie er. Er konnte eine feige Menge zu Kampfesmut anspornen, er konnte jemanden, der eine böse Tat plante, dazu bringen, reuevoll von seinem Vorsatz abzulassen, er konnte Traurigen die Trauer nehmen und Fröhliche zu Tränen rühren. Orpheus war wie ein Zauberer der Musik.

Je mehr er sich in seiner Kunst vervollkommnete, desto größere Wunder konnte er bewirken. Denn eines Tages, als er einsam in einem schattigen Hain saß und für sich allein spielte und sang, sah er plötzlich, dass zwischen Fels und Baum der Kopf eines scheuen Rehs auftauchte. Ein Hase hoppelte näher heran und auf der anderen Seite des Hains legte ein gewaltiger Löwe mit wallender Mähne sein Haupt friedlich auf die Pranken und – hörte der Musik zu. Solange Orpheus spielte, zeigte das Raubtier keinen Blutdurst und die Beutetiere keine Furcht.

Es heißt, dass irgendwann sogar die Bäume des Waldes zu seinen Tönen tanzten und sich die Steine bereitwillig zu schönen Mustern versammelten, wenn er sang. Ja, sogar beim Bau einer Stadtmauer soll Orpheus mitgeholfen haben. Durch die Macht seiner Musik bewegten sich die Quader in die richtige Position, ohne dass die Arbeiter eine Hand rühren mussten.

Auch einem großen Abenteuer griechischer Helden lieh Orpheus seinen Beistand mit Gesang und Musik. Als sich die griechischen Heroen unter der Führung von Iason aufmachten, um das Goldene Vlies, ein wundertätiges Widderfell, nach Griechenland zu holen, war Orpheus unter den Männern, die auf dem Schiff Argo unterwegs waren. Durch sein Spiel und seine Stimme beschwichtigte er die unruhigen und oft streitsüchtigen Helden, mit denen er unterwegs war. Und auf der Rückreise übertönte seine wunderbare Musik die mörderischen Lockrufe der Sirenen, menschenfressender weiblicher Ungeheuer, und rettete damit die Mannschaft der Argo vor dem sicheren Tod.

Als Orpheus mit den Argonauten wieder in Griechenland war, geschah es, dass er sich verliebte.

Eurydikes Tod

In Thrakien traf er auf eine Dryade, eine Baumnymphe also, mit Namen Eurydike, deren Anmut und freundliche Art ihn so in den Bann schlugen, dass er sich in aller Eile mit ihr verheiratete.

An der Hochzeit nahmen alle Nymphen und Bewohner Thrakiens teil und feierten mit Tänzen und Festen ihren Orpheus, den sie, als den Sohn einer Muse, als einen Halbgott bezeichneten, und immer wieder musste Orpheus selbst zur Leier greifen und seine Gäste unterhalten.

Aber das Glück dauerte nur kurz. Ein anderer Halbgott, Sohn des Apollon, Hüter der Hirten und Freund der Bienen, beobachtete, wie Eurydike eines Tages mit ihren Freundinnen am Ufer des Flusses tanzte und spielte, und wie zuvor Orpheus verliebte er sich sofort in die schöne Frau und stellte ihr nach.

Als gutes Zureden nicht half, ergriff Eurydike vor ihm die Flucht. Barfüßig wie alle Nymphen eilte sie davon. Aber im hohen Gras übersah sie eine Schlange – und schon wurde sie von dem giftigen Reptil in die Ferse gebissen.

Eurydike schrie laut auf. Sie eilte noch ein paar Schritte weiter, aber dann begann bereits das Gift zu wirken. Ihr Verfolger sah mit Entsetzen, wie sie zu Boden fiel, sich vor Schmerzen krümmte und schreiend um Hilfe rief. Das hatte er nicht gewollt!

Er kniete bei Eurydike nieder, wollte sie aufheben und forttragen, aber sie schlug um sich, wollte von ihm keine Rettung annehmen. Einzig der Name ihres Mannes, Orpheus, war auf ihren Lippen.

Ihre Gefährtinnen sahen, was geschehen war. Sie liefen eilig zu dem Sänger, um ihn herbeizuholen, aber als Orpheus ankam, war es bereits zu spät. Nur ein toter Leib lag auf dem Rasen. Eurydike war in der Unterwelt.

Orpheus' Klage fand ihren Widerhall auf Bergen und in Tälern, an Flüssen und Hainen. Ganz Thrakien weinte mit ihm gemeinsam.

Tage um Tage irrte er an den Ufern der Flüsse und auf den Bergesgipfeln umher, seinen Schmerz goss er von Sonnenaufgang bis Sonnenuntergang in die Töne seiner Leier.

Und schließlich entschloss er sich, der Kraft seiner Musik vertrauend, selbst in die Unterwelt hinabzusteigen und die Geliebte von den finsteren erbarmungslosen Göttern dort zurückzufordern.

Der Gang in die Unterwelt

Die Hoffnung leitete ihn in die Schluchten des Hades hinab, und er traf zunächst auf Charon, den Fährmann, der die Seelen der Verstorbenen in seiner Barke über den Styx bringt.

Als Charon sah, dass er einen Lebenden vor sich hatte, verweigerte er dem Sänger die Überfahrt.

Der flehende Gesang, die Bitte um Mitleid, die Orpheus in seine Musik legte, prallte an Charon ab. Der Fährmann war nicht fähig, Mitleid oder Menschlichkeit zu zeigen. Aber die sanften Klagegesänge schläferten den unerbittlichen Wächter ein. Orpheus bestieg den Nachen des Charon, ergriff selbst das Ruder, setzte über und betrat das andere Ufer.

Während er nun singend vorwärtsschritt, kamen die Schatten aus den tiefsten Tiefen der Unterwelt, süchtig nach den süßen Tönen. Sie eilten herbei wie Vögel, wenn sie der Wintersturm vor sich hertreibt, und es kam ihnen vor, als sei die Musik für sie lebensspendendes Blut. Selbst die Erinnyen, die Furcht bringenden Rachegöttinnen, die ihre Wohnstätte in den unterirdischen Gefilden hatten, hoben staunend die schlangenhaarigen Häupter, und der dreiköpfige Höllenhund Kerberos legte sich friedlich nieder.

Die wundersamen Klänge drangen auch bis in den Palast des Gottes Hades selbst, und Persephone, die Königin der Unterwelt, wandte sich an ihren Gatten und sagte: »Herr, dieser Sänger erinnert mich an die Zeit des Jahres, die ich freudig auf der oberen Welt verbringe, an das Rieseln der Bäche und das Rascheln des Laubs im warmen Wind, an den Duft des reifenden Korns und den Geschmack des Weins. Du selbst hast mich ja aus Liebe entführt in dein Reich, dir ist Gefühl nicht fremd. Lass dich erweichen, brich ein einziges Mal das strenge Gesetz der Unterwelt und entlasse Eurydike, damit sie zu ihrem geliebten Sänger zurückkehren kann.«

Die zärtliche und schmeichlerische Rede schien den sonst so unerbittlichen Gott zu rühren.

»So sei es!«, erwiderte er. »Ein einziges Mal soll das strenge Gesetz gebrochen werden. Orpheus soll seine Gattin zurückbekommen. Aber es gibt eine Regel, die er nicht durchbrechen darf: Bis er mit ihr das Licht des Tages erblickt, darf er sich nicht nach ihr umsehen! Ist er dazu imstande, so darf Eurydike noch einmal leben. Kann er sich nicht an die Bedingung halten, ist sie ihm auf ewig verloren.«

Überschwänglich dankte Orpheus dem Gott für die Gnade, die ihm gewährt wurde. Aber Hades wusste sehr wohl, dass er von dem Sänger etwas forderte, was fast unmöglich war für einen Menschen: auf ein Wort zu vertrauen, ohne Gewissheit zu haben.

Orpheus zog nun also dahin auf dem langen gewundenen

Weg durch die Schluchten der Unterwelt, ohne zu wissen, ob seine Gattin ihm wirklich folgte. Da war kein Schritt zu hören, kein Atemzug, nicht das Rascheln eines Gewands. Kam da wirklich jemand hinter ihm her? Hatte ihn Hades vielleicht nur genarrt? Ihn angelogen, damit er so schnell wie möglich sein Reich wieder verlassen sollte?

Die Zweifel nagten an seinem Herzen wie Schlangenbisse.

Und dann, als er schon den Styx in der Ferne gewahrte, hielt er es nicht mehr aus: Er musste sich umdrehen.

Ja, da war Eurydike!

Orpheus aber hatte die Abmachung mit dem Herrn der Unterwelt gebrochen. Dreimal ertönte ein dumpfer Ton aus den Erdtiefen, die hinter ihm lagen, und rief die Frau zurück.

Schon verblasste ihre Gestalt, vergeblich versuchte er, nach ihr zu greifen. Er hörte ihre klagende Stimme: »Weh mir, die große Nacht senkt sich aufs Neue auf mich herab. Ach, Orpheus, warum konntest du nicht an dich halten? Lebe nun wohl auf ewig, geliebter Mann!«

Und sie verschwand wie Rauch in der Luft.

Unerbittlich riss ein Wirbelsturm den Sänger zurück ans Tageslicht.

Das Ende des Sängers

Verzweifelt kehrte Orpheus nach Thrakien zurück. Selbst seine Leier verstummte, und wenn er noch sang, dann waren es so schmerzerfüllte Klagelieder, dass alle Wesen mit ihm gemeinsam weinten.

Am liebsten hielt er sich in Gegenden auf, in denen alles Leben zu Eis gefror, im finsteren Land der Hyperboreer im hohen

Norden oder auf den eisigen unbewaldeten Gipfeln des Kaukasus.

Orpheus hatte einen Schwur abgelegt, nie wieder eine andere Frau zu lieben und dem Andenken der Eurydike treu zu bleiben.

Bei seinen Streifzügen durch die Wälder begegneten ihm eines Tages die Mänaden, jene entfesselten Frauen, die dem Ruf des Dionysos folgen. Mit aufgelösten Haaren, nur mit einem Rehfell bekleidet, brennende Fackeln in den Händen, so rasten sie, berauscht vom Gott, daher. Jedes männliche Wesen versuchte, ihnen und ihrem unersättlichen Liebeshunger aus dem Weg zu gehen.

Die wilden Weiber kreisten den Sänger ein und verlangten, dass er ihnen zu Willen sein sollte. Aber standhaft weigerte sich Orpheus. Er blieb seinem Schwur treu, einzig Eurydike zu lieben, und so zerrissen ihn die Rasenden bei lebendigem Leib.

Es heißt aber, dass die Glieder des Orpheus, überallhin verstreut, noch in Bäumen und Pflanzen, in Quellen und Hainen schlummernde Klänge weckten und dass die Musen und selbst der Gott Apollon gemeinsam um ihn klagten.

Musik ist seitdem die Sprache der Liebe, und die Liebe bedient sich ihrer, um das Herz des Geliebten zu erweichen.

Perseus

Der Sohn der Danae

Dem König Akrisios von Argos, im Osten des Peloponnes, war geweissagt worden, der Sohn seiner Tochter Danae würde ihn dereinst töten. Um das zu verhindern, sperrte er das Mädchen in einem Turm aus Erz ein. Aber da war es schon zu spät. Zeus hatte die schöne Danae erspäht und für einen Gott ist auch ein Turm aus Erz kein Hindernis. Er verwandelte sich in einen goldenen Regen, drang durch das Oberlicht des Gefängnisses ein und schwängerte die Königstochter.

Bald darauf gebar sie einen Jungen und in seiner Panik setzte König Akrisios seine Tochter zusammen mit seinem Enkel in einem Kasten auf dem Meer aus. Zeus behütete aber Mutter und Kind und ließ sie sanft auf der Insel Seriphos stranden. Danae fand im dortigen Herrscher einen Ehemann und ihr Söhnchen, Perseus genannt, wurde von ihm liebevoll aufgezogen.

Als er zum Jüngling herangewachsen war, strotzte er vor Tatendrang. Sein Stiefvater hatte nichts dagegen, den jungen Mann in die Welt zu schicken, und fragte ihn etwas spöttisch, was er denn als erste Heldentat plane, und Perseus, der sich nicht mit kleinen Dingen abgeben wollte, erklärte, er würde der Medusa das Haupt abschlagen.

»Gut«, sagte sein Stiefvater, »ich nehme dich beim Wort.« Natürlich glaubte er nicht im Ernst daran, dass Perseus sich an so eine Aufgabe machen würde, denn bisher war kein Held, der das versucht hatte, lebend zurückgekommen.

Der Kampf mit Medusa

Die Medusa war ein Ungeheuer mit Schlangenhaaren, die so grässlich aussah, dass es jeden in Stein verwandelte, der sie nur ansah. Was sich Perseus vorgenommen hatte, war also schier unmöglich.

Aber Perseus war nicht umsonst ein Götterspross. Wohlwollend kam ihm seine Halbschwester Pallas Athene zu Hilfe und sagte ihm, was er zu tun hatte und welche Wege er beschreiten musste, um seinen Worten wirklich Taten folgen zu lassen. Sie schickte ihn zunächst zu den Graien, drei geheimnisvollen Frauen, die in einer Höhle wohnten und von Geburt an graue Haare hatten. Außerdem besaßen sie nur ein Auge und einen Zahn, die sie jeweils abwechselnd benutzten.

Es hieß, sie seien Schwestern der Medusa – deshalb wussten sie auch, wie man das Ungeheuer bekämpfen konnte. Es lag auf der Hand, dass sie das Geheimnis nicht freiwillig preisgeben würden. Dem Rat Athenes folgend, nahm Perseus ihnen Auge und Zahn fort. Nun waren sie hilflos, und um das Unentbehrliche wiederzuerlangen, fanden sie sich bereit, ihm weiterzuhelfen.

Sie erzählten ihm, dass es Nymphen gab, die drei mächtige Zauberdinge hüteten: einen Helm, der unsichtbar machte, einen großen Ranzen und ein Paar Sandalen, mit denen man fliegen konnte. Diese Wunderdinge waren vonnöten, wenn man gegen Medusa antreten wollte.

Die Schwestern verrieten Perseus den Weg zu diesen Nymphen und erhielten dafür Auge und Zahn zurück.

Der junge Mann machte sich auf den Weg und erhielt ohne Schwierigkeiten die drei Gegenstände. Als er schon aufbrechen wollte, trat ihm jemand in den Weg, der ebenfalls Flügel an den Sandalen hatte und einen goldenen Stab trug. Perseus erkannte in ihm den Gott Hermes, der den schönen Jüngling wohlgefällig musterte.

»Pallas Athene hatte recht, als sie dich als einen besonders stattlichen und kühnen Sterblichen beschrieb«, sagte er lächelnd. »Sie bat mich, dich in dem, was du vorhast, zu unterstützen. Hier habe ich noch eine weitere Waffe für dich: eine Sichel aus Diamant. Nun handle kühn und klug zugleich, und wir Himmlischen werden dir weiter zur Seite stehen.«

Damit war Perseus voll ausgerüstet. Zu den vier Wunderdingen behielt er noch seinen eigenen bronzenen Schild, der Teil seines Plans war.

Er schwang sich auf und flog zum Lager der Medusa. Er fand es bald; es war umgeben von versteinerten Menschen und Tieren, die in ihr Antlitz geblickt hatten. Um dieser Gefahr zu entgehen, führte Perseus seinen Schild mit sich. Er würde nämlich Medusa nicht direkt ansehen, sondern nur ihr Spiegelbild in der Bronze des Schildes. So wollte er der Versteinerung entgehen.

Und so geschah es: Er wartete, bis das Ungeheuer schlief. Dann näherte er sich ihm rückwärts, hieb ihm mit der Sichel den Kopf ab, steckte ihn in den riesigen Ranzen und flog unsichtbar davon.

Die Rettung der Andromeda

Nach seiner ersten Heldentat hatte es Perseus nicht eilig, nach Hause zu kommen. Zu schön war das Gefühl, unsichtbar und auf geflügelten Schuhen durch die Lüfte zu reisen.

So gelangte er an die Küste Äthiopiens. Als er sie überflog, sah er unten an einer Klippe, die ins Meer ragte, eine weibliche Gestalt, nackt und in Ketten. Im Sinkflug stieg er ab und war so hingerissen von der Schönheit des Mädchens, dass er augenblicklich beschloss, sie zu retten, was auch immer es mit dieser Fesselung auf sich haben mochte.

Während er noch so vor dem Felsen schwebte und die Nackte bewunderte, näherte sich oberhalb der Klippe ein Paar, das verzweifelt die Hände nach dem Mädchen ausstreckte.

Perseus nahm seine Tarnkappe ab, und als die beiden ihn so

über dem Meer in der Luft schweben sahen, sanken sie in die Knie und riefen: »Bist du ein Gott, dass du aus dem Nichts auftauchen kannst und nun wie auf Flügeln daherschwebst? Wir flehen dich an, falls du es vermagst – rette unsere Tochter, denn sie soll von einem Seeungeheuer verschlungen werden!«

Das Mädchen hieß Andromeda und war die jüngste Tochter des äthiopischen Königspaars Kepheus und Kassiopeia. Letztere nun hatte einen jener Fehler begangen, vor dem man sich im Umgang mit Göttern besser hüten sollte: Sie hatte behauptet, sie sei schöner als die Nereiden, die Meerjungfrauen. Die beleidigten Mädchen hatten sich sofort an die größte Autorität im Meer gewandt, an Poseidon, und da dieser Gott von aufbrausendem Wesen war, tat er nichts lieber, als sofort Strafmaßnahmen einzuleiten. Er ließ die Fluten an den Küsten Äthiopiens steigen, verursachte mächtige Überschwemmungen und schickte ein Seeungeheuer, das die Fischer aus den Booten zerrte und auffraß.

In seiner Not hatte sich König Kepheus an ein Orakel gewandt, das ihm folgenden Bescheid erteilte: Das Land kann nur gerettet werden, wenn des Königs jüngste Tochter diesem Ungeheuer überlassen wird.

Kepheus versuchte, die Prophezeiung geheim zu halten, aber der Spruch wurde bekannt, und das aufgebrachte Volk zwang seinen Herrscher, seine Tochter zu opfern.

So also war es, als Perseus vor dem Felsen schwebte: das Mädchen preisgegeben und gefesselt für das scheußliche Tier, und die Eltern, schuldbewusst und händeringend auf der Klippe.

»Ich bin zwar nur ein Halbgott!«, rief er dem Königspaar zu, »aber immerhin ein Sohn des Zeus und habe gerade die scheußliche Medusa besiegt. Wenn Ihr mir die Hand dieses schönen Mädchens versprecht, werde ich mich des Ungeheuers annehmen und es besiegen!«

Die Eltern versprachen ihm überschwänglich auch noch das halbe Königreich dazu, während die schöne Andromeda Tränen der Angst und der Scham vergoss. Sie wusste nicht, was schlimmer war: auf das Untier zu warten oder nackt und hilflos vor den Augen dieses jungen Helden am Felsen zu hängen.

Während Perseus mit den Eltern verhandelt hatte, näherte sich schon das Ungeheuer, das Meer wie ein großes Schiff durchpflügend.

Perseus schwang sich höher in die Lüfte und kreiste direkt über dem Wesen. Das sah den Schatten eines Menschen auf dem Wasser und hielt ihn für einen Feind, der ihm die Beute entreißen wollte. Tobend ging es auf diesen Schatten los. Währenddessen stieß Perseus herab wie ein Adler auf seine Beute, trat auf den Rücken des Tiers und senkte die Waffe, die Medusa getötet hatte, tief in seinen Leib.

Schwer verwundet bäumte sich das Ungeheuer auf, sprang hoch in die Lüfte und tauchte wieder ins Meer. Aber Perseus schwebte schon wieder in der Luft und versetzte dem Tier Wunde auf Wunde, bis es endlich, einen Strom dunklen Bluts hinter sich herziehend wie einen riesigen Schweif, für immer in den Tiefen des Meeres versank.

Der junge Held flog zu dem Mädchen, löste die Ketten und brachte die halb Ohnmächtige zur Spitze der Klippe, wo die Eltern voller Freude warteten.

Zum Glück hielt Poseidon die Anmaßung der Kassiopeia entweder für hinreichend gerächt oder er hatte die Angelegenheit einfach vergessen. Jedenfalls verfolgte er Perseus wegen dieser Tat nicht.

Der Einsatz des Medusenhauptes

Eifrig wurden nun die Hochzeitsvorbereitungen für Perseus und die äthiopische Königstochter getroffen.

Allerdings war König Kepheus in großer Sorge. Er ahnte Schwierigkeiten. In der Not der Stunde draußen an der Klippe hatte er Perseus verschwiegen, dass Andromeda bereits verlobt war, und zwar mit seinem Bruder Phineus. Diese Unterlassung war verständlich, zumal Phineus auch nichts unternommen hatte, seine Braut zu retten. Aber es war vorauszusehen, dass er nun seine alten Rechte einfordern würde.

Und so kam es denn auch. Man saß gerade beim festlichen Mahl, als Phineus, den Speer in der Hand, mit einer bewaffneten Schar den Saal betrat.

»Ich lasse mir nicht meine zukünftige Gattin wegnehmen!«, rief er zornig. »Auch wenn du Flügelschuhe hast und ein Sohn des Zeus bist – Recht und Gesetz müssen gewahrt bleiben, und ich habe den älteren Anspruch auf die Hand der Andromeda!«

Zornig erhob sich Perseus. »Deine zukünftige Gattin hätte ihr Grab im Bauch eines Ungeheuers gefunden, wenn ich nicht gewesen wäre!«, rief er. »Was willst du von mir? Ich habe sie gerettet und sie ist mir zugesprochen worden!«

König Kepheus hatte keine Lust, in die Zwickmühle zu geraten. Er schlüpfte leise aus dem Saal und Frau und Tochter folgten ihm.

Perseus stand mit den wenigen Äthiopiern, die zu ihm hielten, einer Übermacht gegenüber.

Nachdem die Speere verschossen waren und die Leute des Phineus ihn und seine Anhänger mit einem Pfeilhagel überschüttet hatten, begriff er, dass er verlieren würde, wenn er nicht zum Äußersten griffe.

»Wer hier im Saal mein Freund ist, soll jetzt die Augen abwenden oder sie mit den Händen zuhalten!«, rief er. Dann zog er aus dem Ranzen, den er immer bei sich führte, das Medusenhaupt heraus und hielt es in die Höhe.

Phineus hatte gerade sein Schwert gezogen, um sich auf den Gegner zu stürzen. Mitten in der Bewegung blieb er stehen – und erstarrte in der drohenden Gebärde. Er und die Seinen wurden zu Stein.

Nun stand der Hochzeit nichts mehr im Wege.

Die Äthiopier hatten großen Respekt vor dem Schwiegersohn des Königs, der über so mächtige übernatürliche Hilfsmittel verfügte, und auch Kepheus und seiner Frau war der junge Mann unheimlich. So war niemand traurig, als Perseus bald verkündete, er wolle mit seiner Frau auf die Insel Seriphos zurückkehren und sie mit seiner Mutter Danae bekannt machen. Er verzichtete auf das angebotene halbe Königreich und blieb so bei den Eltern seiner Gemahlin in guter Erinnerung.

Wie sich zeigte, war es höchste Zeit, dass sich Perseus um Danae kümmerte. Auf Seriphos hatte sich nämlich ein Eroberer breitgemacht. Perseus' Mutter und Ziehvater waren als letzte Rettung in einen Tempel geflohen und hatten am Altar Asyl erbeten.

Perseus überlegte nicht lange. Er betrat den Palast, den jener dreiste Eindringling besetzt hatte. Die Besatzer waren gerade beim Feiern. Verblüfft blickten sie auf den Helden, der da eintrat und erklärte, er wolle auch zur Gastlichkeit beitragen und habe ein Geschenk. Er öffnete seinen Ranzen und hielt das Haupt der Medusa in die Höhe.

Im Nu erstarrten die Feinde allesamt zu Stein.

Die Prophezeiung erfüllt sich

Nachdem nun keinerlei Gegner mehr in Sicht waren und Perseus nicht vorhatte, auf Raub oder Eroberung auszuziehen – ihm lag nichts an Macht –, hatte er keine Verwendung mehr für die wundertätigen Gegenstände in seinem Besitz. Er fand es nur recht und billig, dass sie an die Götter zurückgehen sollten, die ihm geholfen hatten. Also gab er die diamantene Sichel, den Tarnhelm, die Flügelschuhe und den Ranzen an Hermes zurück. Das Medusenhaupt aber schenkte er voller Dankbarkeit Pallas Athene. Die Göttin heftete die Schlangenhaare des Kopfes an ihren Schild, die Aigis, und erregte damit Furcht und Schrecken.

Lange glückliche Jahre lebte Perseus nun mit Mutter und Ehefrau auf Seriphos.

Nach geraumer Zeit aber kam ihm der Einfall, seinen Großvater, König Akrisios, in dessen Heimat Argos besuchen zu wollen. Trotz der grausamen Behandlung, die Danae und ihm durch den König seinerzeit zuteil geworden war, empfand er keinen Groll gegen ihn. Eigentlich war er nur neugierig zu erfahren, warum Akrisios damals so gehandelt hatte. Er wusste ja nichts von dem Orakel, das verkündet hatte, Akrisios solle durch Perseus' Hand sterben. So machte er sich mit seiner Familie auf den Weg.

Akrisios bekam Panik, als er von der Ankunft des Perseus erfuhr. Koste es, was es wolle, er musste auf jeden Fall vermeiden, dass es zu einer Begegnung kam! In aller Eile packte er seine Sachen und floh in die Stadt Larissa, im Land der Pelasger im Norden Griechenlands. Als Ausrede hinterließ er die Mitteilung, dort würden gerade Kampfspiele veranstaltet, die er sich anschauen wolle.

Kampfspiele? Das war eine Mitteilung ganz nach Perseus' Geschmack. Er war ein großer Liebhaber von Wettkämpfen und vor allem tat er sich als Diskuswerfer hervor. Sofort entschloss er sich, ebenfalls nach Larissa zu reisen.

Als Perseus in Larissa ankam, waren die Spiele schon in vollem Gange.

Perseus ging zum König des Landes, stellte sich vor und bat, an den Kämpfen teilnehmen zu können.

»Es ist uns eine hohe Ehre!«, sagte der. »Jeder hat schon von dir und deinen großen Taten gehört, Perseus. Die jungen Männer sind gerade dabei, die Scheibe zu werfen, und wir haben gehört, dass es niemanden gibt, der dir darin gleichkommt. Willst du einen Wurf wagen?«

Perseus legte ohne Weiteres seinen Mantel ab, schürzte sein Gewand, gürtete sich und betrat den Kampfring. Er nahm den Diskus zur Hand, wog ihn und prüfte, ob er gut gerundet war. Dann setzte er zum Wurf an.

Es war ein windiger Tag. Die Zuschauer standen dicht an dicht um die Kampfstätte herum, um die Leistungen der Athleten zu begutachten.

Perseus schleuderte den Diskus.

Eine plötzliche Sturmböe erfasste die Scheibe im Flug und trug sie von der Kampfbahn fort direkt auf die Zuschauer zu. Das wirbelnde Metall traf einen würdigen grauhaarigen Mann an der Schläfe.

Ein Aufschrei ging über den Platz, denn der Greis stürzte, als sei er vom Blitz getroffen, und war auf der Stelle tot.

Perseus und der Gastgeber eilten herzu und der König hob jammernd die Hände. »Perseus, du hast aus Versehen meinen Gast Akrisios aus Argos umgebracht! Oh, was für ein Unstern hat dich hierhergeführt!«

Fassungslos sah Perseus auf den Toten herab, seinen Großvater. Er wusste ja nicht, dass sich in diesem Augenblick der untrügliche Spruch des Orakels erfüllt hatte, dem man nicht entkommen kann, wie sehr man sich auch dreht und wendet.

Der Tausch

Perseus war tief erschüttert von seiner Tat, obwohl er seinen Großvater nicht absichtlich getötet hatte. Er ließ Akrisios nach Argos überführen und bereitete ihm dort prachtvolle Leichenspiele. Er selbst ließ sich im Tempel der Athene entsühnen und opferte der Göttin milchweiße Stiere und jungfräuliche Kühe.

Als Enkel des Getöteten war er nun Herrscher über Argos. Aber er hielt es für Unrecht, den Thron eines Mannes zu erben, der durch ihn gestorben war. So nahm er Verhandlungen auf mit dem Zwillingsbruder seines Großvaters, Proitos, der in der Stadt Tiryns herrschte. Er schlug ihm vor, die Königreiche zu tauschen: Er selbst wollte Tiryns regieren, Proitos dagegen sollte Argos bekommen.

Proitos war mit dem Tausch einverstanden, denn Argos war reich an Herden und Ölbäumen und schien ihm weit besser zu sein als die Gegenden um seine Stadt.

So zog Perseus mit Andromeda, seiner Mutter und seinen Kindern nach Tiryns.

Dort regierte er mit Weisheit, wie man es von einem Schützling der Pallas Athene erwarten kann. Er gründete die Stadt Mykene und gab Midea, einer in der Nähe liegenden Ortschaft, eine Stadtmauer.

Aus seiner glücklichen Ehe mit Andromeda gingen viele berühmte Nachkommen hervor: Sein Erstgeborener wurde der

Ahnherr der Perserkönige. Und: Perseus' Blut lebte weiter in dem größten Helden Griechenlands, Herakles, denn dessen Großvater mütterlicherseits war ein Perseus-Sohn. Dessen Ziehvater Amphitryon stammte ebenfalls von ihm ab. Von Herakles wird noch viel zu berichten sein.

DIE GROSSEN HEROEN

Die Taten des Herakles

Die Jugend und Kindheit des Herakles

Herakles war der Sohn des Zeus und einer Sterblichen, der Königin Alkmene von Theben. Der Gott hatte lange um Alkmene geworben, aber die standhafte Frau wies ihn stets zurück. Sie wollte ihrem Gemahl Amphitryon treu bleiben.

Der verliebte Zeus verfiel schließlich auf die List, die Gestalt des Amphitryon anzunehmen, als der gerade auf einem Feldzug unterwegs war. Er sagte Alkmene, er habe es vor übergroßer Sehnsucht nicht mehr ausgehalten und den Waffengang abgebrochen. Noch nie war er der jungen Frau so männlich und begehrenswert erschienen wie in dieser Nacht. Alkmene teilte mit ihm das Bett.

Als ihr Mann zurückkam und von seinen Taten im Kriege berichtete, wurde ihr klar, dass er unmöglich bei ihr gewesen sein konnte, und dass sie der Gott hintergangen hatte. Sie bemerkte außerdem, dass sie schwanger war. Sie wusste nicht aus noch ein und bat in ihrer Not den blinden Seher Teiresias, ihrem Mann die Wahrheit zu sagen, denn sie hatte Angst, der würde ihr nicht glauben. Einem Seher aber war die Wahrheit bekannt und er würde sie nie verdrehen. Seiner Autorität würde ihr Mann trauen.

Und so geschah es auch. Amphitryon war ein gottesfürchtiger

Mann. Er beschloss, das Kind des obersten Gottes, das seine Frau empfangen hatte, wie seinen eigenen Sohn zu behandeln, und Alkmene, die unwissentlich untreu geworden war, weiter zu ehren und zu lieben.

Nach neun Monaten gebar Alkmene einen schönen, kraftvollen Sohn und nannte ihn Herakles.

Natürlich konnte es nicht ausbleiben, dass Hera von der neuen Affäre ihres Gemahls erfuhr. Außer sich vor Eifersucht, sann sie nach einem Mittel, wie sie das Kind aus der Welt schaffen könnte. Mit scharfen Augen beobachtete sie vom Olympos aus den Palast Amphitryons und suchte nach einer Gelegenheit dazu.

Alkmene hatte die Angewohnheit, ihren kleinen Sohn zur Nacht in einen bauchigen ehernen Schild zu legen, den ihr Mann vom letzten Feldzug mitgebracht hatte. Den legte sie auf den Boden im Raum neben ihrem Schlafzimmer und schaukelte in ihm den Kleinen jeden Abend in den Schlaf.

Eines Nachts, als das ganze Haus sich zur Ruhe begeben hatte, schickte die boshafte Göttin zwei giftige Schlangen, die dem Kind den Garaus machen sollten. Zischend und züngelnd näherten sie sich der Schildwiege. Aber Zeus, der mit Sorge über das Leben des Kleinen wachte, sandte ein blendend helles Licht, und Herakles schreckte aus dem Schlaf und sah, wie die beiden Tiere bereits über den Rand des Schildes krochen und ihre Hälse nach ihm reckten.

Herakles war noch keine acht Monate alt. Trotzdem packte er mit seinen Händchen blitzschnell die beiden Tiere an der Kehle und sein Griff war wie eine eiserne Klammer.

Unterdessen hatte das helle Licht auch Alkmene aufgeschreckt, die im Nebenzimmer schlief. Sie ahnte, dass irgendein Unheil im Gange und dies Licht eine Warnung war, und weckte eilig ihren Gemahl. »Wach auf, Amphitryon, irgendetwas geschieht hier im Haus! Siehst du nicht, welch merkwürdige Helligkeit alles überflutet?«

Amphitryon fuhr hoch und griff nach seinem Schwert. Er stürzte ins Zimmer des Sohnes, aber das helle Licht war inzwischen verschwunden. Schnell rief er nach Kerzen und Lampen.

Da sah er: Der kleine Herakles, den man sonst nur auf dem Arm trug und der am Busen der Mutter hing, stand aufrecht in seiner Wiege und hielt ihm lachend und jauchzend die beiden toten Schlangen entgegen. Er hatte sie einfach erdrosselt. Sprachlos vor Staunen sahen die Eltern einander an.

Alkmene stürzte zu der Schildwiege, um das Kind in den Arm zu nehmen, aber der Kleine legte sich schon wieder unter seiner Lammfelldecke zurecht und schlief sofort ein, den Daumen im Mund, als sei nichts geschehen.

Alkmene aber fand nach diesem Ereignis keinen Schlaf. Sie ahnte, dass der Neid und die Missgunst Heras diese Schlangen geschickt hatten, und machte sich Sorgen um die Zukunft des Sohnes. Die Göttin würde nicht ablassen, das Kind einer Nebenbuhlerin zu verfolgen!

Wieder einmal bat sie am nächsten Morgen den Seher Teiresias zu sich und flehte ihn an, ihr zu sagen, was dem Kind bevorstehen würde; gleich, ob es Gutes oder Schlechtes sei, sie wollte es wissen.

Der allwissende Teiresias sprach: »Fürchte dich nicht, Alkmene. Viele griechische Frauen werden rühmend deinen Namen nennen, und du wirst verehrt werden von Alt und Jung, denn dein Sohn wird dereinst zum Sternenhimmel emporsteigen und an der Seite seines Vaters Zeus sitzen, und diejenigen, die ihm erst nachstellen, werden ihn ehren. Vorher aber wird er zwölf Arbeiten verrichten, die die Menschen von großer Mühsal erlösen. Aber höre auf meinen Rat: Verbrenne die Leiber der verderblichen Schlangen, und lass die Asche in den Fluss streuen, sodass kein Stäubchen davon zurückbleibt. Lass danach das Haus mit Salzwasser waschen und mit Schwefel ausräuchern, damit die Macht, die ihm schaden will, ganz vernichtet wird, und bringe Zeus ein Opfer dar, damit er euch weiterhin beschützt.«

So sprach der Greis und Alkmene folgte genau seinen Anweisungen. Nun wusste sie, dass sie ein Kind großzog, von dem die Welt sprechen würde.

Herakles wuchs heran, und die Mutter gab sorgfältig acht, damit er nicht verweichlichte. Schließlich musste er abgehärtet werden, wenn er irgendwann so große Taten verrichten sollte. Seine Lagerstatt war ein Löwenfell, sein Frühmahl bestand aus Fleisch und Brot – nicht mehr, als ein einfacher Bauer zu sich nahm. Er wurde nicht mit süßen Speisen verwöhnt und trug einfache Gewänder wie ein Hirtenkind.

Viele kümmerten sich um seine Erziehung. Amphitryon selbst lehrte ihn, die Rosse zu lenken, andere Lehrer brachten ihm die Kunst des Bogenschießens bei und unterrichteten ihn im Ringen. Zur Musik allerdings zeigte er wenig Neigung, und als ihn sein Lehrer Linus einmal wegen eines Fehlers tadelte, übermannte ihn der Jähzorn, und er schlug dem alten Mann die Leier so kräftig auf den Kopf, dass der an dem Schlag starb.

Die übermenschliche Kraft ängstigte seinen Ziehvater Amphitryon. Er schickte den Göttersposs vorsichtshalber aufs Land, wo er seines Vaters Herden zu hüten hatte.

Der Löwe von Kithairon

So wuchs der Knabe auf. Bald war Herakles achtzehn Jahre alt und lebte immer noch bei den Hirten. Er war groß, schön und schlank und verfehlte mit Pfeil und Bogen niemals sein Ziel.

Damals machte ein riesiger Löwe die Gegend unsicher, er kam vom Kithairon-Gebirge herunter und riss jede Nacht Vieh – das von Amphitryon, aber auch das seines Nachbarn, König Thespios.

Thespios war die Körperkraft und Unerschrockenheit des jungen Mannes aufgefallen. Er hoffte, ihn überreden zu können, gegen das Untier vorzugehen. Er lud ihn zu sich ein und bewirtete ihn fürstlich, zunächst einmal mit Speise und Trank. Dann brachte er vorsichtig die Sprache auf den Löwen.

Es heißt, fünfzig Tage und Nächte sei Herakles Gast des Thespios gewesen, und jede Nacht hätte der ihm eine andere seiner fünfzig Töchter ins Bett gelegt. Herakles war so berauscht, dass er glaubte, immer mit der gleichen Frau zu schlafen. Auf diese Weise sicherte sich Thespios eine solide Nachkommenschaft von fünfzig kleinen Halbgöttern und die Dankbarkeit des Herakles, für den das die ersten Erlebnisse mit einer Frau (oder Frauen) waren.

Endlich schickte er den jungen Mann mit dem Segen aller Götter los gegen den Löwen.

Mit seinem unfehlbaren Bogen erlegte Herakles das Untier im Handumdrehen. Er zog ihm die Haut ab, die er fortan als Mantel trug, den Rachen setzte er sich gleich einem Helm auf den Kopf. Daran konnte man ihn in Zukunft unschwer erkennen: Herakles war der mit dem Löwenfell.

Als er von dieser Jagd nach Haus kam, traten ihm an einem Scheideweg zwei Frauen entgegen.

Die eine war bescheiden angezogen, sie hielt sich aufrecht und stolz und blickte ihrem Gegenüber in die Augen. Die andere war geschmückt und geschminkt, von üppigen Formen, ihr Blick war schmachtend, und sie wiegte sich in den Hüften.

Diese zweite sprach Herakles zuerst an. Sie sagte: »Herakles, wähle mich zur Freundin! Ich werde dich auf der breiten und gemächlichen Straße des Lebens dahinführen, und dir soll es an nichts mangeln. Mühen und Anstrengungen wirst du meiden, alles wird dir wie von selbst zufließen. Was hältst du davon?«

Herakles fragte verwundert: »Wer bist du denn, dass du mir solche Angebote machen kannst?«

»Ach«, sagte das Weib, »was tut das schon zur Sache, ich habe viele Namen. Meine Freunde jedenfalls nennen mich Glückseligkeit.«

Noch überlegte Herakles verwirrt, was das bedeuten sollte, da begann auch die andere Frau zu sprechen. »Auch ich möchte dir ein Angebot machen«, sagte sie. »Der Pfad, auf dem du mit mir gehen wirst, ist zwar steil und mühselig, aber vor den Erfolg haben die Götter die Plagen gesetzt. Wenn du gut und groß werden und den Menschen helfen willst, musst du dulden und arbeiten, du musst deinem Leib alles an Mühen zumuten und kämpfen und siegen. Aber dafür werden dich die Sterblichen preisen, die Nachwelt wird dich feiern, und Götter und Freunde werden dich lieben.«

»Und wie ist dein Name?«, fragte Herakles.

»Ich bin die Tugend«, sagte die Erscheinung, »und glaube jener nur nicht, wenn sie sagt, sie würde Glückseligkeit heißen. Ihr Name ist in Wahrheit Wollust oder Liederlichkeit. Entscheide dich, welchen Weg du einschlagen willst, Jüngling!«

Für Herakles aber gab es gar keine Frage. Er wollte den der Tugend gehen.

»Dir werde ich folgen!«, sagte er zur Tugend. »Ich wähle den steilen und beschwerlichen Weg zum Ruhm!«

Nachdem er diese Worte gesprochen hatte, verschwanden die beiden Gestalten.

Die ersten Taten

Auf seinem weiteren Heimweg traf Herakles auf die Abgesandten des Königs Erginos, die nach Theben wollten, um dort einen Tribut abzuholen: Seit zwanzig Jahren mussten die Thebaner dem Erginos jährlich hundert Rinder geben, weil dessen Vater einmal von einem Thebaner beleidigt worden war.

Herakles fand das eine himmelschreiende Ungerechtigkeit. Er entschloss sich, gleich mit den guten Taten anzufangen, und schickte die Boten gefesselt und mit Stricken um den Hals zu Erginos zurück.

König Erginos war verblüfft. Bisher hatten sich die Thebaner immer demütig gezeigt, denn sie waren schwach und wussten, dass ihr Gegner über eine gewaltige Streitmacht verfügte. Er rüstete also sofort sein Heer und zog gegen die Stadt Theben.

Die Thebaner gerieten in Furcht und Schrecken. Auf einen Krieg überhaupt nicht vorbereitet, waren sie kurz davor, sich kampflos zu ergeben. Aber Herakles ließ das nicht zu. Er lief durch die Stadt und suchte nach Männern, die nicht gewillt waren, gleich aufzugeben, sondern lieber ihr Leben im Kampf riskieren wollten, und er fand sie. Mit einer kleinen Schar mutiger Jünglinge zog er dem Erginos entgegen und stellte ihn in einem Hohlweg. Dort nützte dem König seine Übermacht nichts. Herakles und die Seinen besiegten den Feind, Erginos selbst wurde getötet und sein Heer fast ganz aufgerieben.

Herakles gab sich aber damit nicht zufrieden. Er verfolgte den fliehenden Feind bis vor die Tore der Hauptstadt und zwang die Bewohner, nun an Theben einen doppelt so hohen Tribut zu zahlen.

Der dankbare König Kreon von Theben gab dem siegreichen Herakles seine Tochter Megara zur Frau und mit ihr hatte er drei Kinder.

Die Götter aber, die seine Taten mit großer Aufmerksamkeit verfolgten, beschenkten den heldischen Sohn des Zeus: Von Hermes bekam er ein Schwert, von Apollon einen Bogen, und für die Pfeile fertigte Hephaistos einen kunstreichen goldenen Köcher. Athene verehrte ihm ein Kampfgewand. All diese Gaben hielt er hoch in Ehren. Seine liebste Waffe indessen war eine Keule aus Stechpalmenholz, die er sich selbst im Wald geschnitzt hatte.

Nur Hera hörte nicht auf, ihn mit ihrem Hass zu verfolgen, und je mehr die anderen Götter ihn achteten und ehrten, desto stärker trachtete sie danach, ihn zu verderben.

Sie schlug seinen Geist mit Wahnsinn, und in seiner Umnachtung hielt Herakles seine eigenen Söhne für Opfertiere, stach sie ab und warf sie ins Feuer.

Als er wieder zu sich kam und ihm bewusst wurde, was er Entsetzliches getan hatte, begab er sich freiwillig in die Verbannung. Mit umdüsterter Seele suchte er, sich von der Blutschuld zu reinigen, irrte lange umher und begab sich schließlich nach Delphi, um dort vom Orakel des Apollon zu erfahren, wie er sich für den Frevel entsühnen könne.

Die Seherin Pythia weissagte ihm. Es sei der Wille seines Vaters Zeus, so sagte sie, dass sich Herakles in die Knechtschaft seines Vetters Eurystheus begeben und widerspruchslos alle Arbeiten ausführen müsse, die dieser ihm auftragen würde. Zehn

Arbeiten, so kündigte sie an, würden ihm bevorstehen. Wenn er diese Aufgaben vollendet habe, so die Pythia, würde ihm die Unsterblichkeit gewiss sein.

Mit diesem Eurystheus hatte es folgende Bewandtnis: Kurz vor der Geburt des Herakles hatte es Zeus nicht unterlassen können, im Olymp zu prahlen. Er schwor: »Das Kind, das an diesem Tag geboren wird, ist dazu bestimmt, über alle Männer vom Stamm des Perseus zu herrschen.« Zeus hatte seinen Sohn mit Alkmene nämlich besonders ins Herz geschlossen.

Nun war aber eine andere Fürstin aus diesem Geschlecht ebenfalls schwanger und die eifersüchtige Hera verzögerte die Geburt des Herakles so lange, bis das andere Kind auf der Welt war. Zeus, durch seinen unbedachten Eid gebunden, musste den schwächlichen und weichlichen Eurystheus zum Herrscher des Perseus-Stammes machen.

Irgendeinem Menschen zu dienen kam den Halbgott Herakles schon hart genug an. Aber dass es ausgerechnet dieser feige Bursche war, der noch dazu auf dem Thron saß, den sein Vater Zeus eigentlich für ihn vorgesehen hatte, das war doppelt erniedrigend. Trotzdem war er bereit, zu Eurystheus zu gehen – eingedenk des Weges, den ihm die Tugend gewiesen hatte, und willens, die Welt von Plagen und Ungeheuern zu befreien.

Die ersten vier Arbeiten

Zunächst befahl Eurystheus seinem neuen Untertan, das Fell des Nemeischen Löwen abzuziehen und es ihm zu bringen, so genannt, weil der Löwe in den Wäldern von Nemea auf der Halbinsel Argolis sein Unwesen trieb.

Ein Löwe hätte für Herakles keine große Herausforderung

bedeutet, damit hatte er ja schon Erfahrung. Aber dieses Tier war kein gewöhnlicher Löwe. Er galt als unverletzlich und bisher war es noch keinem Sterblichen gelungen, ihm auch nur das Fell zu ritzen.

Auf seinem Weg nach Nemea kehrte Herakles bei einem Tagelöhner namens Molorchos ein. Der war gerade dabei, Zeus ein Opfer zu bringen. Herakles bat ihn, dreißig Tage damit zu warten. Wenn er nach Ablauf dieser Frist heil aus dem Wald zurückkehrte, wollte er selbst dem Zeus ein Dankopfer spenden. Falls er aber ums Leben käme, solle Molorchos ihm ein Totenopfer darbringen. Er war sich also der Gefährlichkeit der Aufgabe wohl bewusst.

In Nemea angekommen, hatte Herakles keine Schwierigkeit, das Untier zu finden. Aber seine unfehlbaren Pfeile prallten am Fell des Löwen ab und auch ein Schlag mit der Keule konnte ihm nichts anhaben. Das Tier wohnte in einer Höhle mit zwei Eingängen. Herakles beschloss, auf seine Waffen zu verzichten und auf die bloße Kraft seiner Hände zu vertrauen. Er verbarrikadierte den einen Höhleneingang. Nun musste sich die Bestie zum Kampf stellen und konnte ihm nicht entfliehen.

Und so geschah es, dass er den Löwen einfach erdrosselte. Dann warf er sich das tote Tier über die Schulter und machte sich auf den Rückweg, nicht ohne, wie versprochen, in der Hütte des Molorchos ein Tieropfer für Vater Zeus zu vollziehen.

Als er in Tiryns, der Stadt des Eurystheus, ankam, war der so über die furchtbare Kraft seines »Dieners« entsetzt, dass er sich in einem großen metallenen Vorratskrug versteckte und ihm den Befehl ausrichten ließ, die Stadt nicht mehr zu betreten, sondern seine Trophäen aus den nächsten Kämpfen nur am Stadttor zu zeigen. Künftig verhandelte er nur noch durch Boten mit Herakles!

So schnell wie möglich schickte Eurystheus ihn wieder los. Die zweite Aufgabe war, die Lernäische Hydra zu töten.

Das war ein Wasserungeheuer, eine Schlange mit neun Köpfen, die im Sumpfsee Lerna hauste und von dort aus Zerstörungszüge in die Gegend unternahm. Sie richtete bei Mensch und Tier furchtbaren Schaden an.

Herakles fuhr diesmal mit einem Kampfwagen zum Tatort; ihn begleitete sein Neffe Iolaos als Wagenlenker, ein junger Mann, den er lieb gewonnen hatte und der zu seinem Weggefährten geworden war.

Mit seiner üblichen Verwegenheit ging Herakles gegen die Hydra vor. Er trieb sie mit einem Hagel brennender Pfeile aus ihrer Deckung heraus und versuchte, ihr einen Kopf nach dem anderen abzuschlagen, aber die Schlange ringelte sich um seine Füße, und zu seinem Erstaunen sah er, dass dort, wo er einen Kopf abgetrennt hatte, gleich zwei nachwuchsen.

Herakles begriff, dass er diesem Feind nicht allein gewachsen war. Er rief deshalb Iolaos um Hilfe. Iolaos brachte brennende Fackeln, und sobald Herakles einen der Köpfe abgeschlagen hatte, brannte er die Stelle aus, sodass nichts mehr nachwachsen konnte.

Als sie so zu zweit schließlich das Untier erlegt hatten, schlitzte Herakles ihm den Bauch auf und tauchte seine Pfeile in die giftige Galle der Hydra. Das tödliche Gift sollte vielen seiner Feinde zum Verhängnis werden – und schließlich ihm selbst.

Triumphierend kehrte der Heros nun nach Tiryns zurück, aber Eurystheus weigerte sich, diese Tat anzuerkennen, weil Herakles sie nicht allein, sondern mithilfe des Iolaos vollbracht hatte.

Stattdessen schickte er Herakles zur dritten Arbeit los: Er sollte die Kerynitische Hirschkuh, ein Tier mit goldenen Hörnern, jagen und lebend nach Tiryns bringen.

Nun wusste Herakles, dass diese Hirschkuh ein heiliges Tier der Artemis war, und er hatte allen Grund, sich nicht noch mehr Götter zu Feinden zu machen; der Hass der Hera reichte ihm. So jagte er dem Tier sehr vorsichtig nach, probierte, sich ihm zu nähern und es zu zähmen, aber die Hindin erwies sich als viel zu scheu. Ein ganzes Jahr lang folgte er ihrer Spur und versuchte, als sie erschöpft von der Verfolgung eingeschlafen war, sie in einem Netz zu fangen. Aber auch das brachte keinen Erfolg, das Tier war zu schnell. So sah er sich gezwungen, es mit einem leichten Pfeilschuss zu streifen und so vorübergehend zu lähmen. Dann warf er sich die Hirschkuh über die Schulter und machte sich auf, sie nach Tiryns zu bringen.

Aber unterwegs begegnete er Artemis. Die erzürnte Göttin forderte ihre Hirschkuh zurück und bezichtigte Herakles des Frevels. Aber er konnte sie beschwichtigen: Schließlich waren ihm diese Arbeiten vom Orakel ihres Bruders Apollon aufgetragen worden.

Eurystheus nahm die Beute in Augenschein, ließ sie frei und schickte seinen Untertanen sogleich los auf eine sehr ähnliche, wenn auch etwas gefährlichere Mission: Er sollte den Erymanthischen Eber fangen und ihn – natürlich lebend! – zu ihm bringen. Das Tier verfügte über ungeheure Kräfte. Immer wieder kam es vom Erymanthos-Gebirge im Nordwesten des Peloponnes herunter und verwüstete ganze Landstriche. Dass es ebenfalls der Artemis heilig war, erschwerte die Arbeit noch mehr – schließlich wollte sich Herakles nicht ein zweites Mal mit der Göttin anlegen.

Unterwegs kehrte er bei einem Kentauren namens Pholos ein. Die Kentauren waren zur Hälfte Mensch, zur Hälfte Pferd. Sie galten als roh und ungehobelt, aber einige von ihnen schlugen aus der Art, erwiesen sich als hilfreich, edel und gut.

Pholos war bemüht, ein guter Gastgeber zu sein. Er selbst aß rohes Fleisch, aber die Portion für seinen Gast briet er. Dann brachte er Wein für Herakles. Doch das war ein Fehler, denn die anderen Kentauren, die in der Nähe waren, rochen das edle Getränk und stürmten mit Stöcken und Speeren bewaffnet herbei, um sich auch einen Anteil zu sichern. Es war aber bekannt, dass die Pferdemenschen keinen Wein vertrugen und sich wie toll gebärdeten, wenn sie getrunken hatten, deshalb trat Herakles ihnen entgegen und versuchte, sie fernzuhalten. Als sie aber immer zudringlicher wurden und Gewalt gebrauchen wollten, setzte er das erste Mal seine giftigen Pfeile ein. Als einer von ihnen getroffen war, sank er auf der Stelle tot zu Boden; die anderen stoben auseinander.

Neugierig betrachtete Pholos, der Gastgeber, den getöteten Kentauren. Es erschien ihm unfassbar, dass so ein gewaltiger Körper von so einem kleinen Pfeil dahingestreckt sein konnte. Er zog das Geschoss aus der Wunde, ehe Herakles es verhindern konnte – und ließ es aus Versehen fallen. Der Pfeil ritzte seinen Fuß. Schon war auch er dem Tod geweiht.

Herakles beklagte sein Hinscheiden und begrub den freundlichen Kentauren. Dann setzte er seinen Weg zum Erymanthos-Gebirge fort, hetzte den Eber durch den tiefen Schnee, der auf dem Berggipfel lag, fing ihn schließlich nach bewährter Art mit bloßen Händen und schleppte ihn nach Tiryns zu dem entsetzten Eurystheus, der wieder in seinem Krug Zuflucht suchte.

Die Fahrt zur Kolchis, der Stall des Augias, die Stymphaliden und der Kretische Stier

Während dieser Arbeit hatte Herakles davon gehört, dass der junge Königssohn Iason die tapfersten Männer um sich versammelte, um mit ihnen auf dem Schiff Argo zur fernen Kolchis am Schwarzen Meer zu segeln. Von dort wollten sie das wundertätige Goldene Vlies, das Fell eines geheimnisvollen Widders, nach Griechenland bringen.

Herakles reizte dieser Plan, er wollte unbedingt mitfahren und verschob deshalb die nächste Arbeit. Die Gemeinschaft wollte ihn sogleich zum Anführer machen, aber Herakles bestand darauf, dass dieser Platz Iason gebühre. Allerdings verließ er die Seeleute der Argo sehr bald wieder.

Auf der Hinfahrt lief das Schiff einen Strand an, um die Wasservorräte aufzufüllen. Unter der Besatzung der Argo befand sich auch ein junger Mann, dem Herakles Schutz versprochen hatte. Der war alleine ausgezogen, Wasser für Herakles zu holen, und als er zu einer Quelle kam, um dort die Vorratskrüge zu füllen, war die Quellnymphe ebenfalls so betört von dem Knaben, dass sie ihn zu sich ins Wasser hinabzog und nicht wieder freigab.

Herakles verließ das Schiff und suchte nach dem Verschollenen. Die Männer um Iason segelten schließlich ohne ihn weiter. So verzichtete Herakles auf die Fahrt zur Kolchis und kehrte nach einiger Zeit wohl oder übel nach Tiryns zurück.

Eurystheus war ärgerlich, dass sein Untertan seine Pflichten für eine Zeit außer Kraft gesetzt hatte, und betraute ihn deshalb mit der erniedrigendsten Arbeit seines Lebens: Er sollte die Viehställe des Augias ausmisten.

Augias war der König von Elis und hatte dreitausend Rinder, die nach damaliger Sitte in einer Umzäunung vor dem Palast standen. In dieser Umzäunung lag der Mist inzwischen so hoch, dass man das Land nicht mehr bestellen konnte, und der Gestank war gewaltig. Ganz Griechenland regte sich darüber auf.

Also trat Herakles nun vor Augias hin, und der glaubte seinen Ohren nicht zu trauen, als der hochgewachsene Krieger mit dem Löwenfell und der Keule sich bereit erklärte, ihm den Stall zu säubern – und zwar innerhalb eines Tages! Allerdings verlangte er ein Zehntel des Viehbestands als Lohn für seine Dienste, und Augias stimmte zu, denn einerseits glaubte er ohnehin nicht an einen Erfolg, und andererseits wusste er zu dem Zeitpunkt noch nicht, dass Herakles die Arbeit so oder so tun musste und dass es ihm nicht um die Belohnung ging.

Herakles aber dachte nicht daran, sich die Hände schmutzig zu machen. Er riss die Basis des Viehhofs auf einer Seite auf und leitete zwei große Flüsse durch das Gehege hindurch.

Augias hatte inzwischen erfahren, wen er vor sich hatte, und wusste auch, dass Herakles diese Aufgabe ohne Lohn hätte ausführen müssen. So weigerte er sich einfach, den Heros zu bezahlen, und das, obwohl Herakles sogar vor Gericht zog.

Eurystheus wiederum war es ein Vergnügen, sich zu weigern, diese Arbeit anzuerkennen, weil Herakles dafür Lohn verlangt hatte.

Er trieb seinen geduldigen Diener gleich wieder los in das nächste Abenteuer: Es galt, die Stymphaliden zu verjagen. Das waren gefräßige Vogelungeheuer, so groß wie Kraniche, bewehrt mit eisernen Schnäbeln und Klauen, die ihre Federn wie Pfeile abschießen konnten. Sie hatten sich vor den Wölfen in eine sumpfige, undurchdringliche Gegend geflüchtet und richteten von dort unermesslichen Schaden bei Mensch und Tier an.

Diesmal kam Athene dem Heros zu Hilfe. Sie hatte sich von Hephaistos zwei gewaltige Messingbecken ausgeliehen und gab diese dem Herakles. Als er sie aneinanderschlug wie riesige Schellen, erzeugten sie einen solchen Lärm, dass die Vögel erschreckt aufflogen. Viele von ihnen konnte er mit dem Bogen erlegen, bevor der Rest in andere Gegenden davonflog.

In Tiryns wartete bereits die nächste Aufgabe auf Herakles, und für diese musste der Halbgott zum ersten Mal den Peloponnes verlassen und nach Kreta übersetzen. Eurystheus schickte seinen »Diener« gern weiter fort, denn so konnte er mehr Zeit zwischen den beängstigenden Auftritten des offenbar Unbezwinglichen gewinnen.

Herakles sollte den Kretischen Stier einfangen und übers Meer nach Tiryns bringen. Es war jener Stier, in den sich seinerzeit die Gattin des Königs Minos von Kreta verliebt und von dem sie ein Ungeheuer in die Welt gesetzt hatte, den Minotauros. Das Tier war König Minos noch immer ein Dorn im Auge, schließlich war es so etwas wie ein Nebenbuhler. Wahrscheinlich war er mehr als dankbar, als Herakles ihn von diesem Störenfried befreite.

Der Stier wurde an Eurystheus abgeliefert, der ihn gleich wieder freiließ, weil er nichts mit ihm anzufangen wusste. Das Tier richtete auf dem Peloponnes einige Verwüstungen an und wurde schließlich der Athene geopfert.

Herakles bei Admetos und die Pferde des Diomedes

Für die achte Arbeit schickte Eurystheus den Herakles nach Thrakien. Der dort herrschende König Diomedes fütterte seine Stuten mit Menschenfleisch.

Auf dem Weg dorthin kam der Heros nach Thessalien und kehrte im Palast des Admetos ein. Der König hieß den Gast willkommen, aber Herakles sah, dass er Trauerkleider trug und überall im Palast niedergeschlagene Menschen anzutreffen waren. Er fragte, wer denn gestorben sei, und erhielt zur Antwort, eine Bekannte, die auf der Durchreise war, sei zufällig hier an einer Krankheit verschieden.

Die unmäßige Trauer wegen einer mehr oder weniger Fremden kam Herakles merkwürdig vor. Er saß also mit Admetos zusammen, und beide sprachen dem Wein zu, und schließlich sagte der Heros: »Freund, nimm es mir nicht übel, aber ich finde, der Tod ist das allgemeine Los des Menschen, und es ist nun genug der Trauer um jene Bekannte. Lass uns zusammen fröhlich sein, solange das Leben währt!«

Da stürzten dem Admetos die Tränen aus den Augen und er berichtete dem anderen die Wahrheit.

»Ich wollte das Gastrecht nicht verletzen und dich betrüben, darum habe ich dir verschwiegen, welches Unglück dies Haus betroffen hat.

Ich war schwer erkrankt, da befragte auf Bitten meiner Frau ein Priester das Orakel des Apollon, ob es eine Hoffnung auf Genesung für mich geben würde. Die Antwort war: Ich müsse unfehlbar sterben, falls nicht ein anderer Mensch bereit sei, an meiner Stelle ins Totenreich zu gehen.

Meine Gemahlin Alkestis opferte daraufhin dem Gott und erklärte sich bereit, an meiner Stelle zu sterben. Und als ich mich fröhlich und genesen vom Krankenbett erhob, brach Alkestis tot zusammen. Jetzt weißt du, großer Herakles, was der Grund unseres Jammerns und Klagens ist. Verzeih, dass ich nicht mit dir fröhlich sein kann.« Und er verhüllte sein Haupt und verließ die Halle.

Herakles blieb nachdenklich zurück. »Ein so edler Mann, dem die Gesetze der Gastfreundschaft derart heilig sind, dass er sogar seine Trauer unterdrückt, darf nicht durch den Tod seiner Frau gestraft werden, und es ist ungerecht, dass so eine liebevolle und hochherzige Frau sich opfern muss«, sagte er sich. »Ich will dem Admetos seine Gunst würdig vergelten und Alkestis dem Tod entreißen.«

Und er begab sich zum Grabmal der Königin, das bereits aufgerichtet war, und lauerte dort dem Totengott Thanatos auf. Als der nun kam, um die Verstorbene in die Unterwelt wegzuführen, stürzte sich Herakles auf ihn, würgte ihn und entriss ihm die junge Frau.

Dann brachte er Alkestis lebend und wohlbehalten zu Admetos zurück, als großzügigen Dank eines Halbgottes an einen Mann, der die Gastfreundschaft über alles gestellt hatte.

Herakles zog nun weiter nach Thrakien zum König Diomedes, um sich seiner neuen Aufgabe zu stellen. Er war mit einem jungen Gefährten namens Abderos unterwegs.

Nachdem er die Stuten den Pferdeknechten fortgenommen hatte, trieb er sie zum Meeresufer und musste sich zunächst gegen den König Diomedes wenden, um mit ihm zu kämpfen. Dieser hatte nämlich nicht vor, sich von seinen Tieren zu trennen.

So vertraute Herakles dem Abderos die Stuten an, damit er freie Hand hatte. Nachdem er aber Diomedes und die Seinen in die Flucht geschlagen hatte und an den Strand zurückkehrte, sah er mit Entsetzen und Trauer, dass Abderos der Tiere nicht Herr geworden war. Die Pferde, an Menschenfleisch gewöhnt, hatten den jungen Mann fast völlig aufgefressen.

Herakles bestattete das, was von seinem Freund übrig war, und brachte die Stuten zu Eurystheus, der mit ihnen das Gleiche tat, was er bisher mit den gefangenen Bestien getan hatte: Er ließ sie laufen.

Später sollen sie irgendwo im Gebirge von Wölfen zerrissen worden sein.

Die neunte und zehnte Arbeit

Eurystheus hatte eine Tochter, und die wünschte sich nichts so sehr, als ein ganz besonderes Kleinod zu erhalten, und zwar den Gürtel der Hippolyta.

Hippolyta war die Königin der Amazonen, eines kriegerischen Frauenvolks, das am Schwarzen Meer wohnte. Stammvater der Amazonen war der Kriegsgott Ares, und er hatte der Hippolyta selbst diesen von Hephaistos gefertigten Gürtel geschenkt, zum Zeichen, dass sie die Führerin in Krieg und Frieden war.

Diesen Gürtel zu holen, hatte sich Eurystheus als neunte Arbeit für Herakles ausgedacht.

Diesmal zog der Heros nicht allein los. Er bemannte ein Schiff mit treuen Gefährten, denn er wusste, dass die kriegerischen Frauen gefährliche Gegnerinnen waren.

Unterwegs bestand die Mannschaft noch siegreich einige Abenteuer und schließlich ging sie nahe der Hauptstadt der Amazonen vor Anker.

Alles ließ sich sehr gut an. Hippolyta, die natürlich schon von Herakles und seinen Taten gehört hatte, kam selbst an Bord des Schiffes, um den berühmten Fremden willkommen zu heißen. Offenbar fand sie Gefallen an ihm, denn sie versprach ihm ohne Weiteres, ihm den Gürtel zu geben.

Die Göttin Hera beobachtete ständig voller Missgunst vom

Olympos herab, was Herakles tat. Als sie nun merkte, dass er diese Aufgabe mit so geringem Aufwand und ohne Gefahren lösen konnte, beschloss sie wütend, einzugreifen. Sie verwandelte sich in eine der Amazonen und verbreitete das Gerücht, Herakles sei gekommen, um Hippolyta zu entführen.

Die alarmierten Kriegerinnen, auf ihre Fürstin eingeschworen wie die Bienen auf ihre Königin, griffen daraufhin das Schiff an.

Herakles musste glauben, von Hippolyta in eine Falle gelockt worden zu sein. Es kam zum Gefecht, in dessen Verlauf er die Königin als Geisel nahm und tötete. So hatte er den Gürtel des Ares nur durch Blutvergießen erlangen können.

Die zehnte Arbeit stand an. Eurystheus hatte sich wieder etwas einfallen lassen. Diesmal sollte sein Untertan die Rinder des Geryon holen. Geryon war ein Riese, der am Ende der Welt, kurz vor dem großen Ozean, auf einer Insel wohnte. Er hatte drei Körper und besaß einen zweiköpfigen Wunderhund, der seine purpurfarbenen Kühe hütete.

Der unermüdliche Heros zog also durch ganz Europa zur Wohnstatt des Riesen. An der engen Stelle, wo sich Europa und Afrika gleichsam gegenseitig in die Augen sehen können, zwischen Gibraltar und Ceuta, stellte er zwei Säulen auf zur Warnung vor Meeresungeheuern, die sich vielleicht aus dem großen Ozean bis hierher vorwagen sollten, und als Hinweis, dass keiner der Schiffer das Mittelmeer verlassen sollte; bis heute heißt dieser Punkt »die Säulen des Herakles«.

Da die Sonne in diesen Landstrichen unbarmherzig heiß brannte, geriet Herakles außer sich und spannte seinen Bogen gegen Helios, um ihn vom Himmel zu holen. Der Herr der Sonne bewunderte seine Verwegenheit und belohnte ihn, indem er ihm seine riesige goldene Schale als Boot schenkte. Auf der gelang dem Halbgott dann die Überfahrt zur Insel des Geryon und er trieb die Purpurrinder fort. Als ihn der Riese und sein Hund verfolgten, erschoss er beide. Er verlud die Tiere in die goldene Schale des Helios, setzte mit ihnen ans Festland über und gab dann dem Sonnenherrn sein Eigentum zurück.

Auf der Heimfahrt musste er aber viele Hindernisse überwinden, denn die Kühe hatten ihren eigenen Kopf; einmal trennte sich ein Stier von der Herde und gesellte sich anderen Kühen zu, deren Besitzer ihn erst nach einem Ringkampf mit Herakles herausgab, denn er sah nicht ein, dass er so ein Prachttier nicht zur Zucht nutzen sollte. Ein anderes Mal machte Hera die ganze Herde so wild, dass es ihm nur mit Mühe gelang, sie bis Tiryns zu bringen. Dort wurden die Rinder von Eurystheus sämtlich der Hera geopfert, denn Eurystheus fühlte sich eins mit der Göttin im Bemühen, Herakles so viele Steine wie nur möglich in den Weg zu legen.

Die Äpfel der Hesperiden

Die zehn Arbeiten waren getan, und eigentlich hätte Eurystheus ja froh sein müssen, seinen so unheimlich erfolgreichen Untertan los zu sein und sich nicht mehr vor ihm in seinem metallenen Krug verstecken zu müssen. Aber schäbig, wie er war, hatte er ja schon von Anfang an verkündet, dass er die zweite und die fünfte Arbeit nicht anerkannte – bei der einen hatte Herakles fremde Hilfe benötigt und bei der anderen eine Entlohnung verlangt.

Also schickte er den Heros zum elften Mal los. Er sollte die Äpfel der Hesperiden herbeischaffen und der geduldige Herakles fügte sich in sein Geschick.

Die Äpfel der Hesperiden hatte einst Gaia, die Mutter Erde, als Hochzeitsgeschenk Zeus und Hera verehrt, und Zeus hatte sie an vier Nymphen, die Hesperiden, weitergereicht, die sie in einem Garten anpflanzten. Aus den Früchten wurden herrliche Bäume, die von einem hundertköpfigen Drachen bewacht wurden.

Nun waren Drachen oder andere Lebewesen mit vielen Köpfen für Herakles nichts Neues, damit wurde er fertig. Das Kniffige bestand darin, dass niemand wusste, wo sich dieser Garten überhaupt befand. Man wusste nur: am Ende der Welt.

Herakles forschte und fragte und erhielt schließlich von dem alten weisen Meergott Nereus die Auskunft, der Garten befinde sich weit im Westen.

Herakles machte sich auf die beschwerliche Wanderschaft und hatte unterwegs viele Abenteuer zu bestehen. In Libyen kämpfte er mit Antaios, einem Riesen, der seine Kraft aus der Erde bezog und den man nur besiegen konnte, wenn man ihn hochhob – damit er den Kontakt zum Boden unter sich verlor. Und als Herakles in den Kaukasus kam, befreite er den dort gefesselten Prometheus von seinen Ketten und erschoss den Adler, der täglich die Leber des Titanen fraß. Zum Dank gab ihm der allwissende Prometheus einen Rat: Wenn er weiter nach Westen wanderte, würde er auf seinen titanischen Bruder Atlas stoßen, der als Strafe für ein Vergehen in alle Ewigkeit das Himmelsgewölbe auf Kopf und Schultern zu tragen hatte. Atlas würde bestimmt gern bereit sein, die Äpfel für Herakles zu holen, denn er wusste, wo der Garten war – unter der Bedingung, dass Herakles währenddessen stellvertretend den Himmel tragen würde.

Alles geschah wie vorhergesagt. Freudig machte sich Atlas auf den Weg und stahl ohne weitere Zwischenfälle die Äpfel. Aber dann fiel ihm ein, dass es ja eigentlich keinen Grund gab, warum er wieder ins alte Joch zurückkehren sollte.

»Freund«, sagte er zu Herakles, »ich habe jetzt erst gemerkt, wie sehr ich es satt bin, hier zu stehen und diese Last zu tragen. Ich werde die Äpfel selbst zu Eurystheus bringen. Du machst diese Sache ja ganz vortrefflich.«

Herakles konnte den Titanen gut verstehen, denn schon in der kurzen Zeit, in der ihm der Himmel auf den Schultern lag, war der Druck unerträglich geworden. Deshalb wollte er sich so schnell wie möglich aus seiner Lage befreien.

»Ich sehe ja ein«, sagte er listig, »dass du nicht wieder zurückkehren willst zu dieser Arbeit. Aber ich bin es nicht gewohnt! Erlaube mir, dass ich mir ein Polster mache, das ich mir auf Kopf und Nacken lege, um die Himmelslast auszuhalten. Sei so gut und übernimm währenddessen noch einmal das Tragen.«

Der Titan, der nicht besonders klug war, erklärte sich einverstanden. Aber kaum hatte er Herakles abgelöst, als der die Äpfel nahm und sich aus dem Staub machte.

Eurystheus war wenig erfreut, als sein Untergebener tatsächlich mit den Äpfeln ankam; Herakles war so lange unterwegs gewesen, dass er schon gehofft hatte, dieser sei nun endlich umgekommen.

Und was sollte er eigentlich mit diesen Äpfeln anfangen? Er hatte ja auch alle Tiere, die Herakles mitgebracht hatte, freigelassen oder den Göttern geopfert. Das einzige nützliche »Mitbringsel« war der Gürtel der Hippolyta für seine Tochter gewesen. Auch diesmal verachtete er das Geschenk und Herakles legte die Äpfel am Altar der Athene nieder, die ihm die wunderbare List bei Atlas eingegeben hatte. Die Göttin schaffte die heiligen Früchte dann zu den Hesperiden zurück, denn sie sollten nicht irgendwo herumliegen. So war die endlose Reise des Herakles mit all den Mühen und Abenteuern eigentlich umsonst gewesen.

Herakles in der Unterwelt

Als zwölfte Arbeit hatte sich der arglistige König etwas ausgedacht, wovon er hoffte, dass Herakles trotz all seiner Kraft, Kühnheit und List wenig ausrichten könne. Er schickte ihn in die Unterwelt, um den Höllenhund Kerberos zu fangen. Die dreiköpfige Kreatur bewachte dort den Eingang.

Da kein Mensch die Unterwelt unvorbereitet betreten konnte, begab sich Herakles zuerst nach Eleusis in Attika. Dort ließ er sich von einem Priester in eine Geheimlehre, die Eleusinischen Mysterien, einweihen und erfuhr Dinge über Himmel und Erde, die den Wissenden ermöglichten, die dunklen Seiten der Welt besser zu verstehen. Und so betrat er das Reich der Schatten als Eingeweihter. Außerdem hatte ihm sein Vater Zeus noch den Seelenbegleiter Hermes an die Seite gestellt.

Herakles hatte trotz Hermes' Begleitung seine Schwierigkeiten mit den Bedingungen da unten. Er fürchtete sich. So führte er nach einer besonders furchterregenden Erscheinung ohne Kopf und Arme einen Schwertstreich und musste erst von Hermes belehrt werden, dass er damit keinem etwas anhaben könne, denn die Schatten seien körperlos. Sodann versuchte er, einen Freund, den er vorfand, mit der Hand zu berühren und so von seinem Zustand zu befreien, aber als er das tat, bebte die Erde, und er musste davon ablassen.

Die blutlosen Seelen gierten nach Lebenskraft, und von Mitleid bewegt, schlachtete der Heros eines der Rinder des Hades, um die Schatten, die sich gierig herbeidrängten, mit dem Blut zu tränken. Aber nun war Hades auf Herakles aufmerksam geworden. Er trat vor das Tor der eigentlichen Totenstadt und verwehrte den beiden Reisenden den Zutritt.

Was Herakles jetzt tat, gehörte nicht zum respektvollen Umgang mit den Göttern: Er hob seinen Bogen, legte einen Pfeil auf und versetzte dem Herrn der Unterwelt einen Streifschuss an der Schulter. Offenbar war er so wütend über die Leiden der Sterblichen, dass er dem Gott einen Begriff davon geben wollte, wie es ist, Schmerzen zu leiden.

Seine Methode wirkte Wunder. Hades erklärte sich bereit, den Höllenhund »auszuleihen«, allerdings unter der Bedingung, dass ihn sein rabiater Besucher mit bloßen Händen einfangen sollte.

Dergleichen war für Herakles natürlich kein Problem. Er packte den Hund an einer seiner drei Kehlen, und obwohl das Untier jaulend um sich schnappte, schleppte er es ans Tageslicht hinauf und kehrte mit ihm zurück nach Tyrins.

Eurystheus besah sich den Kerberos aus sicherer Entfernung und befahl dann, ihn wieder zurückzubringen – was Herakles pflichtgemäß tat.

Nun, nach der zwölften Arbeit, war er wirklich aus dem Dienst des elenden Königs entlassen, und der Wahrsagung gemäß sollte ihm die Unsterblichkeit sicher sein.

Trotzdem bürdete ihm Hera für den Rest seines Erdenlebens mehr Mühsal und Plagen auf, als ein normaler Mensch hätte ertragen können.

Im Kampf mit den Göttern und gegen sie

Herakles bestand mit und ohne Gefährten noch manche Abenteuer und rechnete mit denen ab, die die Menschen unterdrückten und quälten. Aus allen Kämpfen ging er als Sieger hervor. Ein einziges Mal wäre er fast ums Leben gekommen, als er an der Küste Kleinasiens bei einem Streifzug der Griechen gegen die Einwohner schwer verwundet wurde. Aber Zeus selbst entführte ihn rechtzeitig, um ihn vor dem Tod zu bewahren.

Er hatte auch gute Gründe, das Leben des Herakles zu schützen. Die Götter waren nämlich gerade in einen Kampf mit den Giganten verwickelt, urzeitlichen Monstern, die den Olympiern die Herrschaft streitig machen wollten. Ein Orakel hatte erklärt, dass die Götter nur mithilfe eines Menschen über die Giganten siegen würden. Herakles war mit Sicherheit der Einzige, der dafür infrage kam. Pallas Athene bat ihn um Hilfe, und so kämpfte der Heros Seite an Seite mit Poseidon, Apollon, Athene und Ares und errang mit ihnen den Sieg. Dann kehrte er zu seinen eigenen Angelegenheiten zurück.

Nach dem in geistiger Verwirrung verübten Mord an seinen Kindern war seine Ehe mit Megara gescheitert. Er hatte die Frau in die Obhut seines Freundes und Kampfgefährten Iolaos gegeben und war nun auf der Suche nach einer anderen Gefährtin. Seine Neigung galt der schönen Iole, die ihr Vater Eurytos von Thessalien demjenigen versprochen hatte, der ihn im Bogenschießen übertreffen würde.

Diese Bedingung erfüllte Herakles ohne Weiteres, aber Eurytos brach sein Wort. Ihm war zu Ohren gekommen, dass der mächtige Krieger einem anderen König lange Jahre wie ein Sklave gedient und außerdem seine eigenen Kinder umgebracht hatte.

Die Weigerung versetzte Herakles in rasenden Zorn, und das war der Augenblick, auf den Hera nur gewartet hatte, um sein Gemüt völlig zu verwirren. Sie schlug ihn wieder mit Wahnsinn und in seiner Umnachtung tötete er einen Sohn des Eurytos, der den großen Heros von ganzem Herzen bewundert hatte.

Der Mord lag schwer auf Herakles' Seele, als er wieder zu sich kam. Er wandte sich an das Orakel von Delphi, um dort entsühnt zu werden und göttliche Vergebung für seine Schuld zu finden. Aber die Pythia weigerte sich diesmal, ihm zu helfen. Apollon würde nicht einverstanden sein, erklärte sie.

Herakles verstand die Welt nicht mehr. Er war mit den Göttern auf Du und Du, hatte an ihrer Seite ihre Feinde vernichtet – nun auf einmal sollte er wieder nur irgendein Sterblicher sein, der sich ihrem unerforschlichen Ratschluss zu beugen hatte? Das sah er nicht ein. Er war gewohnt zu handeln!

Also entwendete er jenen Dreifuß, aus dessen berauschenden Dämpfen die Priesterin ihre Prophezeiungen holte, stellte ihn auf und erklärte trotzig, er werde sein eigenes Orakel aufbauen und befragen.

Apollon versuchte, ihn daran zu hindern, aber sein Ton war so befehlend, dass der gekränkte Herakles ihn zum Kampf herausforderte. Erst als Zeus einen Blitz zwischen seine beiden Söhne schleuderte, ließen sie voneinander ab.

Zeus befahl auch der Pythia, die erwünschte Auskunft zu geben: Es hieß, Herakles könne nur von dem Mord entsühnt werden, wenn er drei Jahre lang in die Sklaverei ginge und den für sich erzielten Preis dem König Eurytos gebe.

Wohl oder übel willigte er ein.

Herakles bei Omphale

Den kostbaren Sklaven erwarb eine lydische Königin mit Namen Omphale.

Auch als Unfreier vollbrachte Herakles kühne Taten. Er tötete ein Monstrum von Schlange, das die Ernten der Bauern vernichtete, bekämpfte eine Stadt, deren Heer früher einmal Omphales Land geplündert hatte, und erschlug einen tyrannischen Weinbergbesitzer, der Vorbeikommende in Ketten legte und sie zwang, für ihn zu arbeiten.

Omphale gefiel der heldische Mann so sehr, dass sie eine Liebesbeziehung mit ihm begann. Und nun geschah etwas sehr Seltsames: Herakles war so verblendet vor Liebe, dass er sich in das merkwürdigste Spiel seines Lebens einließ. Er übernahm die Rolle der Frau und Omphale die seine. Während die Königin mit seinem Löwenfell herumspazierte, saß er in Frauenkleidern am Rocken und mühte sich mit ungeschickten Fingern, einen Faden zu spinnen. Um seinen Hals spannte sich eine Kette, die eigentlich ein kostbarer Gürtel war, und die Armbänder Omphales, die seine kraftvollen Muskeln fast zu sprengen schienen, waren eigentlich Halsgeschmeide.

Als seine Dienstjahre bei Omphale vorüber waren, erwachte er aus seiner Verblendung. Wie war es möglich gewesen, dass er an dieser Verkleidung Gefallen gefunden hatte? Er schämte sich in Grund und Boden und suchte so schnell wie möglich das Weite, aber das Gerücht überholte ihn – und in ganz Griechenland lachte man hinter vorgehaltener Hand über das, was in Lydien geschehen war.

Deianira

Nach mancherlei Taten und nachdem er auf dem Peloponnes seine Feinde besiegt hatte, wanderte der ruhelose Herakles nach Kalydon in Ätolien und ließ sich dort bei König Oineus nieder.

Der König hatte eine wunderschöne Tochter namens Deianira, in die sich der Flussgott Acheloos leidenschaftlich verliebt hatte. Er bedrängte das Mädchen in immer wechselnden Gestalten als Freier. Einmal erschien er als Stier, ein andermal als schillernder, gewundener Drache, dann wieder versuchte er, als Mensch, aber mit einem Stierhaupt, aufzutreten. Deianira entsetzte sich vor dem Ungetüm, aber König Oineus wusste nicht, wie er das Mädchen schützen sollte, denn er war machtlos gegenüber den überirdischen Kräften des Flussgottes.

Da erschien im rechten Moment Herakles. Als er Deianira erblickte, war er sofort in sie verliebt, und die Schöne erwiderte seine Neigung. Sie fühlte sich geschmeichelt, vom größten Helden Griechenlands begehrt zu werden – und außerdem setzte sie ihre Hoffnung in seine Stärke. Er war der Einzige, der mit dem unerwünschten Bewerber fertig werden konnte.

Herakles hielt also um die Hand der Königstochter an. Aber Oineus wagte aus Angst vor Acheloos nicht, eine Entscheidung zu seinen Gunsten zu treffen.

Daraufhin forderte der Heros das Flussungetüm zum Zweikampf heraus, was dem König nur recht war. Er erklärte, dem Sieger würde die Braut gehören.

Herakles begab sich zu dem Fluss, in dem Acheloos hauste. Der König und seine Tochter begleiteten ihn. So traten vor den Augen der beiden die Gewaltigen zum Streit an, und Deianira betete zu allen Göttern, dass Herakles den Sieg davontragen sollte – er, der stattlich und schön daherkam, den Köcher voller Pfeile, die Keule in der Faust, das Löwenfell über der Schulter. Der Flussgott trat wieder als Mensch mit Stierhaupt auf; er versuchte, den Gegner auf seine Hörner zu spießen, und lange Zeit gelang es Herakles weder mit der Keule noch mit dem Bogen, dem anderen beizukommen. Schließlich warf er die Waffen weg und versuchte, den Gegner im Ringkampf zu bezwingen. Stöhnend vor übermenschlicher Anstrengung verkeilten sich die Kämpfer ineinander, und keiner konnte dem anderen einen

Vorteil abgewinnen. Schließlich bekam aber der Sohn des Zeus die Oberhand und warf den Acheloos zu Boden. Aber der nahm nun sofort die Gestalt einer Schlange an. Mit Schlangen hatte Herakles jedoch Erfahrung. Er packte sie und hätte sie sicher totgequetscht, wenn sich der Feind nicht plötzlich in einen Stier verwandelt hätte. Aber der Heros ließ sich nicht irritieren. Er ergriff das Untier an einem Horn und warf es mit solcher Wucht auf die Erde, dass das Horn abbrach und in seiner Hand blieb. Jetzt gab sich der Flussgott besiegt und zog sich grollend in die Fluten zurück.

Überglücklich warf sich Deianira in Herakles' Arme. Und auch König Oineus war mehr als zufrieden mit dem Schwiegersohn, denn er hatte noch viele irdische Feinde zu bekämpfen, und Herakles war ihm da ein willkommener Bündnispartner.

Nachdem also auch dieser Kampf schnell und siegreich vollendet worden war, kehrte Herakles nach Kalydon zurück, und fast sah es aus, als würde der Umgetriebene hier endlich Ruhe finden, fern vom Hass der Hera, und an der Seite einer schönen, geliebten Frau.

Es sollte aber anders kommen.

Bei einem Zechgelage am Hof seines Schwiegervaters bediente ein junger Verwandter des Königs die Tischgäste mit Wein und Wasser. Herakles, schon angetrunken, ärgerte sich über eine Ungeschicklichkeit des Jungen und schlug ihn mit den Knöcheln der Hand gegen die Schläfe. Er hatte aber nicht bedacht, welche Wucht selbst hinter seinen leichten Schlägen steckte. Jedenfalls fiel das Kind tot zu Boden.

Oineus war einsichtig genug zuzugeben, dass dies kein Mord, sondern ein Totschlag aus Versehen war, und er verzieh seinem Schwiegersohn – aber der selbst verzieh sich nicht. Für ihn war es unumstößlich: Ob mit Absicht oder nicht, das Gesetz verlangte, dass jemand, der einen anderen getötet hatte, in die Verbannung ziehen müsse.

Deianira hatte ihm inzwischen einen Sohn, Hyllos, geboren. Natürlich hätte sie bei ihrem Vater bleiben können. Aber die Liebe zu ihrem Mann war zu stark. So zog sie es vor, mit Herakles weiterzuziehen. Den kleinen Sohn nahm das Paar mit.

Nicht lange, nachdem sie Kalydon verlassen hatten, kamen sie an einen Fluss. Dort hatte einer der Kentauren (der Pferdemenschen, die Herakles seinerzeit verjagt hatte, als sie den Wein des Pholos trinken wollten) sich als Fährmann niedergelassen. Er sagte, die Götter hätten ihm wegen seiner Ehrlichkeit diese Aufgabe anvertraut, und er sei berechtigt, dafür Lohn zu empfangen.

Herakles hätte natürlich Weib und Kind selbst durch den Fluss tragen können. Der war zwar reißend, aber das Wasser reichte dem hünenhaften Mann nur bis zur Brust. Er wollte aber dem Kentauren, der Nessos hieß, nicht den Verdienst schmälern und kam mit ihm überein, dass er selbst seinen Sohn tragen wollte, Nessos aber auf seinem Rücken Deianira ans andere Ufer bringen würde.

Gerade nachdem er den Fluss durchquert hatte und vorsichtig sein Söhnchen absetzte, hörte er plötzlich gellende Hilfeschreie. Der Pferdemensch hatte ebenfalls das Ufer erreicht und versuchte nun, Deianira Gewalt anzutun.

Herakles spannte, ohne einen Augenblick zu zögern, den Bogen und jagte dem verbrecherischen Nessos einen Pfeil durch die Brust. Sterbend wälzte sich der Kentaur in seinem Blut.

Aber tückisch, wie er war, beschloss er, auch nach seinem Tod noch Rache zu nehmen. Er winkte die verstörte Frau zu sich heran und flüsterte ihr zu: »Mich reut, was ich da eben tun wollte, und ich will versuchen, es wiedergutzumachen. Darum schenke ich dir einen Liebeszauber, der dir helfen soll, deinen Mann ganz und immer für dich zu behalten. Fange das Blut auf, das aus meiner Wunde quillt, und bewahre es sorgfältig auf, aber so, dass das Sonnenlicht es nicht bescheint. Wenn du aber meinst, an der Treue deines Gatten zweifeln zu müssen, so webe ihm ein Gewand und bestreiche es mit diesem Blut. Sobald er es trägt, wird er unverzüglich jede andere Frau vergessen und zu dir zurückkehren.«

Die arglose Deianira glaubte dem sterbenden Kentauren. Sie sammelte wirklich sein Blut und bewahrte es in einem geschlossenen Gefäß auf. Dass dieses Blut von dem tödlichen Gift der Hydra durchdrungen war, das an Herakles' Pfeil haftete, wusste sie nicht.

Herakles zog mit seiner Familie weiter und das Paar vergaß den Vorfall am Fluss über viele Jahre hinweg.

Der Heros ließ sich in einer Gegend nördlich des Berges Parnassos nieder. Dort schloss er viele Bündnisse mit ansässigen Königen und stand ihnen in ihren Kämpfen bei.

Nach längerer Zeit – der Knabe Hyllos war schon zu einem stattlichen Jüngling herangewachsen und begleitete ihn auf allen Wegen – ergab es sich, dass Herakles noch einmal gegen Eurytos zu Felde zog, jenen König, der ihn einst um die Hand der schönen Iole betrogen hatte. Iole war noch immer unverheiratet und eine blühend schöne Frau, und der siegreiche Herakles beschloss, sie nun als seine Geliebte mit nach Hause zu führen. (Es war durchaus üblich, dass sich Könige und Heroen mehr als eine Frau hielten, und es trug sogar zu ihrem Ansehen bei.)

Natürlich gewann er den Kampf. Iole wurde von ihm mitgenommen.

Das Ende des Heros

Herakles kehrte siegreich zurück und errichtete, bevor er sein Heim wieder betrat, seinem Vater Zeus auf einem Berggipfel einen Altar, um ihm für den Sieg zu danken und ein großes Stieropfer darzubringen.

Die vornehmsten seiner Gefangenen aber schickte er voraus zu Deianira; darunter auch die Königstochter Iole.

Als seine Gattin nun die schöne Frau sah, war ihr klar, dass Herakles diese Gefangene nicht von ungefähr ins Haus brachte. Iole würde nicht ihr, sondern ihrem Mann dienen müssen. Sie war ihre Nebenbuhlerin.

Deianira liebte Herakles über alles. Und jetzt packte sie finstere Eifersucht. Aber sie war nicht die Person, die sich an der unglücklichen Gefangenen vergriffen hätte. Sie zog sich weinend in ihre Kammer zurück und überlegte, wie es ihr gelingen könnte, die Liebe ihres Gemahls einzig und allein auf sich zu bündeln. Sie wollte ihn nicht teilen! Und da fiel ihr das Gefäß mit dem Kentaurenblut ein.

Am Tag, als Herakles sich zum Opfer für Zeus rüstete, kam Lichas, ein Herold des Hauses, mit einem verschlossenen Kasten zu ihm. »Dies schickt dir deine Gemahlin Deianira!«, sagte er. »Sie findet, es ist schicklich, dass jemand wie du ein Opfer für Vater Zeus in einem frischen Gewand vollzieht. Sie hat dir mit eigenen Händen dieses Kleid aus Leinen genäht, es purpurn eingefärbt und mit schönen Ziernähten versehen. ›Möge mein geliebter Herr in Ehren vor dem höchsten Gott, seinem Vater, dastehen!‹, sprach sie.«

Gerührt und dankbar empfing Herakles das Geschenk seiner Frau. Er sah darin ein Zeichen, dass sie ihm wegen Iole nicht zürnte, und überlegte, wie er das Verhältnis zwischen den beiden so rücksichtsvoll und zartfühlend wie möglich gestalten könnte. Dann legte er das Gewand an.

In der Zwischenzeit betrat Deianira noch einmal zufällig das Gemach, in dem sie in der Dunkelheit, ohne die Sonne hereinzulassen, das Kleidungsstück mit dem Blut des Nessos eingefärbt hatte. Die Flocke von Lammwolle, die sie benutzt hatte, um das Blut auf dem Gewand zu verteilen, war am Boden liegen geblieben. Jetzt öffnete die Königin den Fensterladen und ein Sonnenstrahl fiel darauf. Zu ihrem Entsetzen sah sie, wie die Wolle sich zischend in blasigen Schaum auflöste und dann zu Staub zerfiel. Händeringend und voll böser Ahnungen irrte sie durchs Haus und wartete auf die Heimkehr ihres Mannes. Es kam nur ihr Sohn Hyllos, der wie ein Rasender auf sie losging.

»Unselige, ich wollte, du hättest nie gelebt oder wärst nicht meine Mutter!«, schrie er in verzweifeltem Zorn. Er begann, laut zu schluchzen. »Was hat dir der Vater getan, dass du ihn auf so grausame Weise ermordet hast?«

Deianira starrte ihren Sohn fassungslos an, und von Weinen unterbrochen, begann der zu erzählen, was vorgefallen war.

»Der Vater hatte frohen Sinnes dein mörderisches Geschenk, das purpurne Gewand, angelegt und mit der Opferung der Stiere begonnen. Aber plötzlich brach ihm der Schweiß aus und er versuchte schreiend, das entsetzliche Kleidungsstück von seinem Körper zu reißen. Vergeblich! Das Gewand klebte an seiner Haut wie festgewachsen und brannte sich ein. An den Stellen, wo es ihm gelang, den Stoff abzureißen, löste sich sein lebendiges Fleisch mit ab, zuckend und schäumend verrauchte es im Sonnenlicht. Brüllend wälzte er sich am Boden und flehte uns an, ihn von der entsetzlichen Qual durch den Todesstoß zu erlösen, aber keiner wagte sich in die Nähe des Tobenden und wagt sich immer noch nicht. Mutter! Wir werden den größten aller Heroen lebendig auf den Scheiterhaufen schicken müssen, damit das Feuer ihn erlöst!«

Deianira hatte wie versteinert angehört, was ihr Sohn berichtete. Unschuldig war sie schuldig geworden, das Werkzeug der Rache des Kentauren – und Herakles starb am Gift eben jener Hydra, mit dem er so viele Feinde ins Jenseits befördert hatte.

Die unglückselige Frau begab sich ohne ein Wort in ihr Schlafgemach. Sie legte sich auf das Bett, auf dem sie mit Herakles glücklich gewesen war, und durchbohrte sich das Herz mit einem Dolch, ihr Blut befleckte die Laken.

Herakles aber, stöhnend und brüllend in seinen Qualen, die nicht zu lindern waren, ließ von seinen Freunden und dem Sohn den Holzstoß errichten, und der Gemarterte nahm darauf Platz. Kaum aber schlugen die Flammen empor, senkte sich eine dichte Wolke herab und ein Blitz fuhr ins Feuer. Zeus war gekommen und erlöste den Gequälten.

Nachdem der Scheiterhaufen heruntergebrannt war, näherten sich die Freunde und der Sohn der Asche, um die Gebeine des Toten einzusammeln und, wie es Sitte war, in einer Urne im Meer zu versenken. Aber es fand sich auf der noch qualmenden Brandstätte kein einziger Knochen.

Zeus hatte seinen Sohn nach vielen Leiden, nach Demütigungen und geduldig ertragenen Mühen endlich zu sich auf den Olymp geholt und hatte ihm die Unsterblichkeit verliehen, die ihm einst verheißen worden war.

So sitzt er, neben Dionysos der einzige Olympier, der von einer sterblichen Frau geboren wurde, nun für alle Ewigkeit unter den Göttern, und selbst seine große Feindin Hera hat sich mit ihm versöhnt.

Iason und der Argonautenzug

Iason und das Goldene Vlies

Im Königreich Iolkos in Thessalien hatte der jüngere Bruder den älteren vom Thron und aus dem Land vertrieben und herrschte unumschränkt. Aison, der ältere Bruder, hinterließ aber einen Sohn, der von den weisesten Lehrmeistern aufgezogen worden war. Dieser Sohn trug den Namen Iason. Als nun Pelias – so hieß der Thronräuber – alt wurde und er selbst keine Nachkommen hatte, machte sich Iason, ein kühner und geradliniger junger Mann, auf nach Iolkos. Er hatte vor, von seinem Onkel Pelias die Herrschaft zurückzufordern. Als König Pelias gerade auf dem Marktplatz seiner Stadt dem Poseidon ein feierliches Opfer darbrachte, erschien Iason vor allem Volk und erklärte unumwunden, wer er war und dass er »nach seinem Haus schauen« wolle. Iason war ein sehr gut aussehender Mann, und als er da im Reisemantel stand, das lange lockige Haar unbedeckt, den Speer über der Schulter, und so offen und freimütig auftrat, flogen ihm die Sympathien der Menschen zu.

Pelias war durchtrieben und klug. Er entschloss sich, den jungen Mann freundlich aufzunehmen, und sagte: »Ich erkenne deine Rechte auf den Thron an. Bevor du aber das Zepter deines Vaters übernimmst, sollst du noch eine Aufgabe erfüllen, die dir Ruhm und Ehre einbringen wird. Fahre ins ferne Land Kolchis und bringe von dort das Goldene Vlies nach Thessalien!«

Dies Goldene Vlies aber war das Fell eines übernatürlichen Widders, der vor langen Zeiten einem Mann, Mitglied der Sippe, das Leben gerettet hatte, indem er ihn durch die Luft aus einer Gefahr fortgetragen hatte. Auf Kolchis, in der Stadt Aia, am äußersten Rand des Schwarzen Meeres, war dieser Widder dann den Göttern geopfert und sein Fell an einen Baum in einem dem Gott Ares geweihten Hain genagelt worden, wo es seitdem von einem ewig wachen Drachen bewacht wurde. Der König der Kolchis, Aietes, galt ohnehin nicht als sehr freundlich gegen Fremde. Aber darüber hinaus war ihm prophezeit worden, dass seine Herrschaft nur so lange währen würde, wie das Vlies in dem Hain sei.

Pelias rechnete also damit, dass Iason von so einem Unternehmen wahrscheinlich nicht lebend zurückkommen würde.

Der Bau der Argo und die Ausfahrt

Iason hingegen ging die Sache an, ohne viel nach den Schwierigkeiten zu fragen. Er nahm Argos, den besten aller Schiffsbauer, in Dienst und ließ von ihm ein gewaltiges und wunderbar seetüchtiges Schiff entwerfen und bauen. Athene selbst, die ja allen kunstfertigen Handwerkern geneigt war, steuerte ein Stück sprechendes Holz bei, einen Stamm aus einem heiligen Hain, das im Bug eingefügt wurde. Das Holz konnte die Zukunft vorhersagen und würde während der Reise Iason vor Gefahren warnen. Als das von allen bewunderte Fahrzeug fertig war, erhielt es nach seinem Erbauer den Namen Argo.

Daraufhin ließ Iason sein Vorhaben in ganz Griechenland durch Boten verkünden und eine illustre Schar von Heroen fand sich ein, die mit ihm auf große Fahrt gehen wollten.

Es fand dies noch zu Lebzeiten des Herakles statt und so war auch er begierig mitzufahren. Er kam mit seinem schönen Waffenträger Hylas an Bord, einem Knaben, den er liebte. Aber als es darum ging, einen Anführer zu wählen, und Herakles ins Gespräch kam, weigerte er sich. »Diese Ehre gebührt allein Iason, der uns alle zusammengebracht hat!«, rief er, und so wurde also Iason zum Anführer der Argonauten, der Seeleute auf der Argo.

Viele berühmte Namen versammelten sich auf diesem Schiff: Da waren die Zeussöhne Kastor und Polydeukes, Admetos, der Gemahl der Alkestis, die Herakles für ihn dem Tod entreißen würde, der Steuermann Tiphys und der scharfblickende Lynkeus, der den Lotsen machte, und – wie wir vernommen haben – Orpheus, der wundervolle Sänger. Sie alle waren nun die Argonauten, die Seefahrer auf der Argo.

Sie brachten am Abend den Göttern Opfer dar und setzten dann im Morgengrauen des nächsten Tages Segel. Das sprechende Holz im Bug der Argo, das Athene gespendet hatte, jauchzte laut auf wie vor Begeisterung, dass man endlich abfuhr.

Man fuhr nach Norden, entlang der Westküste des Ägäischen Meeres. Nach einigen Tagen guter Fahrt erreichten sie die Insel Lemnos. Dort wollte man frisches Wasser und neue Vorräte an Bord nehmen. Als die Argo das Ufer der Insel erreichte, bot sich der Mannschaft ein seltsamer Anblick. Aus den Toren der nahe gelegenen Stadt strömten Frauen und nichts als Frauen, die meisten bewaffnet und offenbar in furchtbarer Erregung. Und das hatte seinen guten Grund.

Auf Lemnos

Die Frauen von Lemnos hatten nämlich alle Männer auf der Insel umgebracht, weil die sich bei ihren Raubzügen nach Thrakien Sklavinnen geholt hatten, mit denen sie sich offenbar viel lieber erfreuten als mit ihren Ehegattinnen, und die eifersüchtigen Lemnierinnen hatten die Beute-Frauen aus Thrakien gleich mit getötet. Nun lebten sie in ständiger Furcht vor der Rache der Thraker.

Iason sandte einen Boten an Land, der die Frauen davon überzeugen konnte, dass sie nicht aus Thrakien kämen und nichts weiter wollten, als Vorräte kaufen. Die Königin von Lemnos rief daraufhin alle Frauen zu einer Versammlung auf dem Marktplatz zusammen und sie beratschlagten, was sie tun sollten. Einige waren dafür, die Fremden gleich am Strand mit reichlich Vorräten zu versehen und schnell wieder fortzuschicken, damit sie nicht hinter ihr grausiges Geheimnis kommen konnten, aber andere meinten, vielleicht sollte man die jungen Seefahrer nicht nur in die Stadt, sondern auch in die Häuser einladen. Irgendwann würden sie vielleicht jemanden brauchen, der sie gegen die Thraker verteidigen oder, falls sie selbst alt und schwach geworden waren, die Ochsen vorm Pflug führen könne.

Diese Idee leuchtete ein. Die Argonauten wurden also feierlich eingeladen, und voller Neugier machten sie sich landfein, salbten und rasierten sich, legten ihre schönsten Mäntel um und verließen das Schiff. Nur Herakles und Hylas blieben mit einigen anderen als Wache auf der Argo zurück.

Iason wurde natürlich von der Königin selbst empfangen, und die Frauen hatten sich darauf geeinigt, eine Lügengeschichte über ihre »abhandengekommenen« Männer zu erzählen – die seien alle nach Thrakien ausgewandert. Iason war nicht nur schön, sondern auch von einnehmendem Wesen. Es dauerte nur ein paar Stunden und die Königin hatte ihm schon ihre Hand und den Thron von Lemnos angeboten. Aber er verfügte über eine unwiderstehliche Art, mit Frauen umzugehen, und konnte in einer charmanten Rede klarstellen, dass er und die Seinen die Gastfreundschaft gern annehmen würden, aber dass sie auf alle Fälle weiterfahren müssten.

Doch eine Woche später machten die Seefahrer immer noch keine Anstalten abzureisen. Da wurde Herakles ungeduldig und schickte eine ironische Botschaft. »Vielleicht sollten wir lieber in unsere Heimat zurückkehren, wenn es euch nur darum geht, Weiber zu erobern. Vielleicht wird irgendein Gott das Vlies für uns holen und es uns zu Füßen legen. Ich dachte eigentlich, auf andere Weise Ruhm zu erwerben!«

Iason sah ein, dass der Heros recht hatte. So kehrten alle aufs Schiff zurück und setzten Segel; aber ihr Besuch auf der Insel hatte seinen Zweck für die Lemnierinnen nicht verfehlt, denn fast alle waren schwanger und bevölkerten die Insel mit Nachwuchs.

Herakles verlässt die Argo

Unterwegs zerbrach unter der harten Hand des Herakles das Ruder. Als die Argo das nächste Mal landete, in Mysien, einem Landstrich östlich der Insel Lesbos, gingen die Männer an Land, um sich auszuruhen. Herakles aber ging mit Hylas aus, sich Holz zu suchen, aus dem er ein neues Ruder schnitzen konnte.

Er fand schließlich eine junge Tanne, die ihm geeignet schien, und begann, sie zu bearbeiten. Aber weil ihm von der Arbeit heiß geworden war, bat er Hylas, nach Wasser zu suchen.

Der machte sich auch auf und fand bald eine Quelle, aber als er sich über den Wasserspiegel beugte, erblickte ihn die Quellnymphe und fand ihn so schön, dass sie ihre feuchten Arme aus dem Nass streckte und den Jüngling zu sich herabzog.

Herakles hörte den Schrei des Hylas, warf sein halb fertiges Ruder von sich und lief los, um den Knaben zu suchen. Aber Hylas war nirgendwo zu finden. Verzweifelt irrte der Heros durch die Wälder und rief nach ihm – aber vergeblich. Die ganze Nacht verbrachte er mit Suchen.

Am Morgen wollten die Argonauten den günstigen Wind ausnutzen und setzten Segel. Erst als sie schon weit gefahren waren, fiel ihnen das Fehlen von zwei Gefährten auf. Es gab einen heftigen Streit. Ein Teil der Mannschaft wollte umkehren, aber Iason selbst war für die Weiterfahrt.

»Zeus hat seinem Sohn Herakles ein anderes Geschick bestimmt, als mit uns nach Kolchis zu segeln«, sagte er.

Und so fuhr die Argo weiter, Herakles aber eilte allein weiter, jene Taten zu verrichten, für die ihn die Welt loben sollte.

Weitere Abenteuer unterwegs

Jede Küste, an der die Argonauten an Land gingen, hielt ein Abenteuer für sie bereit. Im Land der Bebryker musste sich einer der Ihren dem König, der ein berüchtigter Raufbold war, zum Kampf stellen, an einer anderen Küste galt es, einen edlen Greis vor menschenfressenden Vögeln zu beschützen. Aber den Strand der Amazonen, die nur auf eine Auseinandersetzung warteten, ließen sie lieber aus.

Schließlich näherte sich das Schiff dem Bosporus und die Argonauten ruderten nordwärts zwischen immer enger werdenden Klippen dahin. Da hörten sie von fern ein donnerndes Krachen. Es waren die Symplegaden, schwimmende Felsinseln, die in unregelmäßigen Abständen gegeneinanderprallten. Was sich in dem Augenblick zwischen ihnen befand, wurde zerquetscht wie zwischen zwei riesigen Mühlsteinen.

Hier erwartete die Argonauten die größte Herausforderung für ihr seemännisches Können.

Tiphys, der Steuermann, hielt wachsam Ausschau, und als das Schiff um eine Biegung des Kanals kam, waren die Felsen bereits in Sichtweite. Er ließ die Männer die Ruder beiseitelegen, und mit angehaltenem Atem beobachteten die Argonauten, in welchen Zeitabständen sich die Symplegaden einander näherten und wieder auseinanderrückten.

Nun schickten sie versuchsweise eine Taube voraus. Von dem ausgestreckten Arm eines Seemanns schwang sich der Vogel auf und flog genau zwischen den rasend schnell sich verengenden Felsen hindurch. Hätte das Tier es nicht geschafft, so hätten die Argonauten umkehren müssen: Sie wussten, dass ihre Rudergeschwindigkeit dem Taubenflug gleichkam. Die Taube kam durch – nur eine ihrer Schwanzfedern büßte sie ein, als die Symplegaden krachend zusammenschlugen. Die Männer schrien auf vor Freude und warfen sich mit aller Macht in die Ruder. Getragen von den einströmenden Wassermassen gelangten sie schnell in die gefährliche Enge. Eine besonders hohe Welle aber wäre ihnen beinah zum Verhängnis geworden. Sie trug das Schiff bis hoch über die Felsen empor. Tiphys befahl, die Ruder ruhen zu lassen, dann glitt die Argo von oben in den Strudel zwischen den Felsen hinab. Alle ruderten nun wieder aus Leibeskräften, aber es schien, als kämen sie nicht vom Fleck. Schon waren die drohenden schwarzen Felswände in gefährlicher Nähe der Schiffswandung, und wahrscheinlich wäre die Argo ruhmlos in einer großen Wolke von Gischt untergegangen, und nur ein paar Schiffsplanken hätten irgendwann auf der Oberfläche des Bosporus getrieben – aber da griff Athene ein. Es ärgerte sie, dass ein von ihr gefördertes Unternehmen scheitern sollte. Schließlich hatte sie den Bau der Argo beaufsichtigt. Sie gab dem Schiff mit der Hand einen Stoß und katapultierte es im letzten Moment aus der Gefahr heraus.

So passierten die Argonauten mit heiler Haut die Symplegaden und nur ein Stück der Heckverkleidung wurde ein Raub der Fluten.

Nach einer langen und gefahrvollen Reise erreichten die Argonauten schließlich das Ufer der Kolchis.

Sie verbargen ihr Schiff bei Nacht und Nebel im Schilf einer Flussmündung, ohne dass jemand der Bewohner sie gesehen hatte. Sie opferten den Göttern und ruhten sich zunächst einmal von den Beschwerden der Reise aus – wussten sie doch, dass ihnen das Schwierigste noch bevorstand.

Göttinnen greifen ein

Nachdem Pallas Athene nun so tätig Anteil genommen hatte, wollte sie auch weiterhin die Argonauten beschützen. Auch Hera war es wichtig, dass die Griechen ihr Ziel erreichten – sie konnte ihr lebhaftes Interesse an dem stattlichen und mutigen Iason nicht verhehlen.

Als sie die Argo im ruhigen Gewässer und vor den Blicken der Anwohner verborgen liegen sahen, trafen die Göttinnen zu einer Beratung zusammen. Sie wussten beide, dass Aietes von Kolchis ein grausamer und unberechenbarer Herrscher war. Wie sollten die Argonauten ihren Auftrag erfüllen, wenn sie einem solchen Mann gegenübertreten mussten? Hera schlug vor, man solle zu einer List greifen.

»Der König hat eine unverheiratete Tochter, die der Zauberei kundig ist. Sie heißt Medeia. Wie wäre es, wenn wir zu Aphrodite gehen? Gewiss kann sie ihren Sohn Eros überreden, einen Pfeil auf dieses Mädchen abzuschießen, damit sie sich in Iason verliebt und ihm gegen ihren Vater hilft!«

Athene stimmte zu, obwohl sie nichts von Liebesdingen verstand.

Sie suchten also Aphrodite auf und die fühlte sich geschmeichelt, dass die beiden hochgestellten Göttinnen um ihre Hilfe baten. Sie wandte allerdings ein, dass es nicht so einfach sei, ihren Sohn zu etwas zu bewegen, was er nicht wollte. »Er ist ein sehr eigenwilliger Junge«, sagte sie, »und meist muss man ihm irgendetwas versprechen, damit er einem einen Wunsch erfüllt.«

Eros zeigte zunächst tatsächlich keine Lust, das zu tun, wozu seine Mutter ihn überreden wollte. Erst nachdem sie ihm einen goldenen Ball zum Spielen versprochen hatte, ließ er sich herbei, den Köcher mit den Pfeilen umzuschnallen, den Bogen zu ergreifen und sich zur Kolchis zu begeben.

Die Göttinnen aber ließen ihre Schützlinge nicht aus den Augen.

Die Argonauten beschlossen am nächsten Morgen, dass die meisten von ihnen bewaffnet auf dem Schiff zurückbleiben sollten, während Iason sich mit einigen Gefährten zur Stadt aufmachte. Um ihn nicht unnötig in Gefahr zu bringen, umgab Hera die kleine Truppe vorsorglich mit einem undurchdringlichen Nebel, der sich erst lichtete, als sie unmittelbar vor dem Palast des Aietes stand, und Pallas Athene bemühte sich, die Schönheit Iasons noch besonders zu erhöhen, lockte sein Haar und goss Anmut über seine Schultern.

Hera wiederum war es, die die Königstochter Medeia in genau dem Moment aus der Tür ihrer Räume hinausschickte, in dem Iason den Palasthof betrat. Eros musste nur noch den Pfeil von der Sehne schnellen lassen.

Hephaistos selbst hatte den Palast des Aietes erbaut. Er war ein Wunderwerk. Besonders prächtig war der Garten. Hohe Weinstöcke waren zu einem schattigen grünen Revier verbunden und schirmten so das heiße Sonnenlicht ab. Es flossen vier Bäche, einer führte Milch, der zweite Wein, der dritte kristallklares Wasser und der vierte goldfarbenen Honig. Den Innenhof des Palastes, von dem die alabasterverzierten Gemächer der Bewohner abgingen, umfingen hohe Säulen, in der Mitte flankierten goldene Bildwerke die Halle der Begegnung.

Iason hielt sich nicht allzu lange damit auf, diese Schönheit zu bewundern. Der Heros eilte mit seinen Gefährten direkt zum König und trug ihm vor, weswegen er gekommen war.

»Gib uns das Vlies, König!«, sagte er ohne Umschweife. »Es gehört nach Griechenland. Wenn du uns erlaubst, es fortzuführen, gewinnst du an uns treue und tapfere Verbündete, die dir gegen jeden Feind beistehen werden. Glaube uns, wir sind keine Räuber oder Abenteurer, sondern berühmte Helden, und nicht wenige von uns stammen von Göttern ab!«

Das beeindruckte den König Aietes wenig, aber er überlegte, dass er sich die Fremden vielleicht am besten vom Hals schaffen könnte, wenn er so tat, als würde er nachgeben, und ihren Anführer mit einer Aufgabe betraute, die unausführbar war.

»Nun denn«, sagte er scheinheilig, »wenn du der Erste unter so bedeutenden Männern bist, dann wird es dir ja wohl kaum schwerfallen, die Aufgabe zu lösen, die ich dir stellen werde. Für mich selbst sind diese Arbeiten ein Kinderspiel – wir werden ja sehen, wie du damit fertig wirst. Als Erstes musst du meine beiden Feuer speienden Stiere mit den ehernen Hufen ins Joch spannen und mit ihnen den Acker pflügen, der dem Gott Ares geweiht ist. Danach wirst du auf dieses Feld Drachenzähne säen und bis zum Abend die daraus erwachsende Drachensaat abmähen. Wenn du damit fertig bist, dann kannst du dir das Vlies nehmen und damit nach Hause fahren.«

Iason war einigermaßen entsetzt über das Gehörte. Nichtsdestoweniger erklärte er sich bereit, die Aufgaben zu übernehmen, und hoffte auf die Hilfe der Götter.

Er wusste nicht, wie nah ihm diese Hilfe war, denn neben dem Thron des Aietes stand seine Tochter, die schwarzhaarige Medeia, von Eros' Pfeil getroffen, und verschlang den schönen Fremden mit verzehrenden Blicken.

Niedergeschlagen und ratlos saßen die Argonauten auf ihrem Schiff und wussten weder aus noch ein. Wie sollte ein Sterblicher diese Bedingungen erfüllen? Sie wären noch bedrückter gewesen, wenn sie gewusst hätten, was der finstere Aietes plante: Er hatte vor, nachdem Iason vom glühenden Atem der Stiere verbrannt worden war, das ganze Volk auf die Argo zu hetzen und die Seeleute samt und sonders niederzumachen. Ihn scherten die Gesetze der Gastfreundschaft wenig. Im Gegenteil, er hoffte, durch diese Tat weitere Fremde vom Besuch der Kolchis abzuschrecken.

Während die Gefährten noch hin und her überlegten, kam eine Dienerin der Medeia zu ihnen und bat Iason zum Tempel der Hekate.

Die Künste der Medeia

Medeia hatte ihre Zauberkraft im Dienst dieser Göttin erworben, eines nächtlichen Wesens, das mit dem Totenreich und der Beschwörung von Verstorbenen zu tun hatte. Spätestens als Iason den Tempel der Hekate betrat, in dem Medeia als Priesterin waltete, hätte ihm klar sein müssen, auf was für ein finsteres Abenteuer er sich einließ. Totenschädel und ausgestopfte Hunde schmückten die Wände des Heiligtums, Symbole der Nacht und der Unterwelt waren überall aufgestellt. Inmitten dieser grausigen Umgebung empfing ihn Medeia, die Augen glühend vor Liebesverlangen, und kam ihm mit ausgestreckten Händen entgegen. Aber Iason ließ sich von dergleichen nicht einschüchtern. Er lächelte die unheimliche Königstochter an und – wirkte unwiderstehlicher denn je.

»Schöner Fremder«, sagte Medeia, die Stimme heiser vor Begehren, »ich kann dir helfen, die Prüfung meines Vaters zu bestehen.« Und sie gab ihm einen Tiegel mit übel riechender Salbe. »Reibe dich hiermit ein!«, fuhr sie fort, »und salbe auch deine Waffen und deinen Schild damit. Diese Essenz wird dich unverwundbar machen und deine Waffen feuerfest und unzerbrechlich. Auf diese Weise kannst du die Stiere ins Joch spannen, ohne dass dir etwas geschieht. Und wenn die Drachensaat aufgegangen ist, so musst du nur einen großen Stein auf das Feld werfen; du wirst sehen, dann kannst du die Ungeheuer, die daraus hervorgehen, diese seelenlosen Krieger, ganz einfach vernichten. Aber zuerst musst du in dieser Nacht dunkle Kleider anziehen, an einen Kreuzweg gehen und dort der Hekate, meiner Göttin, ein schwarzes Mutterschaf opfern. Doch dreh dich nicht um, wenn die Göttin das Opfer holen kommt. Das würde dich vernichten.«

Iason dankte Medeia überschwänglich und tat, wie sie ihm geheißen hatte. Als er das Opfer vollbracht hatte und zur Argo zurückging, hörte er hinter sich Hundegebell und bemerkte Fackelschein. Die Göttin holte ihr Opfer. Aber er drehte sich nicht um.

Im Morgengrauen rieb er sich und seine Waffen mit dem Mittel der Zauberin ein und fühlte sich zuversichtlich, nunmehr die Probe zu bestehen.

Gemeinsam mit seinen Gefährten ruderte er die Argo stromaufwärts zu dem Feld des Gottes Ares, wo die Prüfung stattfinden sollte.

Dort hatten sich schon die Kolcher versammelt und König Aietes, angetan mit goldenem Helm und Brustpanzer, fuhr auf seinem Streitwagen durch die Volksmenge.

Iason stieg vom Schiff und ging gelassen auf den Pflug zu. Und schon stürzten die beiden Stiere mit ihren ehernen Hufen aus einer Höhle hervor und schnaubten Feuer aus ihren Nüstern. Aber Iason hob den Schild – und er hielt stand; das Zaubermittel machte ihn feuerfest. Der Held zwang die Stiere in die Knie, spannte sie vor den Pflug und säte die Drachenzähne in die aufgebrochene Erde. Und kurz nachdem er die letzte Saat eingebracht hatte, erstanden auch schon bewaffnete Ungeheuer aus dem Boden.

Iason folgte Medeias Rat und warf einen großen Stein zwischen sie, und schon gingen sie blindwütig auf den Felsbrocken los, und er konnte sie leicht mit dem Schwert zerstückeln. Noch vor Sonnenuntergang hatte er seine Aufgabe gelöst.

König Aietes knirschte mit den Zähnen vor Wut und ohne ein Wort fuhr er zur Stadt zurück. Alle Kolcher zerstreuten sich in feindlichem Schweigen. Es war klar, dass der Herrscher nicht vorhatte, Iason das Vlies aus dem Hain des Ares auszuhändigen, und dass er im Gegenteil über den Untergang der Griechen brütete.

Als die Nacht hereinbrach, saß Aietes mit seinen Räten zusammen und überlegte, wie er die Fremden am besten vernichten könne. Aber noch jemand war wach im Palast: Das war Medeia. Sie bebte vor Angst. Ihr Vater hatte ihr bereits einen Unheil verheißenden Blick zugeworfen! Das konnte nur bedeuten: Er wusste es! Ohne ihre Hilfe hätte Iason nie und nimmer die Prüfung bestehen können! Sie konnte nicht bleiben. Und außerdem sehnte sie sich nach dem schönen und verwegenen Fremden.

Als es endlich ruhig wurde im Palast, erhob sie sich von ihrem Lager. Sie küsste zum Abschied ihr Bett und den heimischen Türpfosten, denn es war ein Abschied für immer. Eine lange Strähne ihres pechschwarzen Haares schnitt sie ab und ließ sie auf ihrem Kissen zurück, als Erinnerung für ihre Mutter, die sie liebte. Dann schlich sie sich aus dem Haus und eilte zum Flussufer, wo die Argonauten bei Wein und Gesang den Erfolg ihres Anführers feierten.

Der Raub des Goldenen Vlieses und die Verfolgung

Medeia platzte mitten in das Gelage hinein. Mit aufgelöstem Haar und flatterndem Gewand bahnte sie sich einen Weg zu Iason, fiel ihm zu Füßen und umklammerte seine Knie.

»Nimm mich mit, edler Grieche!«, flehte sie. »Der Zorn meines Vaters wird mich vernichten, denn er weiß genau, dass du nur durch meine Hilfe die Aufgabe lösen konntest. Rette mich, führe mich in deine Heimat – dann will ich noch heute Nacht mit dir gemeinsam das Vlies aus dem heiligen Hain holen. Aietes wird sein Versprechen nicht halten. Hilf mir, so werde auch ich dir helfen! Mach mich zu deiner Gemahlin!«

Und Iason, berauscht vom Wein, von der Aussicht auf Erfolg und von der dunklen Schönheit dieser Frau, die für ihn ja eine

»Barbarin«, eine Nichtgriechin war, schwor einen heiligen Eid bei seiner Schutzgöttin Hera, der Bewahrerin der Ehe, Medeia zu seiner Gemahlin zu machen. (Eine nicht griechische Frau zu heiraten, bedeutete, sich selbst mit einem Makel zu behaften!)

Im Schutz der Dunkelheit zog er dann mit der zauberkundigen jungen Frau aus in den heiligen Hain des Ares.

Als sie den Hain erreichten, sahen sie das Vlies bereits wie eine goldene Wolke durch die Zweige der Eiche schimmern. Aber unter der Eiche lag der immerwache Drache und seinem Maul entströmte Feuer.

Medeia hatte vorgesorgt. Sie zog eine Phiole mit Zaubersaft hervor und besprengte damit einen frisch geschnittenen Wacholderzweig. Dann betete sie zur Hekate und murmelte Zaubersprüche, und danach strich sie dem Drachen mit dem Zweig über die Augen. Da versiegte das Feuer und er wurde zahm wie ein Hündchen. Staunend sah Iason zu und ihn schauderte. Aber alles geschah ja zu seinem Besten! Schnell entfernte er das Vlies von der Eiche, fasste Medeia an der Hand und sie beide liefen zur Argo zurück. Der Strahlenkreis des goldenen Fells erleuchtete ihren Weg wie eine Lampe.

Kaum waren sie an Bord, da lichteten die Argonauten auch schon die Anker und ruderten mit aller Kraft zurück zum offenen Meer.

Als Aietes am Morgen weder seine Tochter noch das Goldene Vlies und erst recht nicht die Argo vorfand, begann er zu toben.

In rasender Eile ließ er seine Flotte seeklar machen und unter Führung seines Sohns Apsyrtos setzten sie den Griechen nach.

Hera schickte der Argo günstigen Wind, aber nach drei Tagen drang Medeia darauf, dass sie an einer Küste anlegten, weil sie und alle Argonauten ihrer Göttin Hekate opfern mussten, um ihr für den Schutz zu danken, den sie ihnen bis jetzt gewährt hatte. Dort holten sie die Kolcher ein.

Iason und Apsyrtos begannen zu verhandeln. Im Gegensatz zu seinem Vater Aietes war Apsyrtos gewissenhafter. Er räumte ein, dass sich Iason das Goldene Vlies verdient habe. »Nimm das Fell mit nach Griechenland!«, bot er an. »Es gehört dir. Aber meine Schwester darf nicht mit dir reisen, gleichgültig, ob sie nun freiwillig mit dir gegangen ist oder ob du sie geraubt hast. Lass sie hier zurück, bis ein weiser und gerechter König, der mit der ganzen Angelegenheit nichts zu tun hat, entscheidet, wohin sie gehört.«

Iason zeigte sich mit diesem Handel einverstanden – die zauberkundige, leidenschaftliche junge Frau war ihm, auch wenn er es sich nicht eingestand, irgendwie unheimlich.

Als Medeia von der Abmachung erfuhr, geriet sie in Raserei. »So also hältst du deine Schwüre!«, schrie sie und schüttelte die Fäuste gegen den Himmel. »Hera, Schützerin der Ehe, höre mich! Kaum hat er bekommen, was er wollte, schon will dieser untreue Mann mich verlassen!«

Erschrocken lenkte Iason ein. »Das war nicht ernst gemeint!«, versicherte er. »Glaube mir, Liebste! Ich wollte nur Zeit gewinnen und den Apsyrtos in eine Falle locken.«

Medeia nahm ihn beim Wort. »Wenn das so ist, dann will ich dir helfen. Ich spiele dir meinen Bruder in die Hände – wenn du den Mut hast, ihn als Opfer für Hekate zu töten.«

Offenbar von der wütenden Zauberin eingeschüchtert, stimmte Iason ihrem hinterhältigen Plan zu.

Also schickte Medeia eine geheime Botschaft an ihren Bruder. Sie behauptete, sie sei gegen ihren Willen von Iason mitgenommen worden, und bat Apsyrtos um ein Gespräch unter vier Augen, um ihre Flucht mit ihm zu planen.

Der ahnungslose junge Mann stimmte zu. Aber als er sich dem verabredeten Ort näherte, wurde er von Iason erschlagen und sein blutiger Leib der Hekate geweiht.

Die Argonauten flohen weiter, und sicher hätten die ergrimmten Kolcher sie bald eingeholt, wenn nicht Hera ein fürchterliches Gewitter gesandt hätte, das die Flotte zunächst zerstreute. Erst später konnten sie die Verfolgung wieder aufnehmen.

Bei den Phaiaken. Kirke. Die Sirenen, Skylla und Charybdis

Nach weiteren Abenteuern kam die Argo zum Land der Phaiaken. Dies friedliche und gastfreundliche Volk war bekannt dafür, Schiffbrüchige in ihre Heimat zurückzubringen und Seefahrern in Schwierigkeiten zu helfen. Ihr König Alkinoos nahm die Griechen gütig auf und gewährte ihnen seinen Schutz. Die Kolcher, die die Flüchtigen endlich eingeholt hatten, wandten sich nun an den König und forderten die Auslieferung des Goldenen Vlieses und der Medeia.

Alkinoos hörte sich beide Seiten in aller Ruhe an. Dann entschied er: »Das Goldene Vlies gehört Iason, denn er hat die Bedingungen erfüllt, die daran geknüpft waren, es zu erhalten. Was aber die Frau betrifft, so hängt es sicher davon ab, ob ihre Ehe schon mit allen Zeremonien vollzogen wurde. Dann ist sie Iasons Weib. Wenn aber nicht, so ist sie nur eine zuchtlose Frau, die der Hand ihres Vaters entlaufen ist, und sie muss zurück auf die Kolchis.«

Die Königin der Phaiaken aber, die wohl gesehen hatte, wie leidenschaftlich Medeia an dem schönen Griechen hing, half dem Paar: Sie richtete in ihrem Haus die Hochzeit aus, man vollzog die Riten und opferte der Hera, und die Ehe war nun offiziell vollzogen. Nun hatten die Kolcher keine Handhabe mehr. Sie kehrten endgültig um.

Dankbar für die genossene Gastfreundschaft nahmen die Griechen Abschied von den Phaiaken und setzten ihren Weg in die Heimat fort.

Ihr Kurs sollte die Argonauten noch an zwei für Seefahrer höchst gefährlichen Passagen vorbeiführen, die später auch dem heldenhaften Odysseus, einem anderen griechischen Heros, Schwierigkeiten bereiten sollten. Aber zunächst mussten sie einen Umweg machen.

Das sprechende Holz, das Athene der Argo eingepflanzt hatte, meldete sich zu Wort.

Es erklärte, dass Zeus erzürnt sei über den Mord an Medeias Bruder und verlange, dass sich Iason und seine Gattin entsühnen lassen sollten, sonst würden sie niemals nach Iolkos zurückkehren. Den Sühne-Ritus sollte die Zauberin Kirke, eine Tochter des Sonnengottes, vollziehen, die auf einer einsamen Insel wohnte. So wollte es Zeus.

Das Paar ging bei dieser Insel an Land und bat Kirke um Hilfe, vorsichtshalber ohne sie zunächst vollständig in die Geschichte, die sie herbeiführte, einzuweihen. Die Halbgöttin vollzog das Opfer, mit dem man einen Mörder entsühnte: Sie schlachtete ein schwarzes Schwein und weihte dessen Blut den Rachegöttinnen, damit sie von der Verfolgung des Schuldigen abließen. Erst nachdem die Reinigung vollzogen war, gaben sich Iason und Medeia zu erkennen und erzählten, was geschehen war. Kirke war entsetzt und befahl den beiden zu gehen.

»Wenn ich gewusst hätte, welchen Frevel ihr begangen habt, nämlich einen Mord in der Familie, hätte ich mich geweigert, euch zu entsühnen! Ihr wärt umsonst gekommen!«, rief sie aus.

Aber der Ritus hatte nun einmal stattgefunden. Gereinigt konnten Iason und Medeia auf die Argo zurückkehren und Hera setzte alles daran, ihren Schützling nun endlich heil und gesund nach Thessalien zurückzubringen.

Zunächst passierte das Schiff die Insel der Sirenen. Diese Sirenen waren Zwitterwesen, halb Vogel, halb Frau, sie hatten scharfe Klauen und Flügel, aber Frauengesichter, und durch ihren lieblichen Gesang lockten sie die Seefahrer an ihren Strand, wo sie dann ihre Krallen ausfuhren und sie zerfleischten.

Von diesen Ungeheuern drohte den Argonauten als Einzigen keine Gefahr. Sie hatten Orpheus, den göttlichen Sänger, an Bord, und gegen seine Stimme und seine Leier kamen die Sirenen nicht an. Ungefährdet fuhren sie vorüber.

Charybdis und Skylla, der gefährliche Meeresstrudel und das Ungeheuer mit den vielen Köpfen jenseits des Strudels, die dem Schiff des Odysseus so verderblich werden sollten, passierte die Argo dank göttlicher Hilfe ohne jede Gefahr, denn Hera hatte die Meergöttin Thetis gebeten, ihre Schwestern, die Nereiden, auszuschicken. Die Meermädchen hoben das Schiff einfach auf ihre Schultern und bugsierten es so durch die Meerenge, und Thetis selbst stand hinter dem Steuermann Tiphys und führte ihm unsichtbar die Hand. Durch so hohe Protektion gelangte die Argo bald unter vollen Segeln zurück zum Peloponnes und erreichte schließlich ihren Heimathafen Iolkos.

Der Mord an Pelias

Iason hatte so seine Zweifel, dass Pelias bereit sein würde, die Herrschaft an ihn abzutreten, wenn er mit dem Goldenen Vlies vor der Tür stand. So ließ er das Schiff zunächst außerhalb des

Hafens vor Anker gehen und erkundigte sich nach der Stimmung in der Stadt. Seine Ahnung hatte ihn nicht getrogen: Seine Kundschafter berichteten, dass Pelias erkläre, er werde bis an sein Lebensende König von Thessalien bleiben – er wusste nicht, wie prophetisch diese Worte waren.

Mit der kleinen Mannschaft der Argo hatte Iason natürlich keine Chance, kriegerisch gegen seinen Onkel vorzugehen. Wieder einmal war der Rat Medeias gefragt.

Die Zauberin, die ihrem Mann bedingungslos ergeben war, entwickelte einen finsteren Plan, wie Pelias aus der Welt zu schaffen wäre, ohne dass die Argonauten sich mit seinem Blut befleckten. Durch eine scheußliche Intrige brachte sie die beiden Töchter des Königs dazu, ihren Vater umzubringen. Dann öffnete sie die Stadttore und Iason zog mit seiner Mannschaft im Triumph ein.

Die Argo aber wurde von ihm dem Poseidon geweiht, und als sie auf Erden längst zu Staub zerfallen war, glänzte sie am südlichen Firmament als Gestirn gleichen Namens. So war das Schiff aller Schiffe zu unsterblichem Ruhm gelangt.

Iason und Medeia hatten ihr Ziel erreicht. Aber der feige Mord an Pelias sollte ihnen kein Glück bringen. Irgendwann wurden die Hintergründe bekannt: dass Medeia die Drahtzieherin gewesen war, die die arglosen Töchter des Königs zu der Bluttat angestiftet hatte.

Das Paar wurde aus Iolkos verbannt und fand Asyl bei König Kreon in Korinth, der von Iasons kühnen Taten gehört hatte.

Zehn Jahre lang sollten Iason und Medeia nun friedlich miteinander leben und sie gebar ihrem Mann zwei Söhne. Während aber Iason in Korinth geachtet und geehrt wurde, war die barbarische Zauberin weniger willkommen. Mit Angst und Misstrauen betrachteten die Griechen diese Fremde, von deren entsetzlichen Künsten sie die schlimmsten Geschichten gehört hatten.

Bisher hatte Iason von Medeias Hilfe profitiert. Nun aber wurde sie für ihn zum Hindernis. Hinzu kam, dass nach griechischem Gesetz die beiden gemeinsamen Söhne als »Barbaren« galten und von allen bürgerlichen Rechten ausgeschlossen waren. (Alle Nichtgriechen galten als »Barbaren« und wurden als Menschen zweiter Klasse angesehen.)

Für Iason war es Zeit, sich zu verändern. Er war nun nicht mehr abhängig von der Frau, deren bedingungslose Liebe ihm so oft geholfen hatte, die ihn aber auch mit ihren Gefühlen wie in einer eisernen Klammer festhielt. Er wollte sich befreien.

Mit seiner verführerischen Art war es ihm gelungen, Kreusa, die junge Tochter König Kreons, zu umgarnen.

Der König willigte schließlich ein, dass seine Tochter den berühmten Thessalier zum Mann nehmen durfte.

Das Verhängnis nahm seinen Lauf.

Medeias Rache

Starr vor Wut und Verzweiflung hörte sich Medeia an, was Iason ihr eröffnete: Er hatte vor, sich von ihr zu trennen und die Tochter des Königs zu heiraten.

»Das Beste wird sein, dass du in deine Heimat Kolchis zurückkehrst!«, schlug er ihr vor. »Dein Vater wird kaum noch leben, und selbst wenn – du hast ja in Hekate eine mächtige Schutzgöttin und wirst sicher Mittel und Wege finden, dich vor seiner Rache zu schützen.«

»Alles, was du bist, bist du durch mich!«, sagte Medeia leise. »Keine deiner Taten hättest du ohne meine Zaubermacht vollbringen können. Und jetzt schickst du mich einfach fort? Ist das der Dank, Grieche?!«

»Gut, dass du mich Grieche nennst!«, erwiderte Iason kalt. »Vergiss nicht, dass du, eine Barbarin, zehn Jahre lang erleben konntest, was ein wohlgeordnetes Staatswesen, was Gesetze, Kunst und Wissenschaft den Menschen in Griechenland bedeuten und welche Segnungen all das für die Welt darstellt. Also ist es vielleicht an dir, dankbar zu sein.«

Seine Unverfrorenheit verschlug Medeia die Sprache. Das war also der Mann, für den sie alles geopfert, Vaterland und Familie aufgegeben und Gräueltaten verübt hatte! Nun brauchte er sie nicht mehr. Nun wurde sie weggeworfen. Von Liebe seinerseits keine Spur.

»Gut denn«, sagte sie dumpf. »Ich nehme meine Kinder mit mir und verlasse Korinth mit dem nächsten Schiff auf Nimmerwiedersehen. Dir wünsche ich Glück.«

»Danke für deine Wünsche!«, erwiderte Iason. »Es ist recht, wenn du bald abreist. Aber die Kinder musst du hierlassen. Sie sind zwar halbe Barbaren, aber meine neue Gattin wird sie sicher liebevoll aufziehen, zusammen mit den Söhnen, die ich mit ihr noch haben werde.«

Medeia sah ihn an und ihre Augen waren wie schwarze Steine. »Gut denn, ich füge mich«, sagte sie mit tonloser Stimme.

Doch Iason hätte seine Frau nach all der Zeit besser kennen sollen. Glaubte er wirklich, dass sie nachgab? Er war in einem solchen Glückstaumel, so verliebt in die schöne Kreusa, dass er jede Vorsicht außer Acht ließ.

Die Zauberin indessen, aufs Tiefste verletzt und verzweifelt, brütete eine furchtbare Rache aus.

Zunächst schickte sie der Kreusa als Zeichen ihrer Zustimmung ein kostbares Gewand in den Palast, bestickt mit fremdartigen Zeichen, in den Farben des Feuers. Als die arglose junge Frau es voller Freude anlegte, ging das Kleid in Flammen auf. Schreiend rannte sie durchs Haus und sprang schließlich in einen Brunnen, um die Flammen zu löschen. Aber es war zu spät. Sie starb einen qualvollen Tod.

Iason, der das alles mit angesehen hatte, stürzte mit gezücktem Schwert hin zu Medeias Haus, rasend vor Entsetzen und Zorn. Er wollte die Verbrecherin strafen. Hinter ihm her strömte die aufgebrachte Menge, bereit, die Zauberin zu steinigen. Aber Medeia war nicht da. Ein zitternder Diener verwies Iason zum Hera-Tempel.

»Denkt diese Hexe, sie kann dort Asyl finden? Ich bringe sie um, und wenn ich den Altar mit ihrem Blut besudeln muss!«, schrie Iason.

Er stürmte durch die Stadt, die Korinther folgten ihm auf den Fersen.

Mit Wucht stieß er die metallenen Türen des Tempels auf – und verharrte wie angewurzelt auf der Schwelle.

Da stand Medeia, angetan mit ihren barbarischen Gewändern, die sie aus Kolchis mitgebracht hatte, geschmückt mit den Symbolen ihrer Göttin Hekate, mit Knochen, Federn, Totenschädeln kleiner Tiere, auf dem Kopf eine hohe Krone, die zu flammen schien. Und zu ihren Füßen lagen ihre beiden Söhne – tot. Die Mutter hatte ihnen selbst die Kehle durchgeschnitten.

Die Menge wich entsetzt zurück. Iason heulte auf und sank in die Knie. »Du Entsetzliche! Warum hast du das getan? Warum hast du auch noch unsere Söhne gemeuchelt?«

»Nichts sollst du von mir behalten, Treuloser!«, sagte die Frau von Kolchis mit kalter, hasserfüllter Stimme. »Kein lebendiges Kind, und nicht einmal die Leichen sollst du bestatten können. Stirb dereinst ohne Trost! Ich gehe.«

Plötzlich war die Luft erfüllt von ohrenbetäubendem Brausen. Ein Wagen senkte sich von oben herab, bespannt mit zwei Feuer speienden Drachen, so wie jener Drache ausgesehen hatte, der das Goldene Vlies bewachte. Ihre beiden toten Söhne im Arm schwang sich die Zauberin auf den Wagen und der trug sie durch die Lüfte davon – vielleicht in Gefilde außerhalb der von Menschen bewohnten Gegenden.

Iason aber verlor den Verstand. In seiner Verwirrung kroch er unter den Rumpf der langsam zerfallenden Argo, verweigerte Speise und Trank und wimmerte nach der Hilfe seiner Göttin Hera.

Aber Hera hilft treulosen Ehegatten nicht.

Schließlich erbarmte Athene sich seiner. Das weissagende Holzstück, jener mächtige Stamm, den sie einst in den Bug der Argo eingesetzt hatte, fiel herab und erschlug Iason.

Theseus, Held von Theben

Geburt und Jugend

König Aigeus von Athen machte auf der Heimreise vom Orakel von Delphi halt bei König Pitheus von Troizen und fand dort so sehr Gefallen an der Tochter seines Gastfreundes, dass er die Nacht mit ihr verbrachte. Als er am nächsten Tag weiterzog, verbarg er seine Sandalen und sein Schwert unter einem schweren Stein und sagte zu der jungen Frau: »Falls die Götter wollen, dass du nach dieser Nacht einen Sohn zur Welt bringst, so sieh zu, dass du ihn zu einem starken Helden heranziehst. Und wenn er eines Tages in der Lage ist, diesen Stein zu heben und meine Sandalen und meine Waffen hervorzuholen, dann schicke ihn mit diesen Beweisstücken nach Athen, und ich werde ihn als meinen Erben anerkennen.«

Es geschah, wie er vorhergesehen hatte: Die Königstochter war schwanger und gebar einen Sohn, den sie Theseus nannte, und da er auf eine erlauchte Abstammung zurückblicken konnte – Pelops befand sich unter seinen Vorfahren –, war es kaum anders zu erwarten: Er wurde groß, stark, schön und klug. Besonders im Ringkampf zeigte er, dass er seine Gegner nicht nur durch pure Kraft, sondern durch gewandte und geschickte Manöver besiegte.

Als Theseus sechzehn Jahre alt war, gelang es ihm mühelos, den Stein zu heben, unter dem sich Sandalen und Schwert seines Vaters befanden, und König Pitheus war einverstanden, seinen Enkel nach Athen zu schicken. Der alte König und seine Tochter wollten, dass sich Theseus auf ein Schiff begeben und den kurzen Weg über den Saronischen Meerbusen nehmen sollte, aber der junge Mann bestand auf den längeren und gefährlicheren Landweg. Er suchte Abenteuer.

Von klein auf hatte er mit Bewunderung und Neid von Herakles und seinen heroischen Arbeiten gehört. Er wollte ihm nacheifern und ähnliche unsterbliche Heldentaten vollbringen. Es dauerte nicht lange, bis er Gelegenheit fand, sich hervorzutun, denn die Gegend wimmelte von berüchtigten Finsterlingen.

Unterwegs nach Athen

Als Erstes begegnete Theseus einem, der von sich behauptete, ein Sohn des Hephaistos zu sein. Jedenfalls hatte er eine bronzene Keule und damit schlug er den Reisenden kurzerhand die Schädel ein, um sie dann zu berauben.

Zweifellos war der junge Theseus diesem Kerl kräftemäßig nicht gewachsen. Aber das glich er durch Schnelligkeit, Geschmeidigkeit und Mut aus. Er konnte dem Keulenmann mit einem Ringergriff seine Waffe entwenden und tötete ihn dann schnell.

Die Keule gefiel ihm und er nahm sie als Trophäe mit.

Sein Weg führte ihn weiter und brachte ihn in einen Fichtenhain, in dem ein Räuber sein Unwesen trieb, den man den Fichtenbeuger nannte. Er pflegte seine Opfer mit jeweils einem Bein an nebeneinanderstehende herabgebeugte Fichten zu binden. Dann ließ er die Bäume los, der Unglückliche schnellte in die Luft und wurde in Stücke gerissen.

Theseus überraschte ihn im Schlaf, übermannte ihn und ließ ihm die gleiche Behandlung zuteilwerden wie jener vorher den Reisenden.

Dann machte er einen kleinen Umweg, um eine riesige Wildsau zu töten, die die Ebene von Krommyon verwüstete. Er war schnell genug, um sich vor dem anstürmenden Tier hinter einem Baum in Sicherheit zu bringen. Dann gelang ihm ein Wurf seines Speers aus nächster Nähe, der das Untier tötete.

Den nächsten Unhold traf er auf dem Isthmos, der Landenge bei der Stadt Korinth, an. Skeiros hauste am Rand einer steil abfallenden Klippe. Er hatte die Angewohnheit, die armen Reisenden, nachdem er sie ausgeraubt hatte, aufzufordern, ihm auf dieser Klippe die Füße zu waschen. Wenn sie sich dann bückten, stieß er sie in den Abgrund. Unten lauerte eine gewaltige, uralte Meeresschildkröte, die bereits auf neue Opfer wartete.

Theseus tat so, als wolle er Skeiros tatsächlich die Füße waschen. Stattdessen schnappte er ihn blitzschnell an den Beinen und warf ihn mit gekonntem Ringergriff kopfüber die Klippe hinunter.

In Eleusis musste Theseus sich mit König Kerkyon messen, der alle Vorbeikommenden zwang, mit ihm zu ringen. Er war ungeheuer stark und brach seinen Gegnern während des Kampfes regelmäßig das Rückgrat. Aber Theseus war, wie gesagt, ein hervorragender Ringer, und sein Geschick und seine Schnelligkeit machten ihn der brutalen Kraft des Königs überlegen. Er sah nicht ein, warum er Kerkyon das Leben schenken sollte – er würde doch nur weitere Reisende umbringen –, und tötete ihn im Kampf.

In der Nähe von Eleusis lebte ein Schurke, den alle nur Prokrustes (den Dehner) nannten. Er wohnte direkt an der Straße und lud die Vorüberkommenden freundlich ein, bei ihm einzukehren und die Nacht bei ihm zu verbringen. Wenn sich die erschöpften Reisenden dann dankbar zu Bett begaben, sorgte Prokrustes für ihre »Bequemlichkeit«: Sie mussten nämlich genau in sein Bett passen! Waren sie zu groß, hackte er das ab, was über das Bett hinaushing, waren sie zu klein, streckte er ihre Glieder mit einer Winde und Gewichten. Theseus überwältigte ihn und erwies ihm den gleichen Dienst, den dieser bisher seinen Gästen gewährt hatte: Er hackte ihm die zu langen Beine ab.

Kurz vor Athen reinigte sich Theseus in einem Tempel des Zeus von all diesen Bluttaten mit einem Opfer, dann zog er geradewegs weiter zur Stadt.

Immerhin hatte er auf der Reise zu seinem Vater halb Griechenland von Unholden und Ungeheuern befreit und konnte sich stolz mit Herakles vergleichen.

Die Opfer des Königs Minos

In Athen begab sich der junge Heros direkt zur Akropolis, dem Berg, auf dem der Palast des Aigeus stand. Nun war er aber anders gekleidet als die Athener. In Athen trugen Männer einen kurzen Chiton. Er aber hatte ein knöchellanges Gewand an, und als er am Tempel des Apollon vorbeikam, riefen ihm ein paar Arbeiter vom Dach aus zu: »He, bist du ein Mann oder ein Mädchen? Warum hast du dir denn deine langen Locken nicht hochgesteckt und einen Schleier umgelegt? Und wieso führst du ein Schwert an der Seite? Ein Kochlöffel würde dir besser anstehen!«

Statt einer Antwort spannte Theseus einen Ochsen von einem Wagen in der Nähe los und stemmte ihn in die Luft. Nun musste er keinen Spott mehr fürchten.

Sein alter Vater erkannte ihn am Schwert und an den Sandalen und schloss ihn freudig in die Arme, denn er war kinderlos geblieben. Er erkannte seinen Sohn öffentlich an, und ganz Athen feierte ein rauschendes Fest, bei dem der Wein in Strömen floss und sich auf allen öffentlichen Plätzen der Bratspieß mit saftigem Zicklein oder fettem Hammel drehte.

Doch die Freude währte nicht lange. Alle neun Jahre nämlich befiel die Stadt ein großes Unglück und der Zeitpunkt war gerade wieder herangenaht.

Eine ganze Zeit vor Theseus' Geburt war die Stadt vom kretischen König Minos angegriffen worden. Die Bevölkerung war gerade durch eine Seuche geschwächt und Athen dem Feind hilflos ausgeliefert gewesen. Man hatte sich mit der Tributforderung des Kreters einverstanden erklären müssen und hatte gelobt, alle neun Jahre sieben junge Männer und sieben Mädchen nach Kreta zu senden, wo sie dem Minotauros zum Fraß vorgeworfen wurden. Das war jenes Ungeheuer, eine Mischung von Mensch und Tier, das aus der Paarung von Minos' Gemahlin mit einem Stier hervorgegangen war: Auf seinem Männerkörper saß ein gehörnter Stierkopf. Der Minotauros wurde von Minos in einem Labyrinth festgehalten, einem Gefängnis aus Irrwegen, aus dem das Ungetüm nicht wieder herausfand – teils, um die Schande zu verbergen, die es für ihn darstellte (hatte ihn doch seine Frau betrogen), aber auch, weil es ein äußerst gefährliches Wesen war. Dorthinein wurden die vierzehn Geiseln gebracht und dem Minotauros überlassen.

Nun erschienen die Boten aus Kreta zum dritten Mal, um den grausigen Tribut einzufordern, und in allen Häusern der Stadt, in denen sich heranwachsende Kinder befanden, herrschte Furcht und Schrecken, denn die Opfer wurden durch das Los bestimmt, und niemand, gleich ob arm oder reich, konnte sich dem entziehen.

Als Theseus von dem furchtbaren Brauch hörte, stand er in der Volksversammlung auf und erklärte: »Ich werde freiwillig einer der sieben Jünglinge sein, und ich bin sicher, dass ich nicht in den Tod gehen werde, sondern dass es mir zudem gelingt, all die Unglücklichen zu befreien.«

Das war kühn gesprochen, denn Theseus hatte ja keine Ahnung, was ihn auf Kreta erwartete, aber er besaß nach seinen Kämpfen mit den räuberischen Ungeheuern auf der Reise nach Athen genug Selbstvertrauen und meinte wohl auch, dass er sich als künftiger König der Stadt vor seinen Mitbürgern hervortun müsse.

Das Volk jubelte ihm zu, aber sein Vater Aigeus war verzweifelt. »Gerade habe ich meinen Sohn gefunden und nun soll ich ihn schon wieder verlieren?«, rief er aus. Er streute sich nach Art der Trauernden Asche aufs Haupt und zerriss den Saum seines

Mantels, als sei Theseus schon gestorben. Der aber redete ihm beherzt zu und versprach hoch und heilig, er werde mit allen Geiseln zurückkommen.

Aigeus sagte: »Ich kann dir zwar nicht glauben, aber man soll die Hoffnung nie ganz fahren lassen. Lass uns Folgendes verabreden: Bisher ist das Schiff immer mit den vierzehn Opfern unter einem schwarzen Segel ausgelaufen. Diesmal sollt ihr ein weißes Segel mitnehmen. Wenn du wirklich siegreich warst, so zieht das weiße Segel auf, damit ich bei der Rückkehr des Schiffs gleich weiß, ob es sich für mich noch zu leben lohnt.«

Theseus versprach es ihm. Dann zog er mit den Jünglingen und Mädchen zum Tempel des Apollon und brachte dem Gott einen mit weißer Wolle umwundenen Olivenzweig, das Weihegeschenk der Schutzflehenden. Danach bestiegen die ausgelosten Jungen und Mädchen das Schiff.

Theseus und Ariadne

Auf Kreta angekommen, wurden die jungen Athener durchaus nicht sofort dem Ungeheuer vorgeworfen, wie Theseus das vermutet hatte, sondern König Minos empfing sie mit allen Ehren. So wie man Opfertiere wäscht und nährt, herausputzt und mit Blumen und vergoldetem Geschirr schmückte, so wurden die künftigen Opfer des Stiermenschen geehrt und bewirtet, fein gekleidet und aufgefordert, den Spielen zuzusehen. Auf Kreta war es Sitte, dass vornehme junge Mädchen, die besonders dazu ausgebildet waren, mit Stieren »spielten«. Sicher geschah das in Erinnerung an die Herkunft des Königs, an die Paarung der jungen Europa mit Zeus in Stiergestalt.

Nur mit einem kurzen Chiton bekleidet, barfuß und das Haar

aufgebunden, führten sie in der Arena eine Art akrobatischen Tanz mit Stieren auf, fassten sie an den Hörnern und ließen sich über den Rücken der Tiere in die Luft schleudern, sprangen ihnen auf Hals und Widerrist, klammerten sich unter ihren Bäuchen fest oder hüpften von Rücken zu Rücken, ohne dass sie sich dabei verletzten.

Die Athener waren so hingerissen von diesem Schauspiel, dass sie darüber fast vergaßen, was ihnen blühte; nämlich, dass sie über kurz oder lang einem stierköpfigen Ungeheuer geopfert werden sollten, und dass keine Tanzkunst ihnen helfen würde.

Theseus hatte es besonders die schlanke, geschmeidige Vortänzerin angetan, er konnte seine Blicke nicht von ihr abwenden.

»Wer ist dieses Mädchen?«, fragte er König Minos, an dessen Seite er als Ehrengast saß.

Minos erwiderte stolz: »Das ist meine Tochter Ariadne.«

Eben waren die Kampfspiele beendet und Ariadne kam zu ihrem Vater, noch rot und erhitzt vom Stier-Tanz; über ihrem leichten, eng anliegenden Chiton trug sie nur einen durchsichtigen Überwurf.

Theseus verneigte sich vor ihr. »Noch nie habe ich eine Jungfrau gesehen, die dir an Schönheit und Kühnheit gleichkommt!«, sagte er und bedachte sie mit einem langen Blick. Und in diesem Moment sandte Eros seinen unfehlbaren Pfeil, dass der Bogen erklang, und Ariadnes Herz war getroffen. Sie verliebte sich hoffnungslos in Theseus.

Der junge Mann aus Athen bemerkte natürlich, dass Ariadne sich zu ihm hingezogen fühlte. Er beschloss, zu handeln und diese Gelegenheit zu nutzen; vielleicht konnte die Königstochter etwas zu ihrer Rettung tun. Viel Zeit blieb ihm nicht und so bat er sie schon am gleichen Abend um ein geheimes Treffen.

Als sie sich dann begegneten, fiel er ihr zu Füßen und flehte sie um Hilfe gegen den Minotauros an.

»Theseus, ich werde dir helfen«, sagte Ariadne, »aber nur, wenn du mich mitnimmst. Denn wenn ich meinen Vater hintergehe, kann ich nicht länger auf Kreta bleiben.«

»Das schwöre ich dir!«, entgegnete Theseus. »Und nichts wünsche ich mir sehnlicher, als dich für immer an meiner Seite zu haben.«

Ariadne sah ihn ernst an. »Den Minotauros kann ein Mann wie du sicher leicht bezwingen, wenn er eine Waffe hat, und die könnte ich dir geben«, sagte sie. »Die größere Schwierigkeit ist das Labyrinth. Es gibt niemanden, der jemals wieder den Ausgang gefunden hat. Lass mich darüber nachdenken, vielleicht fällt mir eine Lösung ein.«

Der Minotauros

Ariadne überlegte hin und her, ohne einen Ausweg zu finden. Dann fiel ihr derjenige ein, der als Einziger helfen konnte: Daidalos, der Erbauer des Labyrinths.

Es war die Zeit, als der kluge Erfinder und Baumeister noch für Minos arbeitete, aber er war des Dienstes bei ihm überdrüssig. Er war durchaus bereit, etwas gegen seinen Herrn zu unternehmen. Und er wusste die Lösung. Sie war so einfach wie wirkungsvoll.

Am nächsten Tag gab Ariadne dem Theseus neben dem Schwert noch ein Wollknäuel. Dann sprach sie Segensworte über sein Haupt, küsste ihn auf die Stirn und ließ ihn ziehen.

Das Ende des Fadens band Theseus nun am Eingang des Labyrinths fest und wickelte das Knäuel sorgfältig ab, während er ins

Innere vordrang. Neben und hinter ihm gingen seine Gefährten, die geopfert werden sollten wie er, und drängten sich zitternd zusammen. Niemand sprach ein Wort. Kälte wehte sie an. Die fürsorgliche Ariadne hatte den vierzehn Athenern auch noch zwei Kienspäne mitgegeben, die nun gespenstische Lichtreflexe über die metallisch schimmernden Wände huschen ließen.

Sie gingen und gingen, und schon fürchtete Theseus, das Wollknäuel würde zu Ende sein, bevor sie auch nur eine Spur von dem Ungeheuer gefunden hatten. Da hörten sie ein dumpfes Stöhnen und Schnaufen. So konnte sich ein Stiermensch wohl anhören! Theseus bat durch einen Wink, die Kienspäne höher zu halten.

Was sie sahen, ließ ihr Blut erstarren. Zwischen den Knochen und Schädeln früherer Opfer hockte in sich zusammengesunken der Stiermensch, das riesige Haupt mit den spitzen Hörnern gesenkt, und Geifer lief ihm aus dem offenen Maul.

Der Minotauros schien seine neue Beute noch nicht bemerkt zu haben, er dämmerte in seinem traurigen Gefängnis vor sich hin.

Theseus zauderte keine Sekunde. Er zog das Schwert, trat vor und schlug das Stierhaupt vom Menschenleib. Leblos sackte der Minotauros in sich zusammen, und es kam Theseus fast so vor, dass der Stiermensch auf den Tod gewartet hatte, dass der Tod eine Erlösung aus der Gefangenschaft war – der Gefangenschaft im Labyrinth und der in seinem missgestalteten Körper.

So schnell ihre Füße sie nur trugen, verließen die Geretteten den schauerlichen Ort, immer dem abgespulten Faden hinterher, und gelangten glücklich wieder ans Licht, wo Ariadne sie schon zitternd erwartete.

»Beeilt euch!«, rief sie. »Meine Dienerin hat ausgeplaudert, dass ich dir eine Waffe und das Wollknäuel gegeben habe, und

Minos wird euch mitsamt seinen Kriegern am Strand auflauern und versuchen zu verhindern, dass ihr euer Schiff erreicht!«

Die Athener bewaffneten sich, so gut sie konnten, mit Stöcken oder Werkzeugen, die sie fanden; schließlich hatte nur Theseus ein Schwert. Die jungen Männer nahmen die Mädchen mitsamt Ariadne in ihre Mitte und kämpften sich den Weg zum Schiff frei. Vor allem Theseus bewährte sich wieder als der Heros, der er war, und während sich die anderen einschifften, verteidigte er sie, ging als Letzter an Bord und kappte die Taue. Mit Ruderkraft und Segeln entfernten sie sich von Kretas Küste.

»Wir sind trotzdem verloren!«, sagte Ariadne verzagt. »Die Flotte meines Vaters wird uns verfolgen, seine Schnellsegler holen uns sicher ein!«

Aber Theseus beruhigte sie lächelnd. »Ich habe nie bezweifelt, dass dir etwas einfallen würde, um uns retten!«, sagte er. »Deshalb habe ich mit den Gefährten in der Nacht unterhalb der Wasserlinie Lecks in die kretischen Schiffe geschlagen. Kein einziges ist seetüchtig.«

Unter allgemeinem Jubel steuerte das Schiff der Athener übers Meer der Heimat zu.

Das schwarze Segel

Unterwegs machten die Heimreisenden Rast auf der Insel Naxos, auf der es ein Heiligtum des Dionysos gab, des Gottes des Weins und der enthemmten Lust. Theseus legte sich in der Nähe des Heiligtums schlafen, hieß es doch, dass man an solchen Orten prophetische Träume haben würde. Was er dann allerdings träumte, hätte er wohl lieber wieder aus seinem Gedächtnis verdrängt.

Es erschien ihm nämlich der Gott Dionysos in Person, die dunklen Locken mit Blattwerk bekränzt, den mit Weinlaub und Efeu geschmückten Thyrsosstab in der Hand, ein buntes Parderfell um die Schultern. »Wenn dir und deinen Gefährten eine glückliche Heimreise gelingen soll, so musst du die kretische Frau hier auf Naxos zurücklassen!«, sagte er gebieterisch. »Sie ist dazu bestimmt, mich in meinem Gefolge zu begleiten und mit den Frauen, die mir dienen, zu tanzen und die Schellentrommel zu schwingen. Gehorche meinem Gebot, sonst werde ich dein Schiff mit Pest und Tod schlagen, dass niemand von der Mannschaft den Heimathafen erreicht!«

Theseus zweifelte keinen Augenblick daran, dass der Gott es ernst meinte. Er schiffte sich so schnell es ging mit seinen Gefährten ein und ließ die schlummernde Ariadne auf der Insel zurück.

Als sie aufwachte, sah sie das Schiff schon am Horizont verschwinden. Weinend und wehklagend lief sie am Strand auf und ab und zerraufte sich vor Schmerz über den Verrat ihres Liebsten das Haar.

Aber Dionysos ließ nicht lange auf sich warten. Mit Musik und Tanz und seinem Gefolge von bocksfüßigen Satyrn und fröhlichen Nymphen kam er herbei und eröffnete dem Mädchen die große Ehre, die ihr zuteilwurde – und die Geliebte eines Gottes zu werden, tröstete Ariadne über den Verlust des Theseus hinweg.

Voller Trauer segelten die Athener weiter. Sie alle hatten ihre Retterin verehrt und der Schmerz des Theseus ging ihnen zu Herzen. Und so vergaß man über dieser Traurigkeit, was bei der Abreise abgesprochen worden war – nämlich das schwarze Segel durch ein weißes zu ersetzen.

So geschah es, dass der alte Aigeus, der von der Klippe Ausschau nach dem Schiff hielt, ein schwarzes Segel am Horizont auftauchen sah.

»Nun ist alles vorbei!«, rief er und hob anklagend die Hände zum Himmel. »Oh, ihr Götter, warum seid ihr so grausam? Warum schenkt ihr mir erst nach langer Zeit einen Sohn, um ihn sogleich wieder zurückzufordern? Theseus hat es nicht geschafft, die Geiseln zu retten, und ist selbst mit ihnen untergegangen. Mein Sohn und Erbe ist tot!«

Und in seiner Verzweiflung stürzte er sich von der Klippe ins Meer.

So war die Heimkehr der Geretteten gleichzeitig Anlass größter Freude und größter Trauer, und der Jubel der Familien, die ihren Sohn oder ihre Tochter wieder in die Arme schließen konnten, mischte sich mit dem Jammern der Klageweiber und den schrillen Klängen der Flöten und Handtrommeln von der Totenfeier des Königs Aigeus.

König von Athen

Theseus trat das Erbe seines Vaters an, er wurde König von Athen. Und es sollte sich zeigen, dass er nicht nur Heldentaten vollbringen konnte, sondern auch klug zu regieren verstand.

Athen war noch nicht die mächtige Stadt, die sie für Griechenland einmal werden sollte. Vielmehr gab es nur die Burg Akropolis und zu ihren Füßen einen kleinen Ort. Aber in der Gegend gab es eine große Zahl weiterer Gemeinden, die zwar alle mit zum athenischen Gebiet gehörten, aber trotzdem auch selbstständig waren. Es war bisher sehr schwierig gewesen, eine Volksversammlung einzuberufen oder die Bürger zu gemeinsamen Beschlüssen zu bringen, und manchmal stellte sich so eine kleine Gemeinde auch quer und bestand auf ihrer Unabhängigkeit.

Das änderte Theseus nun. Er reiste selbst über Land und sprach mit den Bürgern, überzeugte oder überredete sie und schaffte es schließlich, aus den verstreuten Gemeinden einen einzigen großen athenischen Staat zu zimmern. Die große Beliebtheit, die er nach der Befreiung der Geiseln überall genoss, half ihm dabei.

Er war sogar bereit, seine Königsmacht einzuschränken.

»Ich will nichts weiter sein als euer Anführer im Krieg und als der Wahrer der Gesetze, die wir uns alle geben. Im Übrigen sind alle Bürger gleich.«

So schuf eigentlich er erst den Stadtstaat Athen, und um die Menschen in ihrem Zusammenhalt zu bestätigen, gründete er ein Fest, die Panathenaien, das jedes Jahr stattfand.

Er stiftete Pallas Athene, der Schutzgöttin der Stadt, einen herrlichen Tempel.

Außerdem gelang es ihm, durch geschickte Politik die Vorherrschaft Athens über andere Städte im umliegenden Attika auszudehnen, und all denen, die sich im Gebiet der Stadt ansiedeln wollten, versprach er die gleichen Rechte wie den Alteingesessenen.

Doch bald drängte es ihn zu neuen Abenteuern.

Die Amazonen

Wegen seiner klugen Regentschaft war Theseus' Name bald weit über die Grenzen Griechenlands hinaus bekannt.

Eine Schiffsreise führte ihn an die Küste des Schwarzen Meeres zu den Amazonen, jenem kriegerischen Frauenvolk, mit dem bereits Herakles zu tun gehabt hatte: Er hatte den Gürtel der Amazonenfürstin Hippolyta geraubt.

Vielleicht war es Theseus' Verehrung für Herakles, die ihn zu den Kämpferinnen geführt hatte, möglicherweise wollte er die Tat seines Vorbilds nachahmen. Jedenfalls lud er wie Herakles die Anführerin des Volkes, Antiope, auf sein Schiff ein. Der Heros hatte seinerzeit ja versucht, sich gütlich mit dem Volk zu einigen, und sein Streit mit den Frauen war auf Betreiben der Göttin Hera erwachsen. Theseus jedoch, von der Schönheit der Kriegerfürstin überwältigt, verlor all seine Besonnenheit. Hals über Kopf ließ er Segel setzen und machte sich mit Antiope in Richtung Griechenland davon.

Die Amazone war offenbar nicht sehr erzürnt über diese Entführung. Die leidenschaftliche Zuneigung eines der berühmtesten Helden Griechenlands schmeichelte ihr, und Theseus hatte schon bei Ariadne bewiesen, wie schnell er eine Frau bezaubern konnte.

In Athen wurde Hochzeit gehalten und alles schien ein gutes Ende zu nehmen. Aber weder Theseus noch Antiope hatten mit der Rachsucht der Amazonen gerechnet, die sich durch den Raub einer ihrer Anführerinnen tödlich beleidigt fühlten.

Nach Jahr und Tag richtete man am Schwarzen Meer eine Flotte aus und plötzlich sahen sich die nichts ahnenden Athener belagert.

Der Überraschungsangriff war gelungen. Unvorbereitet, wie sie waren, zogen sich die Bewohner der kleinen Ortschaften, die mittlerweile zu Athen gehörten, mitsamt den Bewohnern des Stadtkerns auf die Burg Akropolis zurück.

Auf einmal war Theseus, der unangefochtene Heros, der bisher siegreich aus jedem Kampf hervorgegangen war, in die Enge getrieben. Man belagerte ihn! Und es stellte sich heraus, dass die tapferen athenischen Männer vor den »Mannweibern« so große Scheu hatten, dass sie sich zunächst weigerten, gegen sie zu kämpfen. Erst nachdem Theseus der Pallas Athene ein großes Opfer dargebracht und sie um Beistand angerufen hatte, ließen sie sich zu einem Ausfall aus der Burg bewegen.

Antiope war bereit, an der Seite ihres Mannes gegen ihr eigenes Volk zu kämpfen. Sie feuerte die Athener an. »Meine Schwestern da draußen sind tapfere Kriegerinnen, das ist wahr. Aber ihr selbst seid nicht weniger gewandt in den Waffen als sie. Vergesst einfach, dass ihr gegen Frauen kämpft, denkt an nichts anderes, als dass ihr die Feinde eurer Stadt vernichten und zu den Schiffen zurücktreiben müsst. Theseus führt euch an und mit ihm werdet ihr siegen!«

So sprach Antiope und machte den Griechen Mut, und in der Tat wurde der Ausfall aus der Burg ein großer Sieg. Die Athener drängten die Amazonen zum Hafen zurück und vernichteten einige ihrer Schiffe, sodass die Kämpferinnen schließlich um einen Waffenstillstand baten und einen Frieden schlossen. Sie gelobten, abzuziehen und Athen niemals wieder zu bekriegen.

Aber Theseus hatte einen hohen Preis bezahlen müssen. Antiope war an seiner Seite von einem Speer ihrer einstigen Waffenschwestern getroffen worden und ihrer Verletzung erlegen.

Um ihrer auf immer zu gedenken, errichteten die Athener eine Säule an der Stelle, an der sie verblutet war.

Phaidra und Hippolytos

Es schien, als würde sich das bisher glanz- und ehrenvolle Schicksal des Theseus in seinen späteren Lebensjahren verdunkeln.

Antiope hatte ihm einen kleinen Sohn hinterlassen, der den Namen Hippolytos erhielt. Nun war auch eine Amazone keine wahre Griechin, weshalb Hippolytos nicht Theseus' rechtmäßiger Erbe sein konnte.

Weil sein Vater aber darauf aus war, eine Ehe zu schließen, aus der ihm ein legitimer Nachfolger erwachsen sollte, schickte er Hippolytos nach Troizen, zu seinem Großvater Pitheus. Erstaunlicherweise richtete Theseus seinen Blick auf der Suche nach einer würdigen Gattin wieder nach Kreta.

Nach dem Tod des Minos, der bei König Kokalos elend in der Badewanne gekocht worden war, herrschte auf Kreta dessen Sohn Deukalion (nicht zu verwechseln mit dem Deukalion, der die Sintflut überlebte). Noch immer war die Insel eine der beherrschenden Mächte im Mittelmeer. Sicher war das der Grund, warum Theseus auf die Idee kam, um die Schwester des Deukalion, Phaidra, zu werben.

König Deukalion hatte keine Einwände, obwohl ihm sicher noch in Erinnerung war, dass Theseus seine andere Schwester Ariadne auf Befehl eines Gottes sitzen gelassen hatte. Ihm lag daran, die Beziehungen zwischen Athen und Kreta zu normalisieren – die Athener konnten schwer vergessen, dass sie zweimal die Jugend der Stadt einem kretischen Ungeheuer hatten opfern müssen.

Jedoch auch diese zweite Verbindung sollte unter keinem glücklichen Stern stehen.

Phaidra wusste nichts davon, dass es bereits einen Nachkommen von Theseus gab, jenen Hippolytos, den der Fürst ja vorsichtshalber nach Troizen abgeschoben hatte. Sie war eine schöne junge Frau und Ariadne sehr ähnlich, und als sie am Piräus an Land stieg, jubelten die Athener ihrer neuen Königin zu, die in ihrer fremdartigen Kleidung mit dem engen hohen

Gürtel, dem weiten geschlitzten Rock und dem tief ausgeschnittenen Mieder wie eine fremdländische Göttin aussah.

Theseus verliebte sich sofort in seine Braut. Ob bei Phaidra die Gegenliebe gleich groß war, sei dahingestellt. Eros' Pfeil sollte sie später in eine andere Richtung lenken. Immerhin gebar sie Theseus zwei Söhne.

Die Jahre gingen ins Land. Theseus herrschte unangefochten in Athen und wusste seine Nachfolge durch seine Söhne gesichert. Eines Tages holte er auch den jungen Hippolytos von Troizen nach Athen zurück und machte ihn mit seinen Halbbrüdern und seiner Stiefmutter bekannt.

Hippolytos war zu einem stattlichen Jüngling herangewachsen. Er benahm sich zurückhaltend und hatte kein Auge für Frauen – und schon gar nicht für seine Stiefmutter, die er mit kühler Höflichkeit behandelte.

Vielleicht war es gerade das, was die Frau aus Kreta anzog. Phaidra verliebte sich leidenschaftlich in den ältesten Sohn ihres Gemahls. Nachdem er wieder zu seinem Großvater abgereist war, errichtete sie der Aphrodite einen Tempel an einer Ecke der Königsburg Akropolis, von der aus man an klaren Tagen Troizen in der Ferne schwach erkennen konnte. Oft saß sie seufzend und betend dort und nährte die Flamme, die ihr in der Brust loderte, und die Göttin freute sich an ihrer eifrigen Dienerin.

Dann ergab sich eine Gelegenheit, Hippolytos wiederzusehen. Theseus wollte nach Delphi, um das Orakel in einer Regierungsangelegenheit zu befragen, und schlug seiner Frau vor, sich während dieser Zeit in Troizen aufzuhalten. Freudig stimmte Phaidra zu und beeilte sich, der Liebesgöttin zuvor noch ein besonders üppiges Opfer zu bringen. Sie glaubte sich nun bald am Ziel; schließlich war sie jung und schön und rechnete fest mit der Unterstützung von Aphrodite.

Es sollte sich aber herausstellen, dass Hippolytos überhaupt nicht bereit war, auf Phaidras Annäherungsversuche einzugehen. Das lag nicht so sehr daran, dass diese Frau die Gemahlin seines Vaters war. Der junge Mann hatte sich anderem verschrieben. Er hatte überhaupt kein Auge für Frauen, war nur Jäger, durchstreifte die Haine und Wälder auf der Spur des Wildes, ganz ein Jünger der keuschen Göttin Artemis. Phaidra fühlte sich beschämt und gekränkt. Und ihre Herrin Aphrodite sah es nicht gern, wenn man ihre Macht verleugnete.

Sie machte Phaidras Amme zu ihrem Werkzeug. Die Alte ging, von der Göttin angetrieben, zu ihrer Herrin und sagte: »Töchterchen, ich sehe, wie du dich quälst, weil dieser närrische junge Kerl einfach nicht versteht, was du von ihm möchtest. Wenn du aus Stolz nicht selbst mit ihm reden und dich ihm enthüllen willst, so schicke doch mich! Bestimmt ist der Junge nur schüchtern, ziert sich wie ein Mädchen! Ich werde ihm die Augen öffnen – und dann wird deinem Glück nichts mehr im Wege stehen!«

Die Königin war nur allzu gerne damit einverstanden, dass es ihr abgenommen wurde, sich zu erklären und wie ein Mann zu werben, und sie ließ ihrer Amme freie Hand.

Die alte Frau suchte also Hippolytos auf und ließ ihn zunächst schwören, alles geheim zu halten, was sie ihm anvertrauen würde. Diesen Eid leistete er, und dann offenbarte ihm die Alte, dass seine Stiefmutter, von Eros' Pfeil getroffen, Tag und Nacht nur an ihn denke und danach schmachte, mit ihm zusammen zu sein.

Hippolytos fiel aus allen Wolken. Nicht nur, dass er davon nicht das Geringste bemerkt hatte – nun, da er es wusste, erfüllte es ihn einfach nur mit Entsetzen, was ihm da angetragen wurde. Schroff erwiderte er, er denke nicht daran, derart gegen die Natur zu freveln. Außerdem sei er Artemis geweiht. Dann ergriff er Pfeil und Bogen und entfloh in die Wälder.

Phaidra, durch die Zurückweisung zur Raserei getrieben, bebte vor Scham und Wut. Ihre wilde Liebe schlug in Hass um – Hass gegen Hippolytos, aber auch Hass gegen sich selbst.

Das Leben hatte für sie jeden Wert verloren. Aber sie wollte nicht ungerächt ins Schattenreich hinabsteigen, darum schrieb sie Theseus einen Brief. Darin behauptete sie, Hippolytos habe sie vergewaltigt – das sei der Grund für ihren Selbstmord. Dann stieß sie sich einen Dolch ins Herz.

Theseus fand bei seiner Rückkehr ganz Troizen in Trauer vor. Phaidra war schon bestattet worden und die untröstliche Amme hatte sich ebenfalls das Leben genommen.

Aber da gab es nun diesen Brief.

Voller Entsetzen las der Fürst, dass sein ältester Sohn sich an seiner Frau vergangen habe und sie sich aus Scham und Trauer um ihre verlorene Ehre selbst getötet hatte. Es waren die letzten Worte seiner Frau – wie sollte Theseus ihr nicht glauben?

Außer sich vor Zorn befahl er Hippolytos zu sich.

Die Unschuldsbeteuerungen des jungen Mannes hielt er für Lügen, und als Hippolytos gar zu behaupten wagte, es sei umgekehrt gewesen und Phaidra habe ihm nachgestellt, brachte das das Fass zum Überlaufen.

»Unverschämter Lügner! Ich will dich nie mehr sehen!«, schrie Theseus. »Für dein Vergehen hast du eigentlich den Tod verdient. Aber wie kann ich mein eigen Fleisch und Blut hinrichten lassen? Ich überlasse es den Göttern, dich zu strafen. Aber du bist für alle Zeiten aus den Gebieten Griechenlands verbannt, so weit mein Einfluss reicht. Reise ab, fahr zu den Amazonen, wo du ja eigentlich herstammst, vielleicht nehmen die dich als den Sohn Antiopes auf!«

Dem unglücklichen Jüngling blieb nichts weiter übrig, als sich reisefertig zu machen. Unter Tränen nahm er Abschied von den Wäldern und Hainen, die sein Leben gewesen waren, und betete noch einmal zu Artemis, der er seine Unschuld geweiht hatte.

Auf der Fahrt in die Verbannung ereilte ihn sein Schicksal. Eine riesige Welle erschreckte sein Pferdegespann so, dass er aus dem Wagen geschleudert und von den scheuenden Tieren zu Tode geschleift wurde.

In finsterem Schweigen nahm Theseus die Nachricht vom Tod seines Erstgeborenen auf. Wie sollte er um jemanden trauern, der sich so verbrecherisch verhalten hatte?

Aber in der Nacht erschien ihm Artemis im Traum. Die Mondsichel über dem gelockten Haar, Bogen und Köcher in Händen, das Gewand wie zur Jagd hochgeschürzt, stand sie an einer Quelle. »König von Theben!«, rief sie dem Schlafenden zu. »Glaube mir, dein Sohn ist so keusch und rein wie dies heilige Wasser. Er war mir geweiht und hat niemals meinen Dienst verletzt. Das alles hat die Verderben bringende Aphrodite, meine Feindin, angezettelt, um sich für die Keuschheit deines Sohns zu rächen. Sie hat Phaidras Herz in Besitz genommen, sie zu unheiliger Liebe verführt und bewirkt, dass sie Hippolytos nachstellte. Aus verschmähter Liebe hat sie sich das Leben genommen!«

Dann verschwand das Traumbild, und Theseus wachte auf, mit der tödlichen Gewissheit im Herzen, dass die Göttin ihm die Wahrheit enthüllt hatte.

Eine zweifelhafte Freundschaft

Zu denen, die Theseus gern nacheifern oder mit ihm gemeinsam auf Abenteuer ziehen wollten, gehörte Peirithoos, ein junger Königssohn, der schön war wie ein Gott, aber bekannt für seinen Wagemut und seine Unbesonnenheit. Er dachte sich etwas sehr Extravagantes aus, um die Aufmerksamkeit des Königs von Athen zu erregen: Er stahl eine Rinderherde, die Theseus gehörte. Und stellte mit Genugtuung fest, dass der Athener wirklich die Verfolgung aufgenommen hatte. Nun würde er sich mit ihm im Kampf messen können!

Aber dazu kam es nicht. Als Theseus den Räuber stellte und sie beide mit gezückten Schwertern aufeinander zugingen, war es wie ein Wunder: Die beiden Männer waren gegenseitig voneinander so beeindruckt, dass sie gleichzeitig die Waffen fallen ließen und sich stattdessen in die Arme schlossen.

Für Peirithoos war Theseus das große Vorbild und der nicht mehr junge Theseus genoss die Verehrung des Jünglings. Es war einsam um ihn geworden und er sehnte sich nach Freundschaft.

Leider ließ er sich von Peirithoos zu Taten hinreißen, die weder mit seiner Würde noch mit seinem Alter vereinbar waren.

Da Phaidra, Theseus' Frau, ja nicht mehr am Leben und Peirithoos noch unverheiratet war, beschloss das ungleiche Freundespaar, gemeinsam auf Brautschau zu gehen. Für beide stand fest, dass für sie nur das Beste gut genug sei, und so wollten sie sich nicht mit Geringeren zufriedengeben als mit Töchtern des Zeus.

Die erste Wahl war Helena in der Stadt Sparta. Das Mädchen war die Tochter der Leda, der sich der erfinderische Göttervater als Schwan genähert hatte. Aus der Verbindung stammten außerdem die Zwillinge Kastor und Polydeikes, die später als Gestirn am Himmel leuchten sollten – als Hilfe für verirrte Seefahrer.

Die Brüder waren wehrhaft und bereit, ihre Schwester zu beschützen, aber weil Helena zu diesem Zeitpunkt kaum älter als zehn Jahre sein mochte, waren sie wohl nicht so sehr auf der Hut. (Damals ahnte noch keiner, dass ihretwegen später einmal der Krieg um das sagenhafte Troja entbrennen sollte.)

Theseus und Peirithoos reisten also nach Sparta. Es gelang ihnen mühelos, das Mädchen aus dem Tempel der Artemis zu rauben, wo sie gerade an einem Tanz zu Ehren der Göttin teilnahm.

Das war die erste Braut. Aber wem sollte sie zufallen? Die beiden Waffenbrüder kamen auf die Idee, das auszulosen. Helena fiel Theseus zu und er brachte sie zu seiner Mutter nach Troizen und bat die, auf das Kind aufzupassen. Denn nun musste noch eine zweite Frau für Peirithoos gefunden werden.

Der gesunde Menschenverstand musste die beiden Freunde gänzlich verlassen haben, denn Peirithoos kam auf die abwegige Idee, Persephone, die Tochter der Demeter und Gemahlin des Unterweltgottes, aus dem Hades zu entführen und zu seiner Gemahlin zu machen. Theseus ließ sich wirklich dazu überreden mitzugehen und beide hielten ihren absurden Versuch für eine heroische Tat.

Sie bahnten sich einen Weg in die Unterwelt, traten vor Hades und Peirithoos erklärte: »Großer Bruder des Zeus, allen ist bekannt, dass dir die Herrschaft über die Seelen der Verstorbenen anvertraut ist. Aber die Lebenden haben in deinem Reich nichts verloren, und deshalb soll auch Persephone in jenem Jahresdrittel des Jahres, das sie bisher bei dir verbracht hat, wieder das Sonnenlicht genießen. Also gib sie heraus, damit wir sie nach oben führen können.«

Hades hörte sich den unverschämten Vorschlag mit jener lächelnden Nachsicht an, die man Verrückten entgegenbringt, und lud die beiden Besucher ein, Platz zu nehmen und einen Becher mit ihm zu leeren.

Schon während sie tranken, vergaßen sie, weshalb sie gekommen waren: Der Gott hatte ihnen Lethe serviert, den Trank des Vergessens. Außerdem konnten sie sich von den steinernen Stühlen, auf denen sie saßen, nicht mehr erheben. Sie mussten nun in der Unterwelt bleiben.

Die letzten Jahre

Niemand weiß genau, wie es geschah. Es glich einem Wunder – aber irgendwann gelang es Theseus, sich aus dem Bann des Hades zu befreien und wieder ans Tageslicht zu kommen. Wie lange er dort unten gewesen war und vor sich hin gedämmert hatte, weiß keiner. Jedenfalls lange genug, dass sich einiges zu seinen Ungunsten entwickelt hatte.

Helenas Brüder waren bald nach der Entführung des Mädchens losgestürmt, um die Geraubte zu befreien. Sie eroberten mit einer Armee von Spartanern nicht nur Troizen und holten das Mädchen dort heraus, sondern verwüsteten auch Athen – die Stadt war ohne Herrscher und wusste sich nicht zu verteidigen.

Die Athener waren auf Theseus nun nicht mehr gut zu sprechen, schließlich waren sie seinetwegen in einen verheerenden Krieg verwickelt worden.

Theseus kam aus der Unterwelt als Greis zurück. Als er versuchte, seine Regentschaft wie bisher weiterzuführen und mit harter Hand jene zu bestrafen, die während seiner Abwesenheit versucht hatten, die Macht an sich zu reißen, lehnte sich das Volk gegen ihn auf. Der König musste die Stadt verlassen.

Er begab sich auf die Insel Skyros. Sein Vater Aigeus hatte auf dieser Insel Land besessen und den Herrscher dort, Lykomedes, um die Verwaltung gebeten. Theseus nahm an, dass er dort in Ruhe seinen Lebensabend beschließen konnte.

Lykomedes nahm ihn zunächst freundlich auf. Aber dass Theseus einige der väterlichen Güter zurückverlangte, war ihm gar nicht recht. Außerdem beunruhigte ihn der begeisterte Empfang, den das Volk von Skyros dem Heroen von Athen zuteilwerden ließ. Er witterte Gefahr für seine eigene Herrschaft. Das Beste würde deshalb sein, den ungebetenen Gast möglichst unauffällig aus dem Weg zu räumen.

So lud er ihn zu einem Spaziergang über die Insel ein und führte ihn auf den höchsten Berggipfel. Von dort sollte sich Theseus ein Bild von den Ländereien machen, die ihm gehörten. Als der alternde Heros nun so am Rand des Abgrunds stand und seinen Blick aufatmend über die Insel schweifen ließ, gab Lykomedes ihm einen Stoß und stürzte ihn in die Tiefe.

Dem Volk erzählte er wehklagend, dass Theseus ausgerutscht und abgestürzt sei.

Als die Athener vom Tod ihres einstigen Herrschers hörten, vergossen sie keine einzige Träne. Mehr noch: Bald vergaßen sie den Mann, der sie einst von der Plage des kretischen Minotauros befreit, die Stadt zusammengeschweißt und ihren Bürgern Gesetze gegeben hatte. Erst Jahrhunderte später erinnerte man sich wieder an den einstigen Wohltäter, als das Orakel zu Delphi befahl, die Gebeine des großen Sohns der Stadt von Skyros nach Athen zurückzubringen und ihm alle Ehren angedeihen zu lassen, die einem König und Begründer von Freiheit und Ordnung gebührten.

Oidipus

Das ausgesetzte Kind

In Theben herrschte ein Nachkomme des Königs Kadmos, der die Stadt gegründet hatte. Der jetzige Herrscher hieß mit Namen Laios, seine Frau Iokaste und das Paar blieb lange Zeit kinderlos.

Als Iokaste dann doch endlich schwanger wurde, wandte sich Laios an das Orakel zu Delphi, um die Zukunft seines künftigen Erben zu erforschen.

Wie entsetzt war er, als er von der Pythia die Auskunft erhielt: »Der Sohn, den deine Frau gebären wird, soll einst der Mörder seines eigenen Vaters werden.«

Laios kehrte nach Theben zurück und hielt den Orakelspruch vor Iokaste geheim. Als der Sohn dann geboren war, ließ er das Kind nach drei Tagen mit an den Fersen durchstochenen und zusammengebundenen Füßen im Gebirge von Kithairon aussetzen und weihte es so dem sicheren Tod.

Der verzweifelten Mutter erzählte er erst jetzt von dem Ausspruch der Pythia, und schließlich fand sie Trost in dem Gedanken, dass sie den Sohn davor bewahrt hatten, ein Vatermörder zu werden.

Sie hätten wissen müssen, dass Apollons Orakel stets unfehlbar eintraf.

Das Kind war, bevor es verschmachten konnte oder von wilden Tieren zerrissen wurde, von einem Hirten gefunden worden, der die Herden des Königs Polybios von Korinth weidete. Der mitleidige Mann löste die Fesseln und versorgte die Wunden; wegen dieser Wunden nannte er es Oidipus, das heißt »Schwellfuß«. Da er wusste, dass sein Herr Polybios kinderlos war, brachte er den Findling zum König, und wirklich nahm der das Kind auf und übergab es seiner Gemahlin Merope, die es liebevoll aufzog.

Der Spruch der Pythia und der Mord im Hohlweg

Oidipus hielt sich für den Sohn des korinthischen Königspaars und wuchs auch so auf. So weit war alles in bester Ordnung, aber dann ereignete sich ein Zwischenfall, der das Leben des Heranwachsenden von Grund auf veränderte. Eines Tages geriet er mit einem betrunkenen Gefährten beim Festmahl in Streit und der rief ihm höhnisch zu, er sei gar nicht der Sohn des Polybios.

Die Behauptung traf Oidipus schwer; vielleicht hatte er irgendeine Ahnung, dass etwas Wahres daran sein könnte. Ohne sich von seinen Pflegeeltern zu verabschieden, brach er nachts heimlich auf, um das Orakel von Delphi zu befragen, ob die Anschuldigung wahr sei.

Und dann geschah etwas Entsetzliches. Die Pythia, die weissagende Priesterin des Apollon, verweigerte ihm den Zutritt zum Tempel und ließ ihn keine Frage stellen.

Düster sagte sie: »Verbrecher wie du haben hier nichts zu suchen. Du wirst deinen Vater in einem Hohlweg töten, deine Mutter heiraten und mit ihr ein verabscheuenswürdiges Geschlecht zeugen.« Mit diesen Worten schlug sie die eherne Pforte des Tempels donnernd zu und ließ den jungen Mann draußen stehen.

Oidipus stand wie gelähmt. Alles in ihm sträubte sich, diesen furchtbaren Spruch für wahr zu halten. Er liebte seinen Vater und seine Mutter – Polybios und Merope – und würde ihnen nie etwas antun! Trotzdem packte ihn furchtbare Angst. Wer weiß? Vielleicht würden ihn die Götter mit Wahnsinn schlagen oder irgendwie verblenden, sodass er, ohne es zu wissen, solch ein Verbrechen verüben würde.

Er musste fort, musste sich so weit wie möglich aus der Nähe seiner Eltern entfernen. Er durfte nie nach Korinth zurückkehren.

Er schlug von Delphi aus einen neuen Weg ein, wandte sich nach Böotien. Ihm war es in seiner Verzweiflung egal, wohin er ging.

In einem Hohlweg kam ihm ein Gespann entgegen. Ein vornehmer Herr mit mehreren Bediensteten war unterwegs und die Manieren seines Wagenlenkers waren nicht die besten. Er forderte hochfahrend, den Weg frei zu machen, und als Oidipus nicht schnell genug zur Seite trat, streifte ein Rad seinen Fuß.

Der junge Mann war nicht in der Stimmung, sich von oben herab behandeln zu lassen. Wütend hob er seinen Wanderstab und versetzte dem Wagenlenker einen Schlag.

In diesem Augenblick erhob sich der Reisende im Wagen, holte mit seinem Knotenstock aus und schlug Oidipus das Holz mit voller Wucht auf den Kopf.

Nun hatte der junge Mann endgültig genug. Er griff den Mann im Wagen an, und obwohl er nur seinen Stab hatte und die anderen in der Überzahl waren, erschlug er drei von ihnen; einer entkam. Dann zog er weiter seines Weges. Seiner Meinung nach hatte er aus Notwehr gehandelt, sich gegen eine Übermacht gewehrt. Er wusste nicht, dass der vornehme Herr im Wagen, der ebenfalls auf dem Weg zum Delphischen Orakel war, Laios von Theben gewesen war – sein leiblicher Vater.

Das Rätsel der Sphinx

Bald danach näherte sich Oidipus Theben und fand die Stadt in Aufruhr. Der König der Stadt, so hörte er, sei auf dem Weg nach Delphi von Unbekannten ermordet worden. Oidipus brachte das in keinen Zusammenhang mit dem, was ihm unterwegs zugestoßen war. Das war an sich schon schlimm genug. Aber die Thebaner hatten keine Zeit, nach dem Mörder zu suchen, denn weit schlimmer war, dass – wer weiß, woher auch immer – ein geflügeltes Ungeheuer aufgetaucht war, ein Löwenwesen mit einem Frauenkopf. Man nannte es Sphinx. Die Sphinx hauste auf einem Berg vor der Stadt. Von dort aus stürzte sie sich von Zeit zu Zeit auf die Stadtmauer Thebens und stellte einem von ihr auserwählten Menschen eine Rätselfrage: »Was ist das, was am Morgen auf vier Füßen geht, am Mittag auf zweien und am Abend auf dreien?«

Bisher war es niemandem gelungen, das Rätsel zu lösen – sicher auch, weil die armen Befragten vor Angst wie gelähmt waren. Jeder, der das Rätsel nicht lösen konnte, wurde von der Sphinx zur Strafe gepackt und aufgefressen.

Für den ermordeten König hatte Kreon die Regentschaft übernommen, der Bruder von Laios' Witwe Iokaste. Als nun sogar einer seiner Söhne von dem Ungeheuer verschlungen wurde, bot Kreon in seiner Not die Hand seiner verwitweten Schwester und einen Teil der Herrschaft demjenigen, der die Stadt von dieser Plage befreite.

Oidipus kam also nach Theben, sah Königin Iokaste und fühlte sich auf ungeahnte Weise zu ihr hingezogen – er wusste ja nicht, dass die schöne Frau seine Mutter war.

Es erschien ihm erstrebenswert, Iokaste und ihr Königreich zu gewinnen, nachdem er wegen des schlimmen Orakelspruchs seine Heimat Korinth aufgegeben hatte. Also stellte er sich der Sphinx, als sie sich das nächste Mal auf der Stadtmauer niederließ und ein Opfer suchte. Das Rätsel, das ihm gestellt wurde, erschien ihm überhaupt nicht schwer – sei es, weil er besonders klug war, sei es, weil er keine Angst vor dem Wesen hatte und sein Wunsch, Iokaste zu heiraten, übermächtig war. Er gab die richtige Antwort: »Das, was am Morgen auf vier Füßen geht, am Mittag auf zweien und am Abend auf dreien, das ist der Mensch. Als Kind krabbelt er, als Erwachsener geht er aufrecht, und als Greis stützt er sich auf einen Stock.«

Aus Wut darüber, dass jemand die Lösung gefunden hatte, stürzte sich die Sphinx von der Stadtmauer zu Tode (offenbar hatte sie vergessen, dass sie fliegen konnte).

Oidipus wurde von den Thebanern mit Jubel als ihr Befreier gefeiert. Wie versprochen, vermählte ihn Kreon mit seiner Schwester Iokaste. Und obwohl sich eigentlich Kreon und Oidipus die Herrschaft teilten, war in den Augen des Volkes derjenige, der sie von der schrecklichen Sphinx befreit hatte, der wahre König. Die Suche nach dem Mörder des vorherigen Königs geriet in Vergessenheit.

Der blinde Seher

Zwanzig Jahre lang regierte Oidipus gerecht und tüchtig, und er wurde vom Volk geliebt. Mit Iokaste hatte er insgesamt vier Kinder, zwei Söhne und zwei Töchter. Dann fanden die Götter, es ginge nicht an, dass das Verbrechen des Vatermords ungesühnt bleiben und die Blutschande weiter fortgeführt werden sollte. Um die Wahrheit ans Licht zu bringen, sandten sie eine furchtbare Seuche nach Theben.

Oidipus schickte seinen Schwager Kreon nach Delphi, um das Orakel zu befragen, wie man Abhilfe schaffen könne. Und Kreon kam mit der Nachricht an die Bewohner der Stadt zurück: »Werft einen Frevel aus euren Mauern, Thebaner, und pflegt nicht das, was nicht zu reinigen ist. Noch lastet der Mord an König Laios als Blutschuld auf euch.«

Der erste Teil des Orakels schien unverständlich zu sein. Der zweite Teil aber war klar, und Oidipus fühlte sich berufen, für die Sühne des Mordes Sorge zu tragen, und verfluchte den Täter aufs Schauerlichste. Sofort leitete er eine Untersuchung ein, ließ sich das Verbrechen an Laios beschreiben und schickte nach dem einzigen Überlebenden des feigen Überfalls. Dieser Mann sei damals, als er Oidipus auf dem Thron sah, furchtbar erschrocken und habe flehentlich gebeten, möglichst weit fort von Theben auf einer der Weiden der Stadt arbeiten zu können. Nun wollte Oidipus ihn selbst befragen. Noch immer brachte er in seiner Verblendung seine Tat damals im Hohlweg in der Nähe von Delphi nicht mit dem jetzt gesuchten Verbrecher in Verbindung.

Als Nächstes sandte er Boten zu dem berühmten blinden Seher Teiresias aus, der an Wissen und einsichtsvollem Blick in die Zukunft fast mit dem Gott Apollon zu vergleichen war. Der Seher erschien, gestützt auf den Arm eines Knaben, der ihn führte. Das Volk hatte sich versammelt und begrüßte ehrfurchtsvoll den berühmten Mann, und Oidipus bat ihn vor allen Thebanern, seine Kunst anzuwenden und den Schuldigen zu entlarven, der sich immer noch unerkannt unter ihnen befinden musste.

Teiresias schwieg lange. Dann hob er die blinden Augen zum Himmel, schüttelte anklagend seinen Stab und rief: »Oh, ihr Götter, warum habt ihr mir diese entsetzliche Gabe verliehen?

Wehe dem Wissenden, wenn das Wissen nur Unheil bringt! Lass mich heimkehren, König. Trage du das Deine, und lass mich das Meine tragen.«

Oidipus verstand die Weigerung des Teiresias nicht. Er drang weiter in den Seher, und das Volk warf sich vor ihm flehend auf die Knie, um endlich die furchtbare Seuche loszuwerden.

Aber Teiresias schwieg. Schließlich verließ den König die Geduld. »Wenn du dich weiter weigerst, dein Wissen preiszugeben, und es dir gleichgültig scheint, dass die Thebaner unter der schrecklichen Krankheit leiden, dann muss ich denken, dass du selbst etwas zu verschweigen hast! Vielleicht deckst du den Mörder, hast sogar selbst mit der Untat etwas zu tun! Bürger von Theben, geht nach Hause. Von diesem ›Propheten‹ haben wir nichts zu erwarten.«

Schweigend und verzagt entfernten sich die Thebaner. Als sich der Platz geleert hatte, brach Teiresias schließlich sein Schweigen.

»Da du mich verdächtigt hast, Oidipus«, sagte er dumpf, »will ich mit dir sprechen. Denke an das, was man dir einst verkündet hat: Du selbst bist die Ursache für den Fluch, der die Stadt trifft. Du bist der Mörder des Laios. Und nun entlasse mich!«

Der König brach in lautes, wütendes Lachen aus. »Ich also bin es? Wer hat sich diese Intrige ausgedacht? Steckt vielleicht mein Schwager Kreon dahinter? Will er mir die Regentschaft entreißen und hat dich deshalb angestiftet, dir solche Lügengeschichten auszudenken? Verlass Theben, so schnell du kannst, alter blinder Mann, bevor ich mich vergesse! Alle Seher sind Gaukler und alle Prophezeiungen sind Hirngespinste! Mir hat man einst vorhergesagt, dass ich meinen Vater, Polybios von Korinth, ermorden und meine Mutter Merope heiraten werde – und nun soll ich auch noch König Laios getötet haben? Nein, das kannst du mir nicht weismachen!«

Schweigend wandte Teiresias sich ab und verließ, auf seinen Helfer gestützt, die verfluchte Stadt. Oidipus aber begab sich eilig zu seiner Frau Iokaste, um ihr von der ungeheuerlichen Anschuldigung zu berichten.

Die Enthüllung

Noch mehr als Oidipus sträubte sich Iokaste gegen die Worte des Teiresias. Höhnisch rief sie: »Was diese Scharlatane faseln, das ist wirklich nur Schall und Rauch! Stell dir vor, auch Laios hatte eine Prophezeiung erhalten. Danach sollte sein eigener Sohn ihn umbringen. Nun, wir hatten einen Sohn, aber so weh es mir getan hat – wir haben das Kind mit durchstochenen, zusammengebundenen Füßen im Gebirge ausgesetzt, und mein ehemaliger Gatte kam an einem Hohlweg um, von Wegelagerern erschlagen!«

Während er das hörte, hatte Oidipus plötzlich das Gefühl, als durchzucke ein furchtbarer Schmerz seine Fußknöchel – niemals hatte seine Gemahlin ihn gefragt, woher er diese Narben haben könnte! Er verdrängte den Gedanken, fragte stattdessen noch einmal nach den Mordumständen, die ihm den Atem stocken ließen. »An einem Hohlweg?« Er keuchte es.

In diesem Augenblick meldeten Sklaven des Hauses, dass man den Mann aufgefunden habe, der damals bei dem Mord an Laios als Einziger überlebt hatte.

»Bringt ihn unverzüglich her!«, befahl der König. Sein Herz zitterte im Vorgefühl künftigen Unheils.

Der alte Hirte wurde hereingeführt und warf sich angstschlotternd vor Oidipus zu Boden.

»Berichte!«, befahl der König mit gepresster Stimme. »Du hast den Mörder des alten Königs mit Augen gesehen! Kannst du ihn beschreiben?«

»Herr! Versprich mir, mich zu schonen, wenn ich die Wahrheit sage!«, wimmerte der Alte.

»Alles, was du willst, nur rede endlich!«

Der alte Mann erhob sich nun. Er sagte ernst und traurig: »Du selbst, Herr, bist es, der damals in einem Hohlweg König Laios erschlagen hat! Das schwöre ich bei den Göttern.«

Iokaste hob die Hände an ihre Schläfen. »Aber«, sagte sie matt, »das alles ist doch ein Irrtum. Mein Gemahl ist nie und nimmer … der Sohn des Laios …« Sie konnte nicht weiterreden.

»Königin«, fuhr der Mann fort, »es ist lange her. Sicher erkennst du mich nicht wieder. Ich war derjenige, der deinen kleinen Sohn mit durchbohrten und gefesselten Füßen ins Gebirge geschafft hat. Ich war nicht fähig, ihn den wilden Tieren auszuliefern. Ich blieb in seiner Nähe, bis ein Hirte des Königs Polybios ihn fand. Ach, nicht umsonst habe ich so lange versucht, mich von Theben fernzuhalten …«

Iokaste stand da wie versteinert. Die entsetzliche Wahrheit überwältigte sie wie eine Flutwelle, die Bug und Heck des Schiffs überspült. Ohne ein Wort zu Oidipus zu sagen, wandte sie sich ab und ging mit schleppendem Schritt in ihre Gemächer.

Und auch Oidipus begriff langsam. Er war das Kind mit den durchbohrten Fesseln, der »Schwellfuß«, er war das angenommene Kind des korinthischen Königspaars, für dessen Sicherheit er aufgrund des Orakels gefürchtet hatte. Er hatte auf dem Hohlweg seinen eigenen Vater im Streit umgebracht und danach seine Mutter geheiratet.

Er achtete nicht mehr auf den Hirten. Mit einem wahnsinnigen Schrei stürzte er hinter Iokaste her, fand ihre Räume verschlossen, schlug mit den Fäusten gegen die eherne Tür, brach sie schließlich auf.

Sie hatte sich erhängt.

Oidipus bestraft sich

An der Leiche seiner Gattin und Mutter brach Oidipus zusammen. »Blind war der Seher«, murmelte er wie von Sinnen, »aber er konnte erkennen, was war. Und sehenden Auges war ich verblendet ein Leben lang. Wozu sind meine Augen da noch von Nutzen?«

Er löste die Frau, die er geliebt hatte, vorsichtig vom Strick ab, legte sie aufs Bett und küsste sie zum letzten Mal. Dann nahm er eine der goldenen Spangen, die ihr Gewand zusammenhielten – und bohrte sich die spitze Nadel mit aller Wucht erst in das eine Auge, dann in das andere.

So fanden ihn die Diener, blutüberströmt und augenlos, gekrümmt vor Schmerzen über der Leiche Iokastes. Als er die entsetzten Stimmen hörte, verlangte er, dass das Volk zusammengerufen würde. Man folgte seinem Befehl.

Und dann trat Oidipus aus dem Tor seines Palastes, gestützt auf fremde Hände, wie erst vor Kurzem Teiresias, mit leeren Augenhöhlen, das Gesicht und das Gewand von dunklem Blut besudelt, und zeigte sich den Thebanern.

»Ich bin das Ungeheuer, Volk von Theben!«, rief er mit schmerzverzerrter Stimme. »Ich bin es, um dessentwillen der Fluch der Seuche über euch gekommen ist. Ich bin das Scheusal, der Vatermörder, der Gatte seiner eigenen Mutter! Steinigt mich, macht dem Gräuel ein Ende, löscht mich aus vom Angesicht der Erde!«

Aber keine Hand regte sich. In tiefem Schweigen, erfüllt von Entsetzen und Mitleid, sahen die Bürger der Stadt ihren geliebten König an, den die Götter so schwer gestraft hatten. Kreon trat schließlich vor und führte den Verzweifelten zurück in den Palast. Die Thebaner aber brachten den Himmlischen Opfer und baten um Entsühnung für ihren fluchbelasteten Herrn.

Kreon trug Oidipus nicht nach, dass er ihn der Intrige gegen ihn bezichtigt hatte. Aber es gab auch gar keinen Grund zu zürnen, denn der Geblendete übertrug ihm freiwillig die Regentschaft über die Stadt. Er gab seine Kinder in die Obhut Kreons und bat darum, Iokaste ehrenvoll zu bestatten. Dann, das war sein Wunsch, wollte er die Stadt als Verbannter verlassen, um sie endlich vom Fluch zu befreien.

Und so verließ der Bezwinger der Sphinx, der einstige Retter Thebens, eben noch ein mächtiger Herrscher, als blinder Bettler bei Nacht und Nebel seine Stadt. Einzig seine Tochter Antigone begleitete ihn und teilte mit ihm sein Schicksal. Seine Söhne und letztlich auch Kreon waren froh, dass der vom Schicksal Verfolgte Theben verließ. Sie wollten, dass über die böse Geschichte Gras wachsen sollte.

Auf ihrer Irrfahrt waren Vater und Tochter sommers wie winters unterwegs. Zunächst hatte Oidipus auf einen schnellen Tod gehofft. Aber der blieb aus. Als seine Lebensgeister wieder erwachten und er mit klaren Sinnen über sein Los nachdenken konnte, fand er, dass der Tod Iokastes und seine Blendung nun vielleicht die »unschuldige« Schuld abgegolten haben könnten, und begab sich noch einmal zum Orakel des Apollon. Er wollte Klarheit.

Und es gab Hoffnung. Zwar waren die Worte der Pythia wie immer rätselvoll und dunkel, aber es hieß, Oidipus sollte Erlösung finden, wenn er bei den Erinnyen einkehren würde.

Das hörte sich schauerlich an, denn die Erinnyen waren ja die Rachegöttinnen, die jeden Frevler unbarmherzig jagten. Wie sollte er aus eigenem Willen dahin gelangen? Aber Oidipus war leidgeprüft genug, auch so einen Spruch als gottgegeben hinzunehmen und darauf zu warten, dass er irgendwann eintreffen würde.

Und so geschah es.

Nach langen Jahren der Wanderschaft, während derer Vater und Tochter von den Almosen der Menschen lebten und oft bittere Not litten, gelangten sie in eine anmutige und fruchtbare Gegend. Sie betraten einen Hain, in dem sich Lorbeer- und Olivenbäume abwechselten. Gras und Moos bedeckten kleine Felsbrocken, die wie bequeme Stühle zum Sitzen einluden. Antigone beschrieb ihrem blinden Vater die Stätte.

»Es scheint ein weihevoller Ort zu sein«, sagte sie. »Eine feierliche Stille herrscht hier und die Luft ist sanfter als anderswo. Dort hinten sehe ich die Mauern und die Burg einer Stadt.«

»Lass uns hier rasten«, sagte Oidipus und die Tochter führte ihn zu einem der moosbewachsenen Felsen, damit er sich darauf niederlassen konnte.

Aber bald erschien ein Bauer auf dem Weg zur Feldarbeit, und als er die Rastenden sah, trat er an sie heran und sagte: »Guter Freund, du kannst es nicht wissen, aber dieser Boden ist geheiligt, er duldet keinen Fußtritt eines Sterblichen.«

»Ich achte eure Bräuche«, erwiderte Oidipus, »sagt mir doch, welche Gottheit wird in diesem Hain verehrt?«

»Dieser Hain ist den alles erspähenden Eumeniden geweiht!«, erwiderte der Bauer.

Da wusste Oidipus es: Er war am Ende seiner Wanderschaft angelangt. Die Eumeniden, die »Wohlmeinenden« – so nannten die Bürger von Athen die furchtbaren Erinnyen, um ihren Zorn zu beschwichtigen.

»Also bin ich in der Nähe von Athen?«, fragte er, ohne sich von der Stelle zu rühren.

»Du bist im Ort Kolonos, der zu Athen gehört«, entgegnete der Mann.

»Und Theseus ist euer Herrscher?«

»Theseus ist unser Herrscher!«, bestätigte der andere.

»Gut«, sagte Oidipus entschlossen und mit der ganzen Hoheit, die ihm verblieben war. »So bitte ich die Bürger von Kolonos, einen Boten zu Theseus zu schicken. Sagt ihm, hier sei ein Blinder, der sich weigere, den Hain der Eumeniden zu verlassen. Er verlange nach der Gegenwart des Königs.«

Der Mann schüttelte den Kopf und meinte, er könne sich nicht vorstellen, dass der Herrscher Athens vorhabe, sich um einen blinden Bettler zu kümmern. Aber inzwischen hatten sich einige Bürger von Kolonos versammelt, und man beratschlagte, ob man den Fremden mit Gewalt fortbringen sollte. Immerhin durfte der Hain nicht weiter entweiht werden. Doch auch so eine Tat wäre frevelhaft gewesen und deshalb schickte man schließlich nach Theseus.

Der König war weise genug zu begreifen, dass ein Blinder, der sich weigerte, geweihten Boden zu verlassen, und nach einem Gespräch mit dem König verlangte, nicht irgendein gewöhnlicher Bettler sein konnte. Tatsächlich kam er zum Hain der Erinnyen und war bereit, mit dem Fremden zu sprechen.

Oidipus musste nur seinen Namen nennen. Ganz Griechenland kannte die grauenhafte Geschichte und natürlich war Theseus das Geschick des einstigen Königs von Theben nicht unbekannt. Er begrüßte den anderen voller Mitleid und Ehrerbietung und fragte ihn, wie er ihm helfen könne. »Wenn du in Athen Asyl suchst, so soll es dir gewährt werden, denn ich glaube, du hast den Frevel, den du unwissentlich begangen hast, reichlich gebüßt, und die Götter sollten dir bald Frieden gewähren.«

»Großmütiger Theseus«, sagte Oidipus, der sich mithilfe seiner Tochter von seinem Sitz erhoben hatte, »ich danke dir. Nichts anderes habe ich erwartet. Aber ein Orakel hat mir vorhergesagt, ich würde im Hain der Erinnyen Frieden finden, und deshalb bin ich an diesem Platz geblieben.«

»Du sollst als Gastfreund in meinem Land leben«, entgegnete Theseus, »und gern steht es dir frei, hier in Kolonos zu bleiben, in der Nähe des Hains, freilich nicht in ihm. Sühne die Entweihung dieses Ortes durch ein Trankopfer, und die Götter werden uns irgendwann sagen, was weiter geschehen soll.«

So durfte sich nun der Umgetriebene in Kolonos zur Ruhe setzen – aber endgültigen Frieden sollte er noch nicht finden.

Die Erlösung

In Theben indessen wirkte der Fluch, der auf dem Haus des Oidipus lag, noch immer fort. Zunächst hatten sich die beiden Söhne gegen Kreon gekehrt und entrissen ihm die Macht. Aber dann begannen sie, sich gegenseitig die Regentschaft streitig zu machen, und der eine verbündete sich nun wieder mit Kreon gegen den anderen, der ausgezogen war, um von anderswo Hilfe zu suchen.

Wieder einmal wurde das Orakel von Delphi befragt. Die Auskunft lautete: »Derjenige, der sich des Oidipus bemächtigt, wird siegen. Denn die Stadt, vor deren Toren er dereinst begraben liegt, wird uneinnehmbar sein.«

Das bewog Kreon, sich eilig nach Athen aufzumachen. Mit einer Schar von Bewaffneten drang er in Kolonos ein. Er beruhigte die erschrockenen Bürger: Von ihnen wolle er nichts. Allein Oidipus aufzusuchen, sei er hergekommen.

Der empfing ihn mit bangem Herzen, zwischen Furcht und Hoffnung schwankend. »Was bringst du, Schwager?«, fragte er. »Ruft die Vaterstadt mich zurück? Ist meine Schuld vergeben?«

Kreon wand sich. »Es geht um etwas anderes!«, sagte er. »Du kannst uns von großem Nutzen sein, wenn du mit mir kommst.«

»Was meinst du damit?«

»Vielleicht hast du davon gehört, dass deine Söhne in Streit um die Regentschaft geraten sind«, erwiderte Kreon. »Nun ist geweissagt worden, dass eine Stadt uneinnehmbar ist, wenn dein Leib vor ihren Toren begraben wird.« Er schwieg.

Oidipus wandte ihm sein ausgemergeltes, vom Leid gezeichnetes Gesicht mit den leeren Augenhöhlen zu. »Willst du damit sagen, du und mein Sohn, ihr wollt nichts weiter von mir als meine Leiche?«

Kreon räusperte sich. »Nun, wenn du es so siehst …«

»Ich sehe es so«, sagte Oidipus hart. »Das heißt also, man würde mich nicht in Theben bestatten?«

»Gewiss nicht«, entgegnete Kreon erschrocken. »Das nicht. Deine Gegenwart würde Theben wieder entweihen. Du würdest außerhalb des Stadtgebiets deine Ruhestätte finden.«

Oidipus erhob sich. Er hatte nicht auf die helfende Hand seiner Tochter gewartet. Er hielt seinen Blindenstab ausgestreckt vor sich hin, damit Kreon ihm nicht näher kommen sollte.

Bleich vor Entrüstung sagte er: »Bleib mir fern, du Schurke! Nach meinem Tod soll ich euch also dazu dienen, deine Herrschsucht zu befriedigen, und ihr wollt mir nicht einmal ein Grab in der Heimaterde gönnen? Euch hat die Gier nach Macht die Seele zerfressen! Mein Leichnam soll den Kampf gegen meinen anderen Sohn entscheiden? Nun, wie kann ich sicher sein, dass ihr mich deswegen nicht schon auf dem Weg nach Theben ermorden lasst? Nein, ich werde nicht mit dir gehen. Stattdessen soll mein Fluch meine beiden ungeratenen Söhne treffen. Wenn ich Theben nicht mehr betreten darf, so soll ihnen nicht mehr vom thebanischen Boden bleiben, als sie brauchen, um sterbend darauf zu liegen!«

Sicher hätte Kreon Oidipus auch gegen seinen Willen mitgeschleppt, aber das Eindringen von bewaffneten Kriegern auf athenischem Hoheitsgebiet war inzwischen Theseus gemeldet worden. Er zögerte keinen Augenblick und kam mit seiner gut ausgerüsteten Leibwache nach Kolonos, einen Übergriff auf sein Territorium abzuwehren.

Fluchtartig zog sich Kreon mit den Seinen zurück, sein Vorhaben war gescheitert.

Bewegt dankte der Blinde dem Fürsten von Athen.

»Kreon hat mir von einem neuen Orakelspruch berichtet!«, sagte er. »Und dieser Spruch gibt mir Gelegenheit, mich für deine Großzügigkeit und deine Wohltaten zu bedanken. Wenn auch nicht als Lebender, aber doch im Tode kann ich Athen von Nutzen sein, denn die Seherin hat verkündet: Alle Bedrohung wird von jener Stadt abgewandt, die die Gebeine des Oidipus bewahrt, kein Feind kann sie erobern. Und so will ich hier im Hain der Eumeniden, wie ihr sie nennt, auf dem Gebiet von Athen, bestattet werden, als ein Schutzwall gegen die Feinde der Stadt.«

So geschah es schließlich.

Während sich die Söhne des Oidipus in hartnäckigen Kämpfen gegenseitig umbrachten, während fremde Mächte gegen Theben antraten und Kreon schließlich die Strafe der Götter traf, lebte Oidipus mit seiner Tochter Antigone still und in Demut vor dem Willen der Götter weiter in Kolonos.

Am Abend eines heißen Sommertages dann zogen blauschwarze Gewitterwolken über Athen und Kolonos auf. Der Himmel verdüsterte sich, Blitze zuckten endlos zwischen den Wolken hin und her, und ohne Unterlass rollte der Donner über das Himmelsgewölbe.

Oidipus lauschte in das Toben der Elemente. Er verstand die Botschaft.

»Sie rufen mich!«, sagte er ruhig zu seiner Tochter. »Die Götter haben beschlossen, dass mein Leidensweg zu Ende ist. Ich habe genug erduldet. Meine Erlösung ist da. Komm, Antigone, führe mich in den Hain der Erinnyen. Es ist an der Zeit.«

»Aber Vater, du weißt, es ist geweihter Boden!«, erwiderte die Tochter beklommen.

»Ich bin dort willkommen«, sagt der Blinde lächelnd. So schritt er denn hinaus in das Toben der Elemente und seine Tochter war dicht an seiner Seite. Scheu, auf Abstand, gaben ihm die Bürger von Kolonos das Geleit; sie hatten in der Zeit, in der Oidipus bei ihnen wohnte, den stillen Mann mehr als geduldet; zuerst hatten sie vor ihm, dem großen Frevler, Furcht gehabt, aber dann war er wie einer der Ihren geworden.

Jetzt ging er immer tiefer in den Hain hinein, unterm Grollen des Donners, und die Menschen blieben voller heiliger Scheu zurück, denn der blinde alte Mann, der bisher gebeugt dahergegangen war, schien zu wachsen und stand hoheitsvoll und aufrecht, und plötzlich machte er sich vom stützenden Arm seiner Tochter los und drehte sich zu ihnen um. Sein Gesicht leuchtete.

»Segen über die Stadt Athen!«, sprach er mit ausgebreiteten Armen. »Segen über seinen Herrscher und über seine Bewohner, die dem Schutzflehenden Asyl gewährten. Segen über dich, Antigone, meine Tochter, die du mir Hilfe und Beistand warst. Nun brauche ich dich nicht mehr. Meine Schritte leiten die Eumeniden, die wohlmeinend mein Verbrechen als gesühnt ansehen.«

Beim nächsten Donnerschlag öffnete sich die Erde. Eine tiefe Schlucht klaffte und niemand wagte, sich ihr zu nähern. Nun schien der Donner aus der Erde hervorzudringen!

Oidipus blieb stehen, wo eine Quelle war. Er beugte sich hinab, netzte Gesicht und die leeren Augen mit Wasser. Und aus der Erde – oder kam sie vom Himmel herab? – drang eine gewaltige Stimme: »Was säumst du, Oidipus!? Was zögerst du zu gehen?«

Die Menschen, die ihm gefolgt waren, warfen sich nieder auf ihr Angesicht, denn es war ihnen gewiss, dass sie die Stimme eines Gottes hörten, und Antigone rief noch einmal nach ihrem Vater. Aber der hörte sie nicht. Er schritt, als wäre er sehend, auf die Schlucht zu. Dunkelheit umhüllte die Erde.

Dann war alles vorbei. Urplötzlich war der Himmel klar. Tiefe Stille herrschte in der Luft, kein Blitz, kein Donner.

Oidipus war verschwunden. Und auch der Erdspalt hatte sich wieder geschlossen, als wäre er niemals da gewesen.

Theseus von Athen ließ zum Andenken an den Entsühnten ein Grabmal errichten.

Und Antigone kehrte nach Theben zurück.

Der Krieg um Troja

Der Apfel der Zwietracht

Schuld hatten wieder einmal die Götter, die es nicht lassen konnten, die Menschen in ihre Angelegenheiten hineinzuziehen.

Alles begann mit einer Hochzeit.

Die silberfüßige Thetis, Tochter des Meergottes Nereus, heiratete einen Sterblichen, den König Peleus von Thessalien.

Zur Feier der Vermählung wurden die Olympier als Ehrengäste geladen und brachten prachtvolle Geschenke mit. Eine Göttin allerdings hatte man nicht eingeladen, und mit gutem Grund. Das war Eris, die Göttin der Zwietracht – schließlich wollte man, dass sowohl das Fest als auch die Ehe harmonisch verlaufen sollten!

Eris war sehr gekränkt. Sie beschloss, sich zu rächen, und zwar auf eine Weise, die ihrer angemessen war: indem sie Zwietracht säte.

So erschien sie auf der Feier und warf unter die göttlichen Hochzeitsgäste einen goldenen Apfel mit der Aufschrift »Der Schönsten«.

Und schon brach der Streit aus. Hera, als Gattin des Zeus die mächtigste Frau des Olympos, beanspruchte den Apfel ebenso wie die kluge Pallas Athene und natürlich Aphrodite, die Göttin der Liebe.

Schließlich kam man überein, dass diesen Streit jemand schlichten sollte, der etwas von Frauenschönheit verstand – und was lag da näher, als einen anmutigen jungen Sterblichen auszuwählen.

Das Los fiel auf Paris, einer der Söhne des Königs Priamos von

Troja, einer machtvollen Seestadt an der Küste Kleinasiens. Seine Mutter Hekabe hatte vor seiner Geburt geträumt, das Kind sei eine Fackel, die Troja niederbrennen werde. Deshalb wurde Paris ausgesetzt und von Hirten aufgezogen.

Eines Tages saß er träumend auf dem Berg Ida, als etwas durch die Lüfte herbeigerauscht kam. Voller Verwunderung sah er, dass drei wunderschöne Frauen vor ihm Gestalt annahmen.

Der hübsche Paris war nicht schreckhaft, und was Frauen anging, hatte er bisher nur die besten Erfahrungen gemacht. So erhob er sich vor den dreien, die er natürlich sofort als Göttinnen erkannte – welche Sterbliche fliegt schon durch die Luft –, verneigte sich und fragte sie nach ihrem Wunsch.

Die Göttinnen erklärten, sie wollten ihn zum Schiedsrichter machen, wer von ihnen dreien die Schönste sei, und seinen Urteilsspruch anerkennen, ohne dass ihm daraus Schaden erwachsen würde. Ganz im Gegenteil: Hera versprach ihm Macht und Reichtum, Athene wollte ihm Weisheit verleihen. Der listigen Aphrodite aber war klar, dass der junge Mann mit solchen vagen Versprechungen nicht viel anfangen konnte. Sie machte es konkreter. »Wenn du mich zur Siegerin erklärst, verspreche ich dir die Liebe der schönsten Frau der Welt!«, sagte sie mit honigsüßer Stimme.

Diesem Angebot konnte Paris nicht widerstehen. Er erkannte Aphrodite den Apfel zu – übrigens hielt er sie wohl wirklich für die Schönste der drei Göttinnen.

Wütend entfernten sich die beiden anderen, aber sie konnten ja nichts gegen den jungen Mann unternehmen. Schließlich hatten sie versprochen, dass ihm aus seiner Antwort kein Schaden erwachsen sollte.

Paris war von nun an der erklärte Liebling Aphrodites und ihr Schützling. Sie machte sich sogleich ans Werk, ihr Versprechen einzulösen. Als Erstes veranlasste sie, dass Paris' Vater Priamos ihn auf eine Reise nach Griechenland schickte, um König Menelaos von Sparta einen Staatsbesuch abzustatten. Was Priamos nicht wusste, die Göttin aber sehr wohl, war, dass sich Menelaos zu diesem Zeitpunkt gar nicht in Sparta aufhielt und dessen Gattin Helena allein im Palast weilte. Und Helena galt als die schönste Frau auf Erden. Sie war eine Tochter des Zeus, und schon in ihrer Kindheit hatte sie durch ihre große Anmut so viel Aufmerksamkeit erregt, dass Theseus, der König von Athen, sie geraubt hatte.

Helena nahm den Königssohn aus Kleinasien gastlich auf. Und wer konnte wohl dem Liebeszauber, den Aphrodite über ihn ausschüttete, widerstehen? Es kam, wie es kommen musste. Sie verliebte sich in Paris und ließ sich von ihm nur allzu gern nach Troja entführen. Damit die junge Frau dort nicht mit leeren Händen erschien, nahm sie auf Anraten der Göttin auch gleich noch einen beträchtlichen Teil des Schatzes von Sparta mit.

Die Tat des Paris war eindeutig ein Missbrauch des Gastrechts, das allen Völkern des Mittelmeers heilig war. Die Unverschämtheit des fremden Prinzen wurde von allen Griechen als persönliche Beleidigung aufgefasst – dass Aphrodite die Hand im Spiel hatte, ahnte ja keiner.

Von Insel zu Insel brandete eine Welle der Empörung. Man war entschlossen, diese Schmach nicht auf Griechenland sitzen zu lassen und die Entführte mit Waffengewalt zurückzuholen. Agamemnon, der Bruder des gehörnten Ehegatten Menelaos, wurde zum Anführer des geplanten Unternehmens gewählt. Er sorgte dafür, dass jeder Fürst und jeder König ein entsprechendes Kontingent an Schiffen stellte. So sammelte sich im Hafen von Aulis eine gewaltige Flotte.

Zunächst wurde allerdings verhandelt. Es wurde ein Bote zu Priamos gesandt, mit der Aufforderung, die Frau und den Schatz herauszugeben. Natürlich weigerten sich die Troer und machten deutlich, Königin Helena sei Paris aus freien Stücken gefolgt und nicht entführt worden.

Das ließ in Griechenland niemand gelten. Nach einigen Verzögerungen machten sich die Griechen auf und segelten nach Kleinasien, um Troja zu belagern und zurückzuholen, was ihnen ihrer Meinung nach zustand.

Niemand ahnte damals, dass sich dieser Krieg zehn Jahre lang hinziehen würde.

Die Helden der Griechen

Allerdings waren nicht alle Griechen von Anfang an mit Begeisterung in dieses Unternehmen eingestiegen.

Odysseus zum Beispiel, der Fürst der Insel Ithaka, war ein außerordentlich kluger und verständiger Mann. Er sah nicht ein, warum er sein kleines Land ohne Herrscher zurücklassen und einer untreuen Ehefrau nachjagen sollte, die ihn ja eigentlich gar nichts anging – zumal er gerade Vater geworden war und sich gern seines kleinen Sohns erfreut hätte. Als daher die Boten der vereinigten Griechen bei ihm eintrafen, um ihn zur Teilnahme am Feldzug aufzufordern, griff er zu einer List. Er tat so, als hätte er den Verstand verloren, und begann wie ein einfacher Bauer, das Feld zu pflügen, und zwar mit einem Ochsen und einem Esel zugleich im Gespann, und anstelle von Samen streute er Salz in die Furchen. Die Boten durchschauten seine Absicht aber und legten ihm seinen Sohn vor den Pflug, und natürlich machte der Vater einen Bogen um den Säugling. Damit hatte er sich selbst entlarvt, und nun konnte er sich nicht länger weigern, an dem Feldzug teilzunehmen. Da er kein Freund von halben Sachen war, stellte er seine ganze Kraft und Klugheit in den Dienst des Griechenbündnisses und hoffte auf einen schnellen Sieg und eine schnelle Heimkehr.

Ein anderer Kämpfer, der eine entscheidende Rolle im Kampf um Troja einnehmen sollte, war Achilleus, der Sohn eben jenes Paares Thetis und Peleus, bei deren Hochzeit der Apfel der Zwietracht unter die Gäste geworfen worden war.

Thetis, die unsterbliche Göttin, wollte ihren Sohn ebenfalls unsterblich machen. Deswegen entfachte sie heimlich ein Götterfeuer, durch das ihr Söhnchen Unverletzbarkeit erhalten sollte, und hielt den Säugling kopfüber in die Flammen. Aber ihr sterblicher Gemahl Peleus überraschte sie dabei und schreiend vor Entsetzen entriss er ihr das Kind.

Thetis, die sich bei den Menschen nie recht wohlgefühlt hatte, verließ daraufhin ihren Gemahl, kehrte in die Meeresfluten zurück und überließ den kleinen Sohn ihrem Mann. Sie hatte ihr Werk nicht ganz vollenden können: An der Ferse, an der sie das Kind festgehalten hatte, blieb Achilleus verletzbar.

Obwohl sie nun in den Tiefen des Meeres lebte, behielt sie den Knaben und sein Schicksal weiter im Auge.

Als das Kind neun Jahre alt war, drang eine Prophezeiung zu der Göttin: Der berühmte Seher Kalchas sagte voraus, dass die griechischen Waffen, wo auch immer, nur mit Achilleus siegen konnten. Thetis, die ebenfalls in die Zukunft sehen konnte, sah den Krieg um Troja voraus, und sie erkannte, dass ihr Sohn dort den Tod finden würde. Das wollte sie um jeden Preis verhindern.

So entführte sie das Kind aus dem Palast ihres Mannes und brachte ihn auf die Insel Skyros, wo er als Mädchen verkleidet zusammen mit der Tochter des dortigen Königs aufwuchs. Dass die beiden sehr bald ein heimliches Liebespaar wurden, wusste niemand.

Der Seher Kalchas aber verriet den Griechen, wo sich Achilleus aufhielt – allerdings nicht, in welcher Verkleidung.

Und so legte bald ein Schiff auf Skyros an, um den für den Sieg vor Troja so wichtigen jungen Mann ausfindig zu machen. Unter den Fürsten, die man mit dieser Mission betraut hatte, war auch Odysseus. Er, der selbst versucht hatte, mit einer Täuschung diesem Krieg zu entkommen, durchschaute bald die Maskerade des Knaben. Er griff zu einer List: Er ließ eine Kriegstrompete blasen und gab vor, ein Feind sei im Anmarsch. Während alle Mädchen entsetzt flohen, holte sich Achilleus Schwert und Schild, um dem Gegner zu trotzen. Damit war auch er entlarvt und die Helden waren vollzählig. Herzzerreißend nahm der junge Mann Abschied von seiner Geliebten, der Königstochter von Skyros. Er sollte sie bald vergessen haben.

Nicht alle können hier genannt werden, aber außer Agamemnon und Menelaos, Odysseus und Achilleus und dessen Freund Patroklos taten sich auch Diomedes und der gewaltig große Ajax in den künftigen Kämpfen hervor.

Der Beginn des Krieges

Die Griechen segelten mit gewaltiger Streitmacht über das Meer, und nachdem sie gelandet waren, sahen sie, dass die strategische Lage für sie günstig war. Die prächtige vieltürmige Stadt lag, umgeben von schützenden Mauern, in einer Ebene. Flankiert wurde die Ebene von zwei Vorgebirgen, sodass man keine Angriffe von den Seiten zu befürchten hatte.

So schlugen sie vor den Toren Trojas ein Feldlager auf, das beinah selbst eine Stadt war. Man zog die Schiffe an Land und bockte sie auf steinernen Podesten auf, damit die Kiele belüftet wurden und nicht unter Nässe zu leiden hatten, man stellte die mitgebrachten Streitwagen in Reih und Glied auf, geordnet nach den einzelnen griechischen Stämmen, man baute Hütten und Zelte für die Krieger, Scheunen für die Vorräte und Ställe für das Vieh. Außerdem gab es einen freien Platz für Versammlungen und Wettspiele.

Die Troer sahen: Diese Ankömmlinge machten Ernst, sie richteten sich auf Dauer ein und hatten nicht vor, unverrichteter Dinge wieder abzuziehen.

Zwischen dem Lager der Griechen und der Stadt Troja gab es ein weites, von zwei Flüssen durchzogenes Stück Land, das bestens als Schlachtfeld geeignet war. Die Belagerten entschlossen sich, dem Angriff der Feinde zuvorzukommen.

König Priamos selbst war zwar aus dem Kampfesalter heraus, aber er hatte nicht nur den einen Sohn Paris, sondern eine stattliche Schar von kampffähigen jungen Prinzen. Zum Oberkommandierenden wurde der heldenhafte Hektor erkoren. Ihm stand Äneas um nichts nach, er war ein Schwiegersohn des Priamos und Sohn der Aphrodite.

Vor allem auf den Beistand dieser Göttin verließ sich das Volk von Troja, denn nicht nur, dass sie einen Sohn unter den Verteidigern hatte, vor allem war sie ihrem Liebling Paris verpflichtet, hatte sie doch durch die Sache mit Helena das Geschehen erst in Gang gesetzt.

So unternahmen die Troer gleich zu Beginn des Kampfes kurz hintereinander zwei Ausfälle.

Beim ersten Mal überraschten sie die sorglosen Griechen, die dergleichen nicht erwartet hatten, und es gelang ihnen, den Belagerern schwere Verluste zuzufügen. Aber beim zweiten Mal trat Achilleus in den Kampf ein. Der junge Halbgott verfügte nicht nur über ungewöhnliche Kräfte, sondern geriet, wie sich zeigte, auch sehr schnell in eine solch rasende Wut, dass sein Blutdurst keine Grenzen kannte. Er richtete so furchtbare Verwüstungen in den Reihen der Troer an, dass sie es auf lange Zeit vermieden, ihm wieder in offener Feldschlacht entgegenzutreten.

Aber immerhin konnten die Belagerer der befestigten Stadt Troja nicht so schnell beikommen, wie sie es sich wohl vorgestellt hatten. Ihre Brunnen waren tief und ihre Vorräte unerschöpflich. Es war klar, dass dieser Kampf nur mithilfe einer Kriegslist entschieden werden konnte. Und über Jahre hinweg suchte man nach einem rettenden Einfall.

Der Streit um Chryseis

Neun lange Jahre lagen sich Griechen und Troer also gegenüber, ohne dass es für eine Seite Fortschritte gab, geschweige denn, dass es zu einer Entscheidung kam. Aus dieser Zeit ist nichts an einzelnen Schicksalen bekannt. Die Griechen streiften durch die Umgebung, verheerten das Umland, steckten mit Troja verbündete Städte in Brand, machten Beute und schleppten Gefangene weg, raubten und plünderten, wo immer sie hinkamen.

Mit dem Raub des Mädchens Chryseis, der Tochter eines Apollonpriesters, begannen die dramatischen letzten Ereignisse um die Stadt – das zehnte Jahr des Krieges.

Agamemnon, als Heerführer der Griechen auch »König der Könige« genannt, forderte stets den Löwenanteil der Beute für sich und hatte sich das schöne Mädchen als Sklavin in sein Zelt geholt, um es zu seiner Geliebten zu machen.

Da erschien eines Tages der Vater dieser Chryseis bei den Griechen, den goldenen Stab, der ihn als Priester eines Gottes auswies, in der Hand. Er bat darum, seine Tochter gegen reiches Lösegeld freikaufen zu dürfen, und versprach den Griechen dafür den Segen Apollons. Aber der hochmütige Agamemnon ließ ihn mit Schimpf und Schande davonjagen.

Der erzürnte Priester wandte sich an Apollon und bat ihn, an seiner Stelle Rache zu nehmen. Der Gott erhörte ihn. Er ließ seinen Bogen sausen, grauenvoll schwirrte die Sehne immer wieder, und wen sein Geschoss traf, der erlag bald einer schrecklichen Seuche.

Mit Opfergaben und Gebeten versuchten die Gepeinigten, den Zorn des Himmels zu beschwichtigen, aber vergebens. Der Seher Kalchas, dessen Spruch stets unfehlbar war, erkannte den Grund für die Plage, nämlich das anmaßende Verhalten Agamemnons. Doch er wagte erst, ihn anzusprechen, nachdem ihm Achilleus seinen persönlichen Schutz zugesichert hatte, denn er fürchtete den Zorn des Königs.

Nun wussten alle, was es mit der Seuche auf sich hatte. Doch schroff weigerte sich Agamemnon zunächst, das Mädchen freizulassen. Aber schließlich, als er merkte, dass das ganze Heer gegen ihn war, erklärte er: »Gut, ich sende Chryseis zurück zu ihrem Vater. Aber ich fordere Ersatz für sie. Achilleus hat eine Sklavin, die mir gut gefällt und deren Namen der meinen sehr ähnelt. Sie heißt Briseis und ist womöglich noch schöner. Gib mir also dies Mädchen und ich beuge mich dem Spruch des Sehers.«

Achilleus war kurz davor, sein Schwert zu ziehen und auf den Heerführer loszugehen, aber Pallas Athene selbst, die Göttin der

Klugheit im Kampfe, trat unsichtbar hinter ihn und hielt seine Hand zurück.

»Nimm denn meine Sklavin, die ein Ehrengeschenk an mich war. Aber wenn Ihr meint, Achilleus nicht ehren zu müssen, so werdet Ihr schon sehen, was Ihr davon habt«, sagte er mit unterdrücktem Zorn. »Was für einen Grund habe ich eigentlich, mich hier vor Troja zu schlagen? Schließlich gehöre ich nicht zur Familie von Agamemnon und Menelaos, und mir kann es gleichgültig sein, ob Helena entführt wurde oder nicht. Eigentlich sollte ich abreisen. Noch tue ich das nicht, noch bleibe ich. Aber denkt nicht, dass ich auch nur einen einzigen weiteren Schwertstreich führen werde für Euch.«

Nach diesen Worten wandte er sich auf dem Absatz um und ging zu seinen Zelten.

Die Einmischung der Götter

Inzwischen gab es wohl kaum noch einen Olympier, der nicht im Kampf um Troja für die eine oder andere Seite Partei ergriffen hatte.

Aphrodite war aus bekannten Gründen den Troern mehr als gewogen, und Apollon hatte sich wegen der Missachtung seines Priesters, des Vaters von Chryseis, ebenfalls auf deren Seite geschlagen.

Hera, die Hüterin der Ehe, musste natürlich dem Griechen Menelaos beistehen, außerdem hatte sie nicht vergessen, dass sie seinerzeit bei Paris abgeblitzt war. Ähnlich erging es Pallas Athene; ihr besonderer Günstling war Odysseus, der Listenreiche genannt, jener Mann, der statt mit roher Gewalt mit kluger Taktik und planvoll in den Streit zog. Ares, der Gott der blutigen, männermordenden Schlacht, war eher aufseiten Trojas. Schließlich galt seine Vorliebe der schönen Aphrodite, und da er selbst nicht allzu viel dachte, folgte er einfach dem, was sie vorschlug.

Zeus selbst versuchte, nicht Partei zu ergreifen, aber immer wieder schmeichelte ihm die eine oder die andere Göttin eine Entscheidung zugunsten dieser oder jener Seite ab.

Alles in allem war es für die Kämpfenden eher von Übel, was die Olympier taten, denn sie halfen einem Helden oder ließen ihn fallen, ganz nach Lust und Laune. Und da es für sie trotz allem ja nur ein Spiel war, konnte es auch geschehen, dass sie sich einfach zurückzogen und sich die von ihnen hervorgerufenen Situationen in aller Ruhe anschauten, als sähen sie einer Theateraufführung zu. Dann halfen auch Opfergaben und Gebete der Menschen nicht. Sie ließen sich nicht dazu bewegen einzugreifen.

Achilleus hatte sich nach der ihm zugefügten Kränkung ans Meeresufer begeben, um seiner Mutter Thetis sein Leid zu klagen, und die Göttin versprach, ihrem geliebten Sohn zu helfen.

Sie begab sich also zum Olymp und näherte sich Zeus, setzte sich neben ihn und begann, ihn zu umschmeicheln, streichelte mit der rechten Hand sein Knie, berührte mit der Linken sein Kinn, um ihm den Bart zu kraulen, und bat unter Tränen: »Sorge dafür, dass meinem schwer gekränkten Sohn Genugtuung verschafft wird! Lass nicht zu, dass Agamemnon ihn so behandelt! Sorge dafür, dass die Troer so lange siegen, bis sich die Griechen darauf besinnen, dass nur Achilleus ihnen helfen kann. Dann muss Agamemnon ihm Abbitte leisten, und mein Sohn steht wieder in Ehren da.« Im Stillen hoffte sie, dass sich ihr Sohn nicht erweichen lassen würde, schließlich kannte sie das Orakel und fürchtete um sein Leben.

Der oberste Gott war weiblichen Schmeicheleien gegenüber sehr empfänglich. Er gab dem Drängen der Thetis nach und versprach ihr, die Troer gegen die Griechen in den Kampf zu schicken. Zu diesem Zweck schickte er Agamemnon einen Traum, der ihn sicher machte, dass nun die Stunde gekommen war, den Feind zu schlagen.

Am nächsten Tag berief dieser die Volksversammlung ein, um einen Generalangriff vorzubereiten. Er beging aber einen verhängnisvollen Fehler: Um die Kampfbereitschaft der Männer auf die Probe zu stellen, erklärte er, man würde einsehen, dass man Troja nie und nimmer erobern könne. Die Kräfte der Griechen seien erschöpft. Deshalb wolle man zur Heimreise rüsten.

Seine Mitteilung löste zu seinem Entsetzen wilden Jubel aus. Kein einziger der Krieger schien bereit zu sein, auch nur einen Tag länger die Stadt zu belagern. Mit einem Getöse, als brause das Meer, eilten die Männer zu den Schiffen, und wahrscheinlich hätte der verblüffte Agamemnon überhaupt nichts mehr dagegen unternehmen können, wenn man Segel gesetzt und Richtung Griechenland davongefahren wäre.

Aber da griffen die Götter ein.

Hera war außer sich. Sollte etwa die Entweihung der Ehe durch Paris nicht gesühnt werden? Schnell rief sie Pallas Athene zu Hilfe, und die war sofort bei ihrem Günstling Odysseus, der noch in seinem Zelt saß und von der Entwicklung überhaupt nichts mitbekommen hatte. Athene erklärte ihm die Lage, und dem wortgewaltigen Mann aus Ithaka, im Geheimen unterstützt von der Göttin, die ihm die überzeugenden Argumente eingab, gelang es, das Blatt zu wenden. Er erinnerte die Griechen nämlich daran, dass eine Prophezeiung für dieses Jahr den endgültigen Sieg vorhergesagt hatte! Daran hatte niemand mehr gedacht.

Die Stimmung kippte, die Krieger stellten sich bereitwillig zum Kampf auf, um die Troer herauszufordern.

Zeus sah, dass sein Plan aufging. Er wusste ja, dass die griechischen Krieger ohne Achilleus nicht gegen die Verteidiger der Stadt ankamen. Wie viel menschliches Blut dabei vergossen wurde, war ihm gleichgültig.

Der verhinderte Zweikampf

In Troja hatte man natürlich die Vorbereitungen der Griechen beobachtet und machte sich ebenfalls zum Kampf bereit. Das Tor ging auf und man stand sich zu Einzelkämpfen bereit gegenüber.

Paris wollte im Streit nicht zurückstehen und näherte sich, zwei Lanzen zugleich schwingend, prahlerisch dem Menelaos, dem er einst Helena gestohlen hatte. Als aber der erzürnte Grieche sofort wie ein Löwe auf ihn zustürmte, zog Paris sich erschrocken hinter die eigenen Reihen zurück. Sein Bruder Hektor, der die Kampfhandlungen befehligte, bemerkte das.

»Bist du zu nichts anderem gut, als Frauen zu verführen?«, schrie er erzürnt. »Du bist die Ursache all dieses Unglücks, und wenn es ums Kämpfen geht, entpuppst du dich als Weichling und machst uns zum Gespött unserer Feinde!«

Diese Worte nahm sich Paris zu Herzen. »Schilt mich nicht dafür, dass die goldlockige Aphrodite mir geneigt ist!«, erwiderte er. »Dein Vorwurf trifft mich hart. Ja, ich verstehe, mannhaft zu kämpfen. Darum schlage ich vor, dass alle Waffen ruhen und ich mich allein dem Menelaos zum Duell stelle. Der Sieger soll dann Frau und Beute erhalten und damit ist der Zwist endlich beendet.«

Dieser Vorschlag gefiel Hektor gut und er ließ ihn durch einen Herold den Griechen übermitteln.

Agamemnon, der Oberbefehlshaber, war misstrauisch. »Auf so etwas lasse ich mich nur ein, wenn König Priamos selbst die Vereinbarung mit heiligem Eid bekräftigt!«, sagte er.

Der alte König war einverstanden. Auch er hätte nichts lieber gesehen, als dass das Blutvergießen aufhören würde.

So trafen sich Agamemnon und Priamos in der Ebene vor der Stadt. Sie bestätigten die Abmachung mit heiligen Eiden und opferten den Göttern Wein und drei Lämmer.

Dann trafen sich die Rivalen zum Zweikampf und wieder einmal mischten sich die Götter zugunsten ihrer Lieblinge ein. Apollon und Aphrodite standen auf der Seite des Troers, Pallas Athene beschützte den Griechen.

So geschah es, dass Paris, durchs Los bestimmt, als Erster seine Lanze warf, aber er verfehlte seinen Gegner. Als jedoch nun Menelaos seinen Wurfspieß schleuderte, fürchtete Aphrodite, dass dieser ihren Schützling bestimmt tödlich treffen würde. Das konnte sie auf keinen Fall zulassen. Schnell hüllte sie Paris in undurchdringlichen Nebel und entführte ihn vom Kampfplatz.

Und während der Grieche noch verwirrt nach seinem Gegner suchte und ihn aufforderte, den Streit zu Ende zu führen, tat Apollon ein Übriges. Er lenkte einen Pfeil auf den Griechen, und hätte Pallas Athene nicht die Kraft des Geschosses gemildert, wäre es wohl um König Menelaos geschehen gewesen. So lag er, zwar nur von einem Streifschuss verletzt – aber immerhin blutend –, auf der Erde, und die griechischen Krieger waren außer sich über den feigen Eidbruch der Troer. Mit vermehrter Wut stürzte man sich nun in die Massenschlacht.

Wieder einmal hatten die Götter einen möglichen Frieden vereitelt.

Die Weigerung des Achilleus

Zeus war erzürnt darüber, dass es die Olympier einfach nicht lassen konnten, sich in den Krieg um Troja einzumischen. Er fürchtete, sein Versprechen gegenüber Thetis nicht halten zu können, wenn Hera und Athene ständig gegen die Troer Partei ergriffen und es für die Griechen keinen Grund gab, Achilleus in den Kampf zurückzuholen. Deshalb berief er eine Versammlung ein und verbot den Göttern kurzerhand, sich für ihre Günstlinge in das Kampfgeschehen einzumischen.

Er selbst jedoch spannte seine goldmähnigen Pferde vor den Himmelswagen, schmückte sich mit Rüstung und Helm, stieg auf und schwang die Peitsche. Willig sausten die Pferde zwischen Himmel und Erde dahin und trugen den Göttervater auf den höchsten Berg des Idagebirges, von wo aus er Troja und die Schiffe der Griechen gut überblicken konnte. In der Hand hielt er seine goldene Waage, die über die Geschicke der Menschen Auskunft gab. Die eine Waagschale enthielt das Schicksal der Troer, die andere das der Griechen. Die Schale der Griechen sank, die der Troer aber stieg bis zum Himmel empor. Das freute Zeus. Er wusste: Unaufhaltsam würde der gewaltige Hektor die Reihen der Griechen lichten, bis Achilleus wieder in den Kampf zurückkehrte.

Und so geschah es. Der Kampf wogte hin und her, und bald gelang es den Troern unter der Führung ihres Feldherrn Hektor, das gut befestigte Feldlager der Feinde zu stürmen und die Zelte und Bauwerke in Brand zu stecken. Die Griechen zogen sich zu ihren Schiffen zurück und kämpften mit dem Mut der Verzweiflung. Allen war klar, dass ihr Widerstand bald zusammenbrechen würde, falls nicht endlich Achilleus wieder zu den Kriegern stoßen würde.

Agamemnon bereute seinen Hochmut bitter. Er sah, dass die Griechen ohne Achilleus dem Untergang geweiht waren, und war bereit, dem gekränkten Helden Abbitte zu leisten und ihn mit reichen Schätzen für die erlittene Unbill zu entschädigen; sogar die schöne Briseis wollte er ihm zurückgeben. Mit diesen Vorschlägen schickte er Odysseus und einige andere der Heerführer zu den Schiffen und Zelten des Achilleus, die etwas abseits von den anderen und vom Kampfgeschehen lagen.

Natürlich hatte der junge Krieger verfolgt, was sich im Lager der Griechen abspielte, und mit grimmiger Freude sagte er sich: Die Stunde, in der Agamemnon mich um Hilfe bittet, kann nicht mehr fern sein. Aber ich bin nicht bereit, so schnell nachzugeben.

Als daher die Abgesandten der Griechen zu ihm kamen, empfing er sie mit ausgesuchter Höflichkeit. Er saß mit seinem Lieblingsfreund Patroklos gerade am Meeresgestade und musizierte auf einer Leier – ein Bild des Friedens und der Harmonie! Als die Gäste sich näherten, erhob er sich, hieß sie willkommen und bat Patroklos, das Mahl für sie gemeinsam zu richten.

Nachdem sie zusammen gegessen und getrunken hatten, brachte Odysseus das Anliegen Agamemnons vor.

Aber Achilleus lächelte nur verächtlich. »Agamemnon ist mir verhasst wie die Tore der Unterwelt!«, sagte er. »Erst hat er mich betrogen, nun kommt er angekrochen und bettelt um meine Mithilfe. Neun Jahre lang habe ich ihm die nicht verweigert, aber nun ist es vorbei. Nein, ich habe keine Lust, seinetwegen mit Hektor zu kämpfen. Ich gebe euch einen guten Rat: Segelt nach Haus, so wie ich es auch bald tun werde! Zeus selbst hält seine schützende Hand über Troja, die Griechen können unmöglich gewinnen. Geht, und überbringt dem König der Könige, wie er sich ja gern nennt, meine Antwort.«

Mit Bestürzung zogen die Gesandten ab, hatten sie doch gehofft, dass Achilleus von der Not seiner Landsleute ergriffen und sein Groll gegen Agamemnon verflogen sein würde.

Der Tod des Patroklos

An den daraufffolgenden Tagen berannten die Troer unablässig weiter die Schiffe der Griechen, die sich mit letzter Kraft verteidigten. Hektor wütete unter ihnen wie ein Wolf unter den Schafen und verbreitete Angst und Schrecken.

Patroklos konnte nicht mehr mit ansehen, was geschah. Er ging zu seinem Freund Achilleus und sagte unter Tränen: »Hast du denn ein Herz aus Stein, dass du tatenlos zusehen kannst, wie deine Landsleute abgeschlachtet werden? Wenn du selbst schon nicht bereit bist zu kämpfen, so gestatte wenigstens, dass ich deine Rüstung anlege und statt deiner in die Schlacht ziehe. Vielleicht gelingt ja die Täuschung und man hält mich für dich.«

In diesem Augenblick ging das erste griechische Schiff in Flammen auf.

Achilleus war zwar immer noch nicht willens, selbst einzugreifen, aber er sah, dass etwas geschehen musste. Man konnte die Männer nicht dem Verderben überlassen. So stimmte er Patroklos' Vorschlag zu. Eigenhändig schirrte er seine sturmschnellen Pferde vor den Kampfwagen und rief selbst seine Krieger zu den Waffen. Patroklos sollte sie führen. »Schild an Schild gedrängt, Helm an Helm, Kämpfer an Kämpfer – so werdet ihr siegen!«, rief er ihnen anfeuernd zu.

Und so stürmten sie los.

Die Attacke verfehlte ihre Wirkung nicht. Die Troer konnten nichts anderes annehmen, als dass der gefürchtete Held selbst wieder in den Kampf eingriff. Allein der Name des Achilleus verbreitete Angst und Schrecken. Mühelos gelang es Patroklos und den Kriegern, das halb verbrannte Schiff zurückzuerobern und das Feuer zu löschen.

Die Griechen schöpften daraufhin neuen Mut. Mit wildem Kriegsgeschrei trieben sie die Troer zurück; selbst Hektor floh. Patroklos im Siegestaumel stürmte den Troern nach und begann, mit Achilleus' Männern die Befestigungen zu berennen.

Vielleicht hätte er sogar die Stadt eingenommen, aber entgegen Zeus' Verbot stürzte sich Apollon ins Kampfgeschehen.

Dreimal setzte Patroklos schon den Fuß auf die Mauer, und dreimal schlug der Gott ihn zurück, indem er seine unsterbliche Hand auf dessen Schild legte; mehr war nicht vonnöten. Beim vierten Mal rief Apollon drohend: »Weiche, tapferer Patroklos! Dir ist nicht von den Himmlischen bestimmt, die mutigen Troer zu besiegen!«

Da zog sich der Grieche zurück, beeindruckt von der göttlichen Stimme.

Aber Apollon, da er nun schon einmal eingegriffen hatte, ging noch weiter. Er hetzte Hektor auf, sich dem Kämpfer, der zwar Achilleus' Rüstung trug, aber nicht Achilleus war, entgegenzustellen.

Und damit war Patroklos' Schicksal besiegelt. Er trat nun nicht nur gegen den stärksten Krieger der Troer an, sondern hatte außerdem noch einen Gott zum Gegner. Er konnte nicht gewinnen, so tapfer er auch stritt.

Apollon, in eine Nebelwolke gehüllt, schlug ihm von hinten ins Genick und riss ihm den Helm vom Kopf. Schwindel erfasste Patroklos, Schild und Schwert entfielen seinen Händen, und so, ausgeliefert, schutzlos und ohne Waffen, traf ihn der Todeshieb Hektors.

Wie es Kriegsbrauch war, zog Hektor seinem erschlagenen Feind die Rüstung aus. Er wollte den Toten an den Füßen fortschleifen, um ihm den Kopf abzuschlagen und die Leiche den Hunden vorzuwerfen. Als die Griechen das sahen, stürzten sie sich erbittert in den Kampf, denn natürlich wollten sie die Schändung von Patroklos' Leiche verhindern. Menelaos aber bat den jungen Antilochos, einen Freund des Achilleus, hinzugehen und diesem die furchtbare Kunde vom Tod seines innigsten Freundes zu überbringen.

Achilleus trauert um den Freund

Mit Zittern und Zagen näherte sich Antilochos den Zelten des Achilleus – wusste er doch, welch tiefe Zuneigung ihn mit Patroklos verbunden hatte.

»Weh mir!«, rief er. »Halte dein Herz fest, Sohn des Peleus und der Thetis, bei der Kunde, die ich dir bringe! Tot liegt Patroklos, von Hektor erschlagen, der raubte der Leiche die Rüstung, und sie kämpfen um seinen nackten Leib.«

Da senkte sich auf Achilleus die Trauer wie eine schwarze Wolke.

Mit beiden Händen griff er in den Staub und streute sich Erde über Haupt und Antlitz, warf sich zu Boden und zerraufte sein Haar. Sein Jammern und Klagen war so schauerlich und laut, dass ihn Thetis, die Mutter, in der silbrigen Grotte am Meeresgrund hörte und aufstieg, den geliebten Sohn zu trösten.

Die Wogen teilten sich, als die erhabene Göttin vor Troja an Land ging. Sie eilte zu ihrem Sohn, umfing sein Haupt mit den Händen und fragte: »Mein Kind, was quält dich, warum bist du so traurig? Zeus hat dir doch gewährt, was du wünschtest: Die

Griechen wurden zurückgeschlagen bis an ihre Schiffe, und nun wissen sie, wie sehr sie dich und deine Hilfe brauchen!«

»Ach, Mutter!«, erwiderte der Held unter Schluchzen und Seufzen. »Gewiss hat der große Olympier das getan – aber was für einen Preis musste ich dafür bezahlen! Patroklos, der Freund, der mir lieber war als mein Leben, wurde erschlagen. Ich finde nicht eher Ruhe, bis ich seinen Tod gerächt habe und sein Mörder Hektor von meiner Hand gefallen ist!«

Da erschrak Thetis, denn nun wurde ihr klar, dass Achilleus sich nicht länger aus dem Streit heraushalten würde. Und sie wusste dank ihrer Gabe der Voraussicht, dass Achilleus bald nach Hektors Tod selbst sterben würde. Doch sie sah ein, dass sie ihn nicht vom Kampf abhalten konnte und dass das Verhängnis seinen Lauf nehmen würde. Bitter bereute sie, dass es ihr nach seiner Geburt nicht gelungen war, ihn am ganzen Leib unverwundbar zu machen, dass die Ferse seine schwache Stelle war. Sie wollte ihrem Sohn wenigstens zu neuer Rüstung und Waffen verhelfen – Hektor hatte ja Patroklos die geliehene Rüstung ausgezogen und geraubt. Sie beschwor ihren Sohn, nicht leichtfertig ungerüstet in den Kampf zu ziehen, und schwebte in Eile empor zum Olymp, um den Schmiedegott Hephaistos um neue Waffen zu bitten.

Hera aber, der es nicht schnell genug ging, schickte ihre Freundin, die Botin Iris, zu dem Helden Achilleus und befahl ihm, in den Streit um Patroklos' Leib sofort einzugreifen.

Achilleus wollte zwar der Mutter gehorchen, gab aber Iris trotzdem so weit nach, dass er sich der Mauer näherte, die sein Lager von den Schiffen trennte. Und Pallas Athene gewährte ihm zusätzlichen Schutz und umhüllte sein Haupt mit wundersamem Glanz.

Dreimal erschien Achilleus oben auf der Mauer und schrie

mit furchtbarer Stimme, und sein Gebrüll sowie sein Anblick versetzten die Troer so in Schrecken, dass es den Griechen endlich gelang, die Leiche des Patroklos zu bergen.

Die Gefährten bahrten den Körper des Toten auf, sie wuschen und salbten ihn, und Achilleus vergoss bittere Tränen über der Leiche. Mit ihm klagten die anderen Führer des Heeres die ganze Nacht, und die Frauen und Jungfrauen, die erbeuteten troischen Sklavinnen, erhielten Befehl, sich die Wangen mit den Nägeln zu zerkratzen, die Säume ihrer Gewänder zu zerreißen und ebenfalls zu heulen und zu klagen. Und Achilleus schwor, nicht eher den Scheiterhaufen für den Freund zu errichten, bis er nicht Hektor getötet habe.

Dann brachte Thetis die Waffen und die Rüstung, die Hephaistos auf ihre Bitte hin gefertigt hatte, und nun war Achilleus bereit zum Kampf. Zunächst aber versöhnte er sich mit Agamemnon und ließ die von ihm angebotenen Sühnegaben zu seinen Zelten bringen: Pferde und Sklavinnen, Gold und schöne Gefäße und natürlich auch die schöne Briseis.

Dann stürzte sich Achilleus gnadenlos in die Schlacht.

Die Schändung Hektors

Zeus sah ein, dass es sinnlos war, den Göttern zu befehlen, sich aus dem Kampf herauszuhalten. Längst setzten sich alle Götter wieder über sein Nichteinmischungsgebot hinweg. Also rief er eine Versammlung der Olympier ein und verkündete, er wolle keinem mehr Zwang auferlegen. Jeder könne sich aufs Schlachtfeld begeben und seiner Partei beistehen. Nur er selbst würde sich zurücknehmen und sich vom hohen Olympos aus am Anblick des Kampfes ergötzen.

Im Nu begaben sich Götter und Göttinnen auf die Erde, wild entschlossen, ihrer Seite beizustehen. Hera, Pallas Athene, Poseidon, Hermes und Hephaistos entschieden sich für die Griechen, Ares, Apollon, Aphrodite und Artemis standen den Troern bei, und jeder von ihnen hatte einen anderen Grund.

Auf der Ebene vor Troja wogte bereits das Kampfgeschehen hin und her, und weil Achilleus nun wieder seine Waffen schwang, waren die Griechen klar im Vorteil. Der große Kämpfer jagte die Feinde gleich einem Sturmwind vor sich her und trieb sie zum Fluss Skamandros. Sie stürzten sich in Panik Hals über Kopf in die Fluten, wie Heuschreckenschwärme, die vor dem Feuer ins Wasser fliehen. Der Fluss färbte sich rot vom Blut der Verwundeten und Erschlagenen. Die Flüchtigen erreichten schließlich die Stadt und Priamos befahl, ihnen die Tore zu öffnen. Hektor deckte den Rückzug, dann blieb er außerhalb der Mauern stehen. Er wollte sich Achilleus zum Kampf stellen.

Von der Mauer herab flehten ihn sein Vater Priamos und seine Mutter Hekabe an, von solcher Tollkühnheit abzusehen und weiterhin die Verteidigung der Stadt von drinnen zu leiten. Hektor schlug ihre Warnungen in den Wind. Er glaubte sich zu diesem Zeitpunkt Achilleus gewachsen. Schließlich passte ihm ja sogar seine Rüstung!

Doch bald wurde er eines Besseren belehrt.

Denn schon näherte sich Achilleus, furchtbar und herrlich zugleich, als wäre er der Kriegsgott Ares selbst. Seine von Hephaistos geschmiedeten Erzwaffen schimmerten um ihn wie eine Feuersbrunst, und die Spitze seiner Lanze funkelte so, dass es blendete. Hektor, so tapfer er war, begann zu zittern, als er den Gewaltigen sah. Ihm blieb nur ein Gedanke: Flucht! Er wandte sich um und rannte auf das Tor zu, aber Achilleus schnitt ihm den Weg ab, und so rannte Hektor, wie von Furien getrieben, an der Mauer seiner Stadt entlang, gefolgt von seinem Feind.

Dreimal umrundeten sie die Mauern der Stadt, Verfolgter und Verfolger, als wären sie Hirsch und Jagdhund.

Vom Olympos herab sah sich Zeus zunächst mit Interesse dieses Schauspiel an. Doch dann langweilte ihn die Sache und er beschloss, ihr ein Ende zu machen. Er holte seine goldene Waage hervor und legte zwei Todeslose auf die Waagschalen, eins für Hektor, eins für Achilleus. Da sank Hektors Waagschale tief dem Totenreich zu.

Die Götter wussten, das Spiel war entschieden. Bedauernd wandte sich Apollon von Hektor ab. Pallas Athene jedoch flog zu Achilleus und flüsterte ihm triumphierend zu: »Der Sieg gehört dir, Sohn der Thetis! Lass ab von der Verfolgung und bleibe stehen, damit ich dir deinen Feind vor die Klinge schicke!«

Darauf wechselte sie die Gestalt und trat zu Hektor, in Aussehen und Art ganz einem seiner Brüder gleichend, und sprach ihm Mut zu, verhieß ihm Beistand im Kampf und ging mit erhobener Lanze voran, auf Achilleus zu, der sich, auf seinen Speer gelehnt, ausruhte.

Hektor rief: »Ich weiche dir nicht länger aus, Achilleus, sondern werde kämpfen, gleich, ob ich siege oder falle. Aber lass uns zuvor einen heiligen Eid schwören, dass der Sieger die Leiche des Besiegten ehrenvoll den Seinen zur Bestattung ausliefert!«

Achilleus entgegnete finster: »Keinerlei Vereinbarung ist gültig zwischen einem Troer und uns! Wir Griechen haben gemerkt, was für ein eidbrüchiges Volk ihr seid. Zwischen Löwen und Menschen können keine Verträge bestehen und zwischen Wölfen und Lämmern auch nicht. Also rede nicht von Eiden oder Versprechungen! Kämpfe einfach! Jetzt wirst du büßen für all meine Gefährten, die du erschlagen hast.«

Daraufhin schleuderte er seine Lanze und das Geschoss flog weit über Hektor hinweg, weil der in die Knie gegangen war. Hektor selbst verfehlte sein Ziel nicht, aber sein Speer prallte an dem göttergeschmiedeten Schild des anderen ab.

Pallas Athene indes hatte die Lanze des Achilleus aufgefangen und sie ihm unbemerkt von Hektor wieder in die Hand gegeben. So war der Grieche wieder voll bewaffnet. Als sich Hektor nun nach seinem »Bruder« umsah, um einen zweiten Speer von ihm zu bekommen, war niemand mehr neben ihm. Er war allein. Da begriff er, dass er getäuscht worden war und die Götter ihn verlassen hatten.

Wenigstens wollte er nun sein Leben so teuer wie möglich verkaufen. Er zog sein Schwert und wollte auf Achilleus losstürmen, doch der wog den Speer in der Hand, und da er seine eigene vortreffliche Rüstung, die er kannte wie kein Zweiter, am Leib des Feindes sah, suchte er nach einer ungeschützten Stelle, zielte und traf Hektor in die Kehle, sodass der Speer zum Genick wieder herauskam.

Tödlich verwundet brach der Troer zusammen.

Sterbend bat er den Sieger noch einmal, seinen Leib seinem Volk auszuliefern, damit man ihn in Ehren bestattete, aber Achilleus hörte nicht auf sein Flehen. Er zog dem Gemordeten die Rüstung aus und tat der Leiche in seinem Grimm furchtbare Schmach an: Er durchbohrte die Füße Hektors an den Knöcheln, zog einen Riemen hindurch und band den Toten an seinen Streitwagen. Dann schwang er sich hinein und trieb seine Pferde mit der Peitsche an, hin zu den Schiffen der Griechen. Hektors Kopf durchfurchte den Staub, und Zeus erspähte es von oben und duldete, dass die Griechen den Verteidiger seiner troischen Heimat im eigenen Lande derart schändeten.

Vater und Mutter sahen von der Mauer aus, wie das Haupt

ihres teuren Sohns über den Boden geschleift wurde, und sie stöhnten und jammerten, schlugen sich die Brust mit den Fäusten und baten die Unsterblichen um Beistand.

Hektors Gemahlin Andromache hatte von dem ganzen Unglück noch nichts vernommen. Sie hatte den Mägden gerade befohlen, ein Bad für ihren Gatten herzurichten, wenn er bestaubt und müde vom Schlachtfeld heimkehren würde, da hörte sie das Getöse von der Mauer, das Geheul und Geweine der Weiber und das Wutgebrüll der Männer.

Eine finstere Ahnung beschlich sie. Sie raffte Mantel und Schleier um sich, und ohne ein Wort zu sagen, eilte sie, gefolgt von ihren Mägden, mit klopfendem Herzen durch die Gänge des Palastes, erstieg atemlos die Mauer – und sah, was geschah.

Sah, wie die Pferde ihren toten Gemahl, an den Knöcheln gefesselt, mit dem Gesicht nach unten durch den Staub schleiften, hörte den Triumphschrei des siegreichen Achilleus.

Sie sank in Ohnmacht, und im Stürzen flog ihr der kostbare Haarschmuck, das juwelengeschmückte Band und das Diadem, das sie trug, weit weg vom Kopf. Mit aufgelöstem Haar lag sie da, Nacht umfing sie.

Achilleus inzwischen ließ voller Genugtuung den Holzstoß errichten für die Leichenfeier seines nun gerächten Freundes Patroklos. Das Leid der Hinterbliebenen tauchte in seinen Gedanken nicht auf.

Achilleus und Priamos

Um seinen toten Freund Patroklos zu ehren, ließ Achilleus Krüge mit Honig und Öl an seiner Bahre aufstellen, vier edle Pferde töten und zwölf gefangene edle junge Troer opfern, die mit dem

Verstorbenen den Weg in die Unterwelt antreten sollten. Dann prasselten die Flammen des Scheiterhaufens hoch auf.

Die ganze Nacht saß Achilleus weinend und jammernd neben den Flammen und goss immer wieder Wein als Opfergabe für die Götter auf den Boden.

Als es Morgen wurde, war der Holzstoß niedergebrannt. Die Griechen löschten die letzten Funken mit Wein, dann nahmen sie die Gebeine des Patroklos, die nicht verbrannt waren, füllten sie in eine goldene Urne und setzten sie in einem Hügel bei.

Danach ordnete Achilleus Wettspiele zum Gedenken des Patroklos an: Wagenrennen, Faustkämpfe, Ringkampf und Wettlauf, Diskuswerfen und Scheibenschießen, und vergab kostbare Ehrenpreise.

Doch verletzt und zornig, wie er war, kam er immer noch nicht zur Ruhe. Nachts fand er keinen Schlaf, und am nächsten Tag spannte er in aller Frühe die Pferde vor seinen Streitwagen, band erneut Hektors Leichnam hinten an und schleifte ihn dreimal in großem Bogen um das Grab seines Freundes. Dann ließ er ihn liegen.

Die Götter, die auf der Seite der Troer waren, gaben acht, dass dem toten Hektor nicht noch mehr Unwürdiges zustieß. Apollon bedeckte ihn mit einer Wolke zum Schutz gegen die Verwesung bringenden Strahlen der Sonne, Aphrodite hielt die Hunde von ihm fern und salbte ihn mit ambrosischem Öl, sodass seine Haut nicht mehr zerschunden wirkte, und Hermes, der schnellfüßige Gott der Diebe, wäre sogar bereit gewesen, die Leiche zu entführen und nach Troja zu bringen, aber Hera erfuhr davon und erhob zornig Einspruch. Aber schließlich hatte Zeus selbst Mitleid mit dem Jammern und Klagen der Eltern und der Gattin, und er bat Thetis, ihren Sohn umzustimmen, dass er milderen Sinnes würde.

Dann schickte er ein Traumgesicht zu Priamos, dem König von Troja: Er solle sich ins Lager der Griechen begeben, zu Achilleus vordringen und ihn um den toten Körper seines Sohns bitten.

Der alte König war dazu bereit. Seine Gattin beschwor ihn, sich nicht in derartige Gefahr zu begeben, aber dem trauernden Vater war jede Gefahr gleichgültig, und was ihm bei den Feinden auch zustoßen mochte, er scheute kein Wagnis. Er suchte kostbare Kleinodien aus seiner Schatzkammer aus, die er Achilleus verehren wollte, um ihn milde zu stimmen, ließ anspannen und fuhr zu den griechischen Schiffen.

Gott Hermes bewirkte, dass er unerkannt und unbehelligt ins Zelt des Achilleus gelangte.

Dort schritt er sogleich auf den Sohn der Thetis zu, sank zu Boden, umfasste seine Knie und küsste die mörderische Hand des Feindes.

»Habe Erbarmen«, sprach er unter Tränen, »fürchte die Götter und ehre den Schmerz eines Vaters. Der unglücklichste aller Sterblichen bin ich, denn ich habe getan, wozu sich noch kein Mensch überwunden hat: Ich habe die Hand an meinen Mund geführt, die mein Kind erschlagen hat.«

Da konnte auch Achilleus seine Tränen nicht zurückhalten. Er hob den Greis vom Boden auf und sagte: »Dich muss ein Gott hierhergeführt haben, denn kein Sterblicher wäre an den Wachen vorbeigekommen. Trauere nicht mehr, Unglücklicher, ich kann dein Leid fühlen und werde dir den toten Sohn zurückgeben.«

Er lud den alten Mann zum Sitzen in seinem Zelt ein, aber als der sich weigerte, stieg schon wieder der Zorn in ihm auf, und er sagte: »Alter, reize mich nicht! Hier wird alles so geschehen, wie ich es bestimme, und wenn ich will, dass du mit mir essen und trinken sollst, dann wirst du das auch tun! Danach werden wir weitersehen!«

Priamos gehorchte zagend, denn eigentlich hatte er nicht vorgehabt, mit dem Mörder seines Sohns das Brot zu teilen. Aber was blieb ihm übrig? Dann wurde gegen die Schätze des Königs der tote Körper ausgetauscht und Priamos kehrte mit dem Leichnam seines Sohnes nach Troja zurück.

Achilleus versprach ihm einen Waffenstillstand von zwölf Tagen, damit die Bewohner der Stadt in Ruhe und Würde die Bestattung ihres größten Helden vorbereiten konnten.

Er selbst ging zum Grab des Patroklos und sprach mit der Seele des Verstorbenen: »Zürne mir nicht, Patroklos, wenn du in der Unterwelt vernimmst, dass ich Hektors Leiche dem Vater zurückgegeben habe! Er hat kein unwürdiges Lösegeld gebracht und ein Teil davon soll dir geopfert werden!«

Penthesilea

Nach Hektors Bestattung herrschten in Troja Niedergeschlagenheit und Mutlosigkeit. Sie waren ihres größten Kämpfers beraubt, und vor den Toren wartete weiter der grausame, unbezähmbare Sohn der Meeresgöttin, vor dessen unbändiger Kraft sie sich nun mehr denn je fürchteten. So hatten sich die Dinge zuungunsten der Troer entwickelt.

Da erhielten sie unerwartete Hilfe. Die Amazonen hatten von dem großen Streit in Kleinasien gehört. Krieg war ihr Element, und so waren sie von ihrer Heimat am Schwarzen Meer aufgebrochen, um Troja beizustehen. Geführt wurden sie von ihrer Königin Penthesilea, einer Tochter des Kriegsgottes Ares, dem jede Verlängerung des Streits nur recht war.

Die Troer hießen die Kämpferinnen freudig willkommen und Penthesilea wurde von Priamos wie eine Tochter aufgenommen. Die junge Fürstin war aber nicht nur eine herrliche Kriegerin, sie war darüber hinaus auch schön wie die Sonne, mit leuchtenden Augen unter langen Wimpern und braunen Locken, die sich kräuselten wie die Blütenblätter einer Hyazinthe.

Penthesilea war von Kampfehrgeiz besessen. Sie hatte ihre Truppen hauptsächlich deshalb zum Beistand für die Troer herangeführt, weil sie ein hohes Ziel hatte: Sie wollte sich unbedingt mit dem berühmtesten griechischen Helden, mit Achilleus, im Kampf messen und ihn besiegen.

Sie konnte es kaum erwarten, aufs Schlachtfeld zu ziehen, und bereits am Tag nach ihrer Ankunft wappnete sie sich mit den kostbaren Waffen, die ihr Vater, der Kriegsgott, ihr gegeben hatte, schwang sich auf ihr schnellfüßiges Pferd und eilte jauchzend vor Kampfeslust an der Spitze ihrer Kriegerinnen hinaus auf die Ebene vor der Stadt. Die Troer folgten ihr scharenweise.

Die Griechen waren überrascht. Sie hatten sich daran gewöhnt, dass die Feinde nach Hektors Tod still hinter ihren Mauern hockten. Nun auf einmal sahen sie die Troer heranziehen wie eine Horde reißender Tiere, die sich auf eine Schafherde stürzen will. Sie eilten zu den Waffen und stellten sich den Ankömmlingen entgegen. Bald trafen die feindlichen Reihen aufeinander und die Schlacht wogte wild. Penthesilea erlegte mit eigenen Händen fast zehn Gegner, und schon begannen die Griechen den Rückzug, denn manchem unter ihnen kam es so vor, als wenn diese Frau eine Kriegsgöttin sei, so unaufhaltsam war ihr Siegeszug.

Auf den Mauern der Stadt standen die trojanischen Frauen und bejubelten die furchtlose Kriegerin. Am liebsten hätten sie sich bei diesem Vorbild mit ins Kampfgetümmel gestürzt.

Achilleus saß währenddessen mit Ajax, dem zweiten herausragenden Krieger der Griechen, am Meeresgestade, und sie gedachten trauernd ihres Freundes Patroklos. Bisher waren sie am Streit nicht beteiligt. Schon waren die vereinten Amazonen und Troer wieder dicht an die griechischen Schiffe herangekommen, als die beiden endlich das Geschrei und Getöse vom Schlachtfeld hörten. Schnell warfen sie sich in ihre Rüstungen und liefen dorthin, woher der Kampfeslärm ertönte.

Als die Griechen sahen, dass ihre beiden mächtigsten Helden sich auch in den Streit einmischten, fassten sie wieder Mut. Die Flucht kam zum Stehen und das Schlachtenglück schien sich zu wenden.

Penthesilea begriff: Endlich würde sie den Gegner vor sich haben, auf den sie gewartet hatte. Mit hochgereckter Lanze jagte sie den beiden Großen des Griechenheers entgegen und warf ihre Waffe zunächst auf Achilleus, aber an dessen Schild prallte der Speer ab und zersplitterte, als sei er auf Granit gestoßen. Sie führte auf ihrem Streitross eine zweite Lanze bei sich, die schleuderte sie nun auf Ajax, aber auch er blieb unverletzt.

Wütend rief sie: »Wenn auch mein erster Wurf misslungen ist – wartet nur! Ich werde euch beweisen, dass eine Frau im Kampf euch ebenbürtig ist!«

Darüber mussten die beiden Helden lachen. Während Ajax sich nicht weiter um die Amazone kümmerte, sondern den anderen Kämpfenden zu Hilfe eilte, sagte Achilleus, während er verwundert den Kopf schüttelte: »Was bist du denn für ein Wesen, dass du dich erdreistest, dem entgegenzutreten, der Hektor erlegte? Dein letztes Stündlein hat geschlagen!«

Es ging alles ganz schnell.

Die kühne Amazone kam nicht dazu, sich wirklich mit Achilleus zu messen, denn mit unbarmherziger Wucht schleuderte er seinen Speer. In diesem Moment stieg das Pferd der Amazone, und so durchbohrte er Ross und Reiterin zugleich. Ein Blutstrom brach aus der Brust Penthesileas und zusammen mit ihrem Reittier stürzte sie sterbend zu Boden.

Achilleus war sofort bei ihr, zog ihr und dem Pferd den Speer aus dem Leib und löste der Toten den Helm. Verwundert betrachtete er die Züge der Kriegerfürstin, die selbst jetzt noch eine unbesiegbare Schönheit ausstrahlten. Große Wehmut befiel ihn plötzlich. Er malte sich aus, wie es gewesen wäre, wenn er diese herrliche Frau als Gattin heimgeführt hätte, statt sie zu töten, und die Tränen liefen ihm über die Wangen.

Indessen waren die Troer und die Amazonen, zutiefst bestürzt über den Tod der Königin, zurückgeflutet durch die Tore der Stadt. Priamos befürchtete, dass der grausame Sohn der Thetis den Körper dieser Heldin genauso behandeln würde wie den seines Sohnes, aber er hatte sich geirrt. Ohne Weiteres war Achilleus bereit, den Leichnam der Penthesilea nach Troja auszuliefern, um ihn in allen Ehren bestatten zu lassen. Er selbst betrauerte die Tote einsam am Strand des Meeres.

Fast hätte der Tod der Amazone noch schreckliche Folgen für die Griechen gehabt. Denn als Ares erfuhr, dass man seine Tochter im Kampf getötet hatte, fuhr er auf wie ein angeschossener Berglöwe, rüttelte wie rasend seine Waffen, und gewiss hätte er in seinem Schmerz die Griechen samt und sonders vernichtet, wenn nicht Zeus ihn mit einem furchtbaren Gewitter gewarnt hätte. Einen solchen Ausgang des Kampfes, das wusste der Allwissende, hatte das über allem thronende Schicksal nicht vorgesehen.

Die Griechen verlieren ihren größten Helden

Nachdem die Amazonen, trauernd um den Tod ihrer Fürstin, wieder in ihre Heimat abgezogen waren, versuchten die Griechen mit verdoppelter Kraft, das Ende des Krieges herbeizuführen.

Achilleus war wie von Sinnen. Nach dem Verlust des Freundes und dem Tod der Frau, die er mit eigenen Händen umgebracht hatte und die er vielleicht hätte lieben können, raste er schlimmer als je zuvor gegen Troja.

Er tötete unzählige Feinde und drang vor bis zum Tor der Stadt. Seiner übermenschlichen Kräfte sicher, versuchte er, die Torflügel aus den Angeln zu heben. Das wäre Trojas Ende gewesen.

Aber nun griff der Gott Apollon noch einmal ein. Als er den Haufen erschlagener Troer erblickte und sah, wie Achilleus an den Toren der Stadt rüttelte, fuhr er vom Sitz der Götter herunter wie ein wilder Raubvogel, den Bogen in der Hand, den Köcher mit den todbringenden Pfeilen in der anderen, und mit flammenden Augen stellte er sich dem Sohn der Thetis entgegen. »Zurück!«, schrie er mit furchtbarer Stimme. »Hüte dich, dass dich nicht einer der Unsterblichen vernichte!«

Aber Achilleus ließ sich von dem Gott nichts sagen. »Kehr du zurück zum Olymp zu den anderen Göttern, und hör auf, die Troer zu beschützen«, brüllte er, »oder du bekommst meinen Speer zu spüren, gleichgültig, ob du unsterblich bist oder nicht!«

Damit war das Maß voll. Zu viel hatte sich der hochmütige Grieche herausgenommen. Der zutiefst beleidigte Gott spannte den Bogen. Er wusste ganz genau, wo Achilleus verletzbar war – und ließ seinen unfehlbaren Pfeil von der Sehne schnellen: Tief bohrte sich die Spitze in die verwundbare Ferse.

Achilleus brüllte vor Schmerz auf. Er riss den Pfeil des Gottes aus der Wunde und sogleich schoss das schwarze Blut hervor und befleckte die Erde ringsum. »Kannst du mich nur mit tückischem Geschoss von fern erlegen?«, schrie er. »Wärest du in meiner Nähe, du mörderischer Gott, ich würde dir die Gedärme aus dem Leib zerren!«

Aber Apollon war längst wieder aufgefahren zum Olymp und setzte sich abseits, um den Vorwürfen und Anklagen Heras und Athenes zu entgehen, die nun ihren Schützling verbluten sahen.

Noch schlug Achilleus um sich, verletzte und tötete, was ihm vor Schwert und Lanze kam, aber bald ließen seine Kräfte nach. Er stützte sich auf seinen Speer und fühlte, wie ihn das Leben verließ. Kälte durchströmte seine Glieder, und während die Troer noch immer ängstlich vor ihm zurückwichen – hielten sie ihn doch für unbesiegbar –, erstarrte er im Todeskampf und stürzte zu Boden wie ein gefällter Baum, wobei seine Rüstung klirrte und schepperte.

Der große Achilleus war tot.

Wieder entbrannte ein heißer Kampf um die Leiche, in welchem die Griechen Sieger blieben, und Aufwand und Gepränge des Leichenbegängnisses stellten das des Patroklos weit in den Schatten.

Thetis, die unsterbliche Mutter, kam mit vielen Meeresgottheiten, lieblichen Nereiden und nie gesehenen Ungeheuern, aus der Tiefe der See und beweinte eine Nacht lang ihren Sohn, bevor der Scheiterhaufen entzündet wurde und dem gefallenen Kämpfer Opfertiere, Gold und Edelsteine, Trankopfer und die Rüstungen von ihm Erschlagener gespendet wurden. Auf Zeus' Befehl eilten die schnellsten Winde herbei, die Flammen zu schüren, und in wenigen Stunden war der Holzstoß mit der Leiche zu Asche verbrannt. Die Freunde sammelten unter Seufzen und Klagen die Gebeine und bestatteten sie am Meer neben denen des Patroklos. Prachtvolle Kampfspiele zu Ehren des Toten schlossen die Feier ab.

Das hölzerne Pferd

Nach dem Tod des mächtigsten Kämpfers der Griechen schöpften die Troer neue Hoffnung. Immer wieder wagten sie Ausfälle und es kam zu Schlachten, in denen noch viele berühmte Männer den Tod fanden. Bei den Griechen fiel Ajax, und auf der Seite der Troer starb Paris, der Verursacher von zehn Jahren Krieg, durch einen griechischen Pfeil. Sosehr seine Mutter mit Helena und den Weibern in Priamos' Hallen um ihn klagte, sosehr frohlockte Hera auf dem Olympos, denn der Ehebrecher hatte endlich seine Strafe erhalten.

Nach langem zähen Ringen, stets mit unentschiedenem Ausgang, begannen die griechischen Krieger zu murren. Sie wollten endlich heim zu Frau und Kindern, heim zu ihrem Stück Land und ihren Herden. Die Griechenfürsten setzten sich zur Beratung zusammen, und der vielgewandte Odysseus sagte: »Mit unserer Belagerung kommen wir Troja nicht bei, das hat sich zur Genüge gezeigt. Jetzt hilft nur noch eine List, um diese Stadt zu besiegen. Wir müssen die Troer in Sicherheit wiegen, vortäuschen, dass wir nach Hause segeln, und eine Möglichkeit finden, dass uns die auf diese Weise sorglos Gewordenen gleichsam selbst die Tore öffnen.«

»Aber wie sollte das geschehen?«, fragte Agamemnon.

Auch darauf wusste der Listenreiche eine Antwort. Er schlug vor, ein riesiges Pferd aus Holz zu zimmern, in dessen hohlem

Leib sich die besten Krieger verstecken sollten. Wenn die griechische Flotte dann – zum Schein – abgesegelt sei, würden die Troer sicher voller Neugier dies merkwürdige Ding betrachten wollen. Nun müsse man nur noch jemanden finden, der behauptete, zu den Troern überlaufen zu wollen, der sie dazu bringen würde, das Ding in die Stadt zu holen. Im Schutz der Dunkelheit könnte die Flotte zurücksegeln, die Krieger aus dem Inneren des Pferdes würden herauskommen und die Tore der Stadt für den Rest des Heeres öffnen.

Der verwegene Plan fand die Zustimmung der Versammlung. Sogleich begann man, Holz im Idagebirge zu schlagen, und die geschicktesten Zimmerleute der Griechen machten sich ans Werk. Als das Gebilde fertig war – und es glich täuschend einem echten überlebensgroßen Pferd –, stiegen die tapfersten Anführer der Griechen, darunter Odysseus und Menelaos, in das Innere, zogen die Leiter hoch und verriegelten die Klappe von innen.

Unter der Führung Agamemnons wurden dann die Schiffe der Griechen klargemacht und bemannt und die Reste der Zeltstadt in Brand gesteckt. Alles sah nach einem echten Abzug aus.

Bald verschwanden die letzten Segel um das Vorgebirge.

Zunächst mit ungläubigem Staunen, dann mit wildem Jubel sahen die Troer, dass ihr Strand frei war. Der zehnjährige Krieg war zu Ende, die Griechen gaben auf! Jauchzend öffneten sie das Stadttor und strömten ins Freie. Sie konnten ja nicht wissen, dass die griechische Flotte unweit von Troja hinter einer Insel vor Anker gegangen war und nur auf ein Zeichen wartete, um erneut zu landen.

Voller Neugier umringten die Troer das riesige Pferd, das da zurückgeblieben war. Sie entdeckten dann – wie es der schlaue

Odysseus geplant hatte! – einen griechischen »Überläufer«, der ihnen erklärte, das Pferd sei eine Weihegabe an die Götter, und wer es besitze, dem sei der Segen aller Himmlischen sicher. Ein Glückspferd! In ihrem Freudentaumel über die abgebrochene Belagerung waren die Troer bereit, alles zu glauben. Sofort planten sie, das ungeheure Holztier in die Stadt zu bringen.

Das hörte der Apollonpriester Laokoon. Er eilte zu dem Pferd und rief schon von Weitem: »Kennt ihr die Griechen, kennt ihr Odysseus so schlecht, dass ihr im Ernst glaubt, sie seien abgezogen? Traut diesem Frieden nicht! Und wagt es nicht, dieses Ross nach Troja zu bringen! Bestimmt ist es eine Kriegsmaschine, und irgendetwas Schreckliches ist in seinem Bauch verborgen!« Mit diesen Worten ergriff er einen Speer und stieß ihn in den Bauch des Pferdes. Die Waffe zitterte im Holz und aus dem Bauch des Monstrums klang es hohl wie aus einem Gewölbe. Odysseus im Inneren des Pferdes wäre um ein Haar von der Lanzenspitze getroffen worden, und mit Angst und Schrecken warteten die Eingeschlossenen darauf, was weiter geschehen würde. Aber die Troer achteten nicht darauf, was der Priester sagte und tat, sie waren verblendet.

Und dann ereignete sich etwas Grässliches. Während Laokoon mit seinen beiden Söhnen am Meeresufer ein Opfer vollzog und einen Stier schlachtete, um den Göttern für den Frieden zu danken, schwammen zwei riesige Schlangen herbei und krochen aus den Fluten. Mit giftgeschwellten Mäulern näherten sie sich zischend dem Priester und seinen Knaben und schlugen ihnen ihre Zähne ins Fleisch. Vergebens versuchte der Priester, noch das Opferbeil in der Hand, sich und die Seinen zu befreien. Die riesigen Tiere hielten sie umklammert und warteten ab, bis das Gift seine volle Wirkung tat und Laokoon zusammen mit seinen Söhnen eines schmerzvollen Todes gestorben war.

Dann erst ließen sie von ihm ab und krochen zurück in die Fluten.

Das Volk von Troja deutete den Vorfall so: Die Götter hatten Laokoon gestraft, weil er daran gezweifelt hatte, dass dies Pferd eine Segen bringende Glücksgabe sei. Sie ahnten nicht, dass die Göttin Athene die Schlangen ausgesandt hatte, um zu verhindern, dass ihrem Schützling Odysseus im Leib des Pferdes ein Unheil zustieße.

Das Verhängnis konnte seinen Lauf nehmen.

Die Zerstörung Trojas

Nun wurde alles darangesetzt, das Pferd in die Stadt hineinzuschaffen. Die eifrigsten Handwerker und Arbeiter machten sich ans Werk. Man brachte Räder an den hölzernen Hufen an, befestigte große Seile an Hals und Flanken, und als man merkte, dass das Stadttor zu schmal war, riss man sogar einen Teil der Mauer ein.

Während das Ungeheuer über die Schwelle gezerrt wurde, schepperte und dröhnte es in seinem Bauch wie von Erz. Aber niemand achtete darauf … Im Triumph zog man das Holzpferd zur Burg des Priamos.

Der König hatte aber eine Tochter, Kassandra, die besaß die Gabe der Weissagung. Als sie nun sah, was die Troer da in ihre Stadt gebracht hatten, schrie sie laut auf. »Ihr Unglücklichen! Ihr steht am Rand des Verderbens! Ach, ich sehe Blut und Flammen überall, und ich sehe das alles aus dem Bauch dieses Ungetüms herausquellen, das ihr hierhergebracht habt!«

Aber das Volk lachte sie aus und verspottete sie. Niemand schenkte ihr Glauben.

Im Rausch des Glücks über das Ende des Krieges wurde nun gefeiert. Flöten und Zithern erklangen überall, es wurde getanzt und gesungen, geschmaust und viel, sehr viel, getrunken. Mitternacht nahte und langsam versank Troja in tiefen Schlaf.

Der Grieche, der den Troern die Mär vom Glücksbringer-Pferd erzählt hatte, war zwar beim Feiern dabei gewesen, aber er hatte sich gehütet, zu viele Weinbecher zu leeren. Jetzt schlich er sich durch die Schlafenden hindurch, durch das offene Stadttor und die Mauerbresche, lief zum Strand und entzündete eine Fackel als Zeichen für die griechischen Schiffe. Dann eilte er zurück zum Pferd und klopfte leise an dessen Flanke.

Vorsichtig öffnete sich die Tür und eine Leiter wurde heruntergelassen. Odysseus stieg als Erster heraus, dann einer nach dem anderen, bis sie vollzählig waren.

Dann banden sie ihre Helme fest, zückten ihre Schwerter und stürmten los in die Straßen der ruhenden Stadt.

Während günstiger Wind die Schiffe der Griechen schnell ans Gestade vor Troja zurückbrachte, leisteten die eingeschleusten Krieger bereits ganze Arbeit. Ohne Erbarmen töteten sie die Schlafenden, metzelten ohne Unterschied Männer und Frauen, Greise und Kinder nieder, töteten alles Lebendige, das ihnen vor die Klinge kam, warfen Brandfackeln in die Behausungen, verschonten in ihrem Blutrausch nicht einmal die Tiere.

Bald war die Stadt taghell erleuchtet von Bränden, und das Gebrüll und Kampfgeschrei der Mörder mischte sich mit dem Gewinsel und Gejammer der so entsetzlich aus dem Schlummer geweckten Troer.

Erst als sie die Burg des Priamos erreichten, trafen sie auf Widerstand. Hier hatten sich jene zusammengeschart, denen es noch gelungen war, sich zu bewaffnen, und nun wollten sie bis zum letzten Blutstropfen kämpfen.

Inzwischen waren die Schiffe gelandet und nach zehn Jahren endlosen Wartens konnten die Griechen endlich ihre Wut an den Gegnern auslassen, die sie so lange hingehalten hatten. Kein einziges Haus blieb verschont.

Auf der Burg war König Priamos als einer der Ersten gefallen, gemeinsam mit den ihm verbliebenen Söhnen.

Die griechischen Krieger hatten den kleinen Sohn Hektors von der Turmzinne hinuntergestürzt: Kein Nachkomme des verhassten Feindes sollte überleben. Bevor seine Mutter hinterherspringen konnte, wurde sie gefesselt und als Kriegsbeute davongeführt.

Kaum jemandem gelang die Flucht. Einzig der Sohn der Aphrodite, Äneas, entwich unter dem Schutz der Göttin; seinen alten Vater und sein Söhnchen schleppte er auf dem Rücken davon. Er sollte später der Stammvater eines berühmten römischen Geschlechts werden.

Überall wütete der Mord. Menelaos hatte eigenhändig drei Söhne des Troerkönigs erschlagen. Jetzt stürmte er, das blanke Schwert in der Hand, in die Gemächer der Frauen. Er suchte Helena.

Die schöne Frau hatte sich, zitternd vor dem Zorn ihres rechtmäßigen Gatten, in den hintersten Winkel des Palastes verkrochen. Aber Aphrodite wollte nicht, dass ihrer Auserlesenen etwas zustieß. Sie umhüllte Helena mit solchem Liebreiz, dass Menelaos bei ihrem Anblick die Waffe aus der Hand fiel. Die alte Liebe überwältigte ihn. Er schlang den Arm um sie und führte sie durch Mord und Raserei hinaus und zu den Schiffen der Griechen. Helena barg ihr Gesicht an seiner Schulter, und dem betörten Ehemann war, als umgebe ihn inmitten des Blut- und Brandgeruchs der süße Duft von Rosen.

Und auch Agamemnon schützte mit seinem Machtwort Helena vor dem Zorn der Griechen. »Helena kehre unbeschadet in das Haus und das Bett ihres Mannes zurück. Nicht dieses Weib ist schuld, sondern Paris, der seinerzeit das Gastrecht gebrochen hat!«, erklärte er. »Paris ist bereits tot, und an seinem Volk übt nun Rache, so viel ihr wollt.«

Und das taten sie gründlich.

Als der Morgen graute, lag die Stadt in Schutt und Asche, ihre Bewohner waren entweder erschlagen oder in Gefangenschaft. Die edlen Frauen der Troer wankten in einem langen Zug als hilflose Beute zu den Schiffen. Sie alle hatten einen Mann, einen Sohn oder Bruder verloren. Für sie gab es weder Trost noch Hilfe.

Nach all den Gräueltaten feierten die Griechen ihren Sieg am Meeresgestade, vor den rauchenden Trümmern Trojas, mit Gesang und Tanz, mit Gelage und mit Lustbarkeit.

Dann stachen die Schiffe in See, beladen mit unermesslicher Beute an Gold und Kleinodien, Hausrat und erbeuteten Frauen und Kindern, die den Rest ihres Lebens elend als Sklaven verbringen sollten.

Die meisten der Götter im Olymp betrauerten den Untergang der Stadt, an dem sie doch selbst so eifrig mitgewirkt hatten. Nur Hera und Thetis hielten mit ihrem Jubel nicht zurück.

Aber nicht allen griechischen Schiffen und nicht allen Kriegern sollte eine glückliche Rückfahrt beschieden sein. Denn schwer lastete alte Schuld oder neue Untat auf den Heimkehrenden.

Agamemnon

Die Opferung Iphigenies

Der mächtigste Fürst unter den Griechen, die gegen Troja zogen, war Agamemnon, der Herrscher von Argolis, Bruder des Menelaos, der sich gern »König der Könige« nennen ließ.

Ihn erwartete bei seiner Heimkehr nach dem Krieg das grausigste Schicksal. Der Grund dafür lag zehn Jahre zurück und hatte mit der Ausfahrt der griechischen Flotte zu tun.

Als sich damals die Schiffe zum Feldzug gegen Troja in Aulis versammelten, prahlte Agamemnon vor den anwesenden Fürsten, um seine Stellung hervorzuheben. Er behauptete, mit seiner Geschicklichkeit im Jagen würde er sogar Artemis, die Göttin der Jagd, übertreffen.

Das hörte die Göttin, und wie die meisten der Unsterblichen verstand sie in solchen Dingen keinen Spaß. Die Worte erzürnten sie so sehr, dass sie die Meeresgötter bat, durch eine Windstille das Auslaufen der Flotte zu vereiteln. Woche für Woche warteten die Griechen vergeblich auf günstigen Wind.

Schließlich nahmen sie Zuflucht, wie so oft, in einem Orakelspruch. Der Seher Kalchas befragte die Pythia in Delphi und er kam mit einem grausamen Spruch zurück: »Die Göttin verlangt, dass ihr Agamemnons älteste Tochter Iphigenie geopfert wird. Erst dann will sie den Griechen glückliche Fahrt gewähren.«

Bei den Griechen herrschte helles Entsetzen. Wie sollte es weitergehen? Schließlich hatte sich ganz Griechenland verbündet, um die Schmach von Troja zu rächen. Aber dafür eine Königstochter opfern? Empörend.

Nur hielt sich die Empörung nicht allzu lange. Es war schließlich unmöglich, den ganzen Feldzug abzusagen, dazu waren die

Vorbereitungen zu weit gediehen – abgesehen davon war es eine Frage der Ehre, Helena zurückzuholen.

Außerdem wurden die Mannschaften von Tag zu Tag ungeduldiger.

Mehr und mehr wurde Agamemnon von den anderen Führern bedrängt, und so musste er sich schweren Herzens der Bedingung beugen; er hätte sonst kaum den Oberbefehl behalten können.

»Ich stelle die Pflicht über die Vaterliebe!«, verkündete er mit tränenden Augen. Und schließlich war es sein Verschulden, dass die Flotte festlag, denn er hatte die Göttin beleidigt.

Nun galt es zunächst, das junge Mädchen hierher nach Aulis zu bringen, ohne dass ihre Mutter irgendeinen Verdacht schöpfte, denn sie hätte eine Opferung bestimmt mit allen Mitteln verhindert.

Man sandte Odysseus, dem man immer gern die schwierigen Aufgaben übertrug, zur Burg Mykene, um dort Agamemnons Frau Klytaimnestra zu treffen und sie mit dem Mädchen nach Aulis zu locken – unter irgendeinem Vorwand. Odysseus schlug vor, man solle ihr eine Hochzeit in Aussicht stellen, und zwar eine möglichst verlockende. Wie wäre es, wenn man ihr sagte, sie mit Achilleus vermählen zu wollen, dem glänzendsten Helden des ganzen Heeres?

Alle waren einverstanden und der Mann aus Ithaka reiste ab. Man wusste ja, keiner konnte Lügengeschichten so überzeugend wie er vortragen. Achilleus, der strahlende Sohn der Göttin Thetis – von ihm träumte wohl jede Frau! Klytaimnestra war mehr als einverstanden. Froh und glücklich reisten Mutter und Tochter mit dem Schiff nach Aulis.

Aber als die beiden an Land gingen, sahen sie keinerlei Vorbereitungen für ein Hochzeitsfest. Kein Bräutigam begrüßte sie am Strand, keine jungen Mädchen schwangen sich im Reigentanz, kein Sänger verkündete das künftige Glück des jungen Paares. Wie ausgestorben lag die Zeltstadt vor den Schiffen, und eine Schar Bewaffneter trennte sofort Mutter und Tochter, obwohl Klytaimnestra vehement protestierte.

Agamemnon bat seine Frau zu sich und eröffnete ihr mit dürren Worten, dass er gezwungen sei, ihrer beider Kind der Artemis zu opfern – nur so könne eine Schuld, die er auf sich geladen hatte, gesühnt werden. Welcher Art diese Schuld war, verschwieg er wohlweislich.

Klytaimnestra war außer sich. Sie war entschlossen, sofort mit ihrer Tochter wieder abzureisen. Nie im Leben würde sie in so eine unmenschliche Tat einwilligen. Agamemnon wusste sich nicht anders zu helfen, als sie mit Gewalt in seinem Zelt festhalten zu lassen. Er begab sich zum Artemistempel.

Auch die ahnungslose Iphigenie wurde unterdessen dorthin gebracht. Noch immer glaubte sie, dass dort, unterm Schutz der jungfräulichen Göttin, ihre Hochzeit vollzogen werden sollte – vielleicht, so sagte sie sich, würden die Griechen wegen des bevorstehenden Krieges und der Abreise kein festliches Gelage abhalten. Als sie nun bekränzt, geschmückt und verschleiert den Tempel betrat, hielt sie vergebens nach dem Bräutigam Ausschau. Von Achilleus keine Spur. Stattdessen trat ihr ein Opferpriester mit gezücktem Beil entgegen, und als sie schreiend entfliehen wollte, packten sie starke Fäuste, banden und knebelten sie und schleppten sie zum Altar. Mit verzweifelten Augen suchte sie Hilfe bei ihrem Vater, aber Agamemnon schlug nur die Hände vors Gesicht und wandte sich ab.

Schon war sie vor dem Altar in die Knie gezwungen worden, schon lag ihr Kopf auf den Steinen und der Priester entblößte ihren Nacken, um zuzuschlagen, da senkte sich eine undurchdringliche Wolke auf Altar, Opfer und Priester herab. In Furcht und Verwirrung fielen die Anwesenden auf die Knie.

Aber bald lichtete sich die Wolke wieder und anstelle des Mädchens lag eine gefesselte Hirschkuh auf dem Opferstein. Die Göttin hatte sich im letzten Moment erbarmt und darauf verzichtet, das Blut der unschuldigen Königstochter zu fordern. Stattdessen hatte sie ein anderes Opfer als Ersatz herbeigebracht.

Wohin Iphigenie allerdings verschwunden war, das blieb für alle lange ein Rätsel. Erst viel später erfuhr man vom allwissenden Kalchas, dass die Göttin sie nach Tauris gebracht und dort zu ihrer Priesterin erkoren hatte.

Agamemnon überbrachte seiner Frau die Nachricht, dass die Tochter nicht geopfert worden war, sondern dass Artemis sie mit sich genommen habe – wohin auch immer.

Aber Klytaimnestra glaubte ihm nicht. Mit versteinerten Zügen hörte sie sich seine Geschichte an. »Du lügst!«, war alles, was sie sagte.

Auch die Bestätigung durch andere griechische Fürsten hielt sie für Lügen. Das war ein abgekartetes Spiel, um sie zu beschwichtigen! Davon ließ sie sich nicht abbringen.

Mit Zorn und Verzweiflung im Herzen reiste sie zurück nach Mykene und schwor, den Tod der Tochter an ihrem Mann zu rächen, falls er nach dem Krieg wirklich wieder nach Hause zurückkehren würde.

Klytaimnestras Rache

Während Agamemnon die Belagerung Trojas leitete, nahm sich Klytaimnestra einen Geliebten, Aigisthos, und machte ihn zum Herrscher über Argolis, als sei ihr Mann schon gefallen. Sie hoffte inbrünstig, dass er den Krieg nicht überleben würde.

Aber als die Nachricht vom Fall Trojas durch ganz Griechenland eilte, als sie erfuhr, dass Agamemnon unverletzt zurückkam, wusste Klytaimnestra, dass die Götter es anders beschlossen hatten. War er am Leben geblieben, so war es nun an ihr, Blut mit Blut zu vergelten.

Gemeinsam mit ihrem Geliebten plante sie den Mord an ihrem Gatten gleich am Tag seiner Heimkehr.

Um rechtzeitig gerüstet zu sein, ließ das Paar überall auf den Bergspitzen Wachposten aufstellen, die beim Herannahen der Schiffe durch Leuchtfeuer Signale senden sollten. Klytaimnestra tat nachts kein Auge mehr zu.

Als dann die Schiffe Agamemnons wirklich am Horizont auftauchten, waren sie bereit zur Tat.

Klytaimnestra zog ihre schönsten Gewänder an und schmückte sich, als wäre sie eine Braut. Dann begab sie sich an das Gestade des Meeres, um ihren Gemahl mit geheuchelter Freude willkommen zu heißen. Um das, was sie vorhatte, vor den Göttern zu rechtfertigen, ließ sie einen Purpurteppich für ihn auslegen, über den er an Land schreiten sollte. Solche Teppiche waren nur Priestern oder Halbgöttern vorbehalten, also beging Agamemnon einen Frevel, wenn er seinen Fuß darauf setzte.

Der Heimkehrende hatte in den zehn Jahren des Krieges keinen Gedanken mehr an seine verschwundene Tochter Iphigenie verschwendet und kam nicht auf die Idee, dass seine Frau ihm deswegen noch zürnen könnte. Außerdem hatte er bei Troja viele schöne gefangene Frauen in seinem Zelt gehabt, das hielt er für sein gutes Recht. Auch aus der Kriegsbeute hatte er sich das Beste ausgesucht: Gold und Kleinodien in Hülle und Fülle – und eine Tochter des Königs Priamos als seine Sklavin: Kassandra.

Kassandra war jene junge Frau, die die Gabe der Weissagung besaß. Einst hatte Apollon sie begehrt, und sie war nicht bereit gewesen, ihn zu erhören. Der wütende Gott hatte sie dafür mit dem Fluch geschlagen, dass niemand jemals ihren Prophezeiungen Glauben schenken sollte. So war sie durch die Straßen Trojas geirrt, als das hölzerne Pferd mit den darin versteckten Griechen bereits in der Stadt stand, und hatte vor Tod und Vernichtung gewarnt, aber den Troern diente sie nur zum Gespött.

Nun war sie – unfreiwillig – die Geliebte Agamemnons geworden und der Fürst führte sie ungeniert seiner Frau vor. Ihm kam nicht in den Sinn, dass er Klytaimnestra damit noch mehr gegen sich aufbringen könnte.

Kassandra sah auch diesmal voraus, was geschehen würde – sowohl mit Agamemnon als auch mit ihr selbst. Natürlich würde Klytaimnestra sie, die troische Konkubine, durch deren Anwesenheit er seine Gemahlin verhöhnte, umbringen.

Doch diesmal schwieg sie. Das erste Mal war ihr eine ihrer finsteren Unheilsvoraussagen willkommen. Ihren eigenen Tod nahm sie in Kauf, wenn nur zugleich auch der Zerstörer ihrer Heimatstadt, der Mörder ihrer Brüder und Schwestern, ihr Vergewaltiger ums Leben kam.

Agamemnon glaubte sich auf der Höhe seines Glücks. Er hatte einen Feldzug siegreich zu Ende geführt, war mit reicher Beute heimgekehrt und hoffte nun, sich gleichermaßen seiner Geliebten und seines Eheweibs erfreuen zu können. Also bezog er mit allem Pomp wieder seinen Palast in Mykene und nahm Kassandra mit in seine Gemächer.

Klytaimnestra hatte nie vorgehabt, lange zu warten, und sie hatte vor allem keine Lust, auch nur eine einzige Nacht mit ihrem heimgekehrten Gatten zu verbringen. Umso mehr gab sie vor, außer sich zu sein vor Freude. Sie spielte die Sehnsuchtsvolle, als hätte sie die ganzen zehn Jahre lang auf ihn gewartet. Von den Mägden ließ sie für ihn ein Bad vorbereiten, streute eigenhändig Rosenblätter auf das Wasser und goss duftende Öle hinein. Dann, als Agamemnon sich ahnungslos im dampfenden Wasser entspannte, geschah es.

Wie aus dem Nichts tauchte Aigisthos im Raum auf. Er und Klytaimnestra warfen ein Netz über den Badenden, in dem er hilflos zappelte. Aigisthos zückte eine Axt und zertrümmerte seinem Nebenbuhler den Schädel und das duftende Badewasser verwandelte sich in einen Blutsee. Außer sich vor Hass griff auch Klytaimnestra nach der barbarischen Waffe und schlug selbst noch einmal zu, um ihrem Rachedurst Genüge zu tun.

Sie trug das blutbefleckte Mordinstrument in der Hand, als sie auf Kassandra zukam, die sich in einem Winkel des Hauses verkrochen hatte. Kassandra hatte die Schreie gehört und wusste, was sie erwartete, als sie die mit Blut besudelte Frau auf sich zukommen sah. Willig hielt sie ihr ihren Nacken hin: Der Tod war ihr willkommener als ein Leben in Sklaverei.

Das Schicksal des Orest

Klytaimnestra hatte vier Kinder von Agamemnon. Die von Artemis entführte Iphigenie war die Älteste. Ihre Schwestern Elektra und Chrysotemis lebten bei der Mutter, während der einzige

Sohn, Orest, von treuen Dienern heimlich in Sicherheit gebracht worden war. Denn als Aigisthos zum Liebhaber Klytaimnestras wurde und irgendwann auch Herrscher von Argolis geworden wäre, hätte er wahrscheinlich den Sohn des Nebenbuhlers umgebracht.

Orest wuchs bei König Strophios in Phokis auf, und er und der Sohn des Königs, Pylades mit Namen, wurden treue Freunde.

Natürlich drang die Nachricht von den Geschehnissen in Mykene auch nach Phokis. Zunächst kümmerte es Orest wenig, was er da hörte – er war fast noch ein Kind und konnte sich kaum an seinen Vater erinnern. Aber je älter er wurde, je mehr er von der Welt verstand, desto mehr begann es, ihn zu quälen, dass der Mörder seines Vaters unbehelligt geblieben war.

Als er erwachsen war, suchte er eines Tages das Orakel von Delphi auf und fragte Apollon, wie sich ein pflichtbewusster Sohn verhalten solle, dessen Vater meuchlings ermordet worden sei. Der Gott befahl ihm, Rache zu nehmen an allen, die am Mord beteiligt gewesen waren – also auch an seiner Mutter.

Daraufhin begab er sich mit Pylades gemeinsam nach Mykene und tötete, unterstützt von seiner Schwester Elektra, seine Mutter und den Aigisthos.

Obwohl er zu der Tat von einem Gott getrieben worden war, begannen ihn die Erinnyen, die Rachegöttinnen, zu verfolgen, denn Muttermord galt als das schwerste aller Verbrechen. Sie trieben ihn in den Wahnsinn und Orest begab sich wieder nach Delphi, um von dem Gott, der ihm den Totschlag befohlen hatte, Hilfe zu erlangen.

Apollon schickte ihn nach Athen, wo er seine Tat vor einem Gerichtshof verteidigen musste, und Athene selbst gab die entscheidende Stimme für seinen Freispruch ab. Die Erinnyen schienen zunächst einmal besänftigt, aber sie ließen dann trotzdem nicht ab, Orest zu quälen.

Noch einmal flehte der Verfolgte Apollon um Hilfe an und das Orakel gab ihm erneut einen Rat: Er solle die Schwester von Tauris (der jetzigen Krim am Schwarzen Meer) nach Griechenland zurückholen.

Orest nahm natürlich an, dass mit der Schwester Artemis, Apollons Schwester, gemeint sei. Es war bekannt, dass deren Statue in dem barbarischen Land einst vom Himmel gefallen war und ihr dort Menschen geopfert wurden. Er zog also mit Pylades aus, um diese Statue zu stehlen, und musste dann feststellen, dass das Orakel wieder einmal doppeldeutig gewesen war: Seine eigene Schwester, Iphigenie, war ja von der Göttin am Tag ihrer Opferung nach Tauris gebracht worden, um dort als Priesterin zu wirken. Es ging also nicht nur um die Statue der Artemis, sondern auch um die Priesterin, Iphigenie, die dort gezwungenermaßen Menschen opfern musste – ein Kult, den Artemis verabscheute, wie sie ja selbst an Iphigenies Fall gezeigt hatte.

Orest raubte die Statue und entführte schließlich mithilfe seines Freundes Pylades die Schwester. Dann kehrte er mit ihr heim nach Mykene und endlich gaben sich die Erinnyen zufrieden und ließen von ihm ab. Endlich war der böse Fluch von ihm genommen.

Orest herrschte danach lange Zeit glücklich in Mykene und war einer der mächtigsten Fürsten Griechenlands.

Die Irrfahrten des Odysseus

Erste Abenteuer der Seefahrer

Keiner der griechischen Könige, die um Troja gekämpft hatten, musste so seltsame und gefährliche Abenteuer erleben wie der kluge Odysseus – Abenteuer, die ihn nach einem zehnjährigen Feldzug weitere zehn Jahre von seiner Heimat Ithaka, seiner Gattin Penelope und seinem Sohn Telemachos fernhielten.

Mit zwölf Schiffen und reicher Beute war Odysseus vom Ufer der zerstörten Stadt Troja aufgebrochen, um nach Hause zu segeln. An der thrakischen Küste verlangten die Männer zweimal einen Halt, und weil sie es nach zehn Kriegsjahren nicht anders gewohnt waren, fiel ihnen nichts Besseres ein, als so weiterzumachen, wie sie aufgehört hatten: das Vieh zu stehlen, die Felder zu verwüsten, die Frauen zu vergewaltigen und die Männer niederzumetzeln. Odysseus hatte seine verrohte Mannschaft nicht mehr im Griff.

Er wusste, dass bei solchen Überfällen die Schnelligkeit zählt, wenn man sie denn schon unternimmt. Aber trotz seiner Mahnungen blieb man zu lange an Land. Die Griechen fühlten sich schließlich als Sieger, sie wollten sich an der Beute laben. So wurden sie beide Male von den wütenden Einwohnern aus dem Landesinnern heraus überrumpelt und verjagt, und es gab Verluste, ehe sie wieder auf ihre Schiffe gelangten.

Nach einem Sturm erreichte die Flotte dann die Südostspitze des Peloponnes. Man glaubte sich schon in Sicherheit und hoffte auf baldige Heimkehr, als sich ein starker Nordwind erhob, der die Schiffe neun Tage vor sich hertrieb. Schließlich erreichten sie ein unbekanntes Land, und Odysseus, vorsichtig geworden durch die Erlebnisse bei den missglückten Plünderungen, schickte drei Gefährten als Kundschafter aus. Aber die Männer kamen nicht zurück.

Nun machte sich Odysseus selbst auf die Suche nach den Verschollenen und fand sie schließlich, selig und ohne eine Erinnerung an ihren Auftrag, etwas auszukundschaften. Sie waren im Land der Lotosesser angekommen. Die gastfreundlichen und sanftmütigen Bewohner hatten ihnen in friedlicher Absicht Lotosfrüchte zu essen gegeben. Diese Früchte schmeckten süß wie Honig, aber ihre Wirkung war verheerend. Wer einmal davon gekostet hatte, verlor jede Lust an Taten, vergaß die Heimkehr und wollte nichts weiter, als den Rest seiner Tage mit einem friedlichen Leben und mit Lotosessen zu verbringen.

Odysseus musste seine Leute mit Gewalt zu den Schiffen zurückschleppen, während sie weinten und sich sträubten, und musste sie dort festbinden. Dann reisten sie eilig ab.

Bestimmt wäre es besser gewesen, er hätte sie dort zurückgelassen, denn nun ging es ins sichere Verderben.

Bei Polyphemos

Nach einigen Tagen gelangten sie zu den Inseln der Kyklopen. Diese Kerle waren ein barbarischer Haufen einäugiger Riesen, die weder das Land bebauten, noch ein Handwerk kannten oder sich irgendwelche Gesetze gegeben hatten. Sie pflegten in Höhlen zu leben und die Natur spendete ihnen alles, was sie zum Leben brauchten. Immerhin kannten sie sich mit Viehwirtschaft aus, hatten Herden, die sie hüteten, und verstanden es, sie zu melken und Käse aus der Milch zu machen. Übrigens stammten sie alle vom Meeresgott Poseidon ab.

Als die Flotte an einer der Inseln angelegt hatte und die Männer an Land gegangen waren, stellte sich heraus, dass es hier gewaltige Herden von Ziegen und Schafen gab – die Seefahrer hielten sie für wild lebend. Sogleich begaben sie sich auf eine fröhliche Jagd und hatten schließlich so viel Ziegenfleisch, dass sie zusammen mit dem Wein, den sie vorher bei der Plünderung der Städte Thrakiens erbeutet hatten, ein Festmahl veranstalten konnten. Vollgegessen und betrunken schlummerten sie am Strand ein. Bisher hatten sie noch keinen der Bewohner zu Gesicht bekommen.

Am nächsten Morgen trieb Odysseus die Neugier, die Inseln weiter zu erkunden. Seine Männer waren daran weniger interessiert. Er fuhr also nur mit seinem, dem Flaggschiff, los, um das größere Eiland gegenüber zu besuchen. Er ging mit einer Mannschaft von zwölf Männern landeinwärts und fand dort bald eine geräumige Höhle, die offenbar bewohnt war, denn sie entdeckten einen reichen Vorrat an Lebensmitteln, Käse und Fleisch. Ansonsten war sie leer.

Die zwölf Männer wollten sich schnell mit einem großen Raub davonmachen, aber Odysseus bestand darauf zu warten. Er wollte unbedingt wissen, was für ein Wesen in dieser Höhle lebte.

In der Dämmerung kehrte der riesige einäugige Bewohner zurück, trieb seine Herden in die Höhle, machte Feuer und verschloss den Eingang mit einem großen Stein. Dann begann er, seine Schafe und Ziegen zu melken. Die geronnene Milch füllte er zur Käsebereitung in riesige Gefäße ab.

Die Griechen saßen in der Ecke der Höhle und wagten vor Furcht kaum zu atmen. Noch hatte das Ungeheuer sie nicht entdeckt. Aber dann wurde es dämmrig, und der Kyklop entfachte das Feuer stärker, um sich sein Nachtmahl zuzubereiten. Als das Feuer hoch aufloderte, sahen sie einander: Der einäugige Riese erblickte die für ihn winzigen Menschen, und die Menschen sahen ein Wesen mit Beinen wie hundertjährige Eichenstämme, schaufelgroßen Händen, riesigen Zähnen und einem einzigen glühenden Auge auf der Stirn. Und es sprach mit Donnerstimme: »Wer seid ihr? Was sucht ihr bei Polyphemos? Seeräuber werdet ihr sein, so seht ihr aus!«

Odysseus bebte das Herz im Leibe, doch er nahm sich zusammen und erwiderte: »Wir sind schiffbrüchige Griechen und flehen dich um deinen Schutz an! Achte die Gesetze der Gastfreundschaft und die Gebote des großen Zeus!«

Da lachte der Kyklop. »Du bist ein rechter Tor, Fremder, wenn du glaubst, ich würde die Götter ehren. Zeus kümmert mich nicht. Ich bin Polyphemos und ich messe mich mit jedem von ihnen, denn wir Kyklopen sind viel stärker als die Götter. Und stärker als die Menschen ohnehin!«

Und zum Beweis packte er zwei der Gefährten und schlug sie mit den Köpfen gegeneinander, dass ihnen Blut und Gehirn aus den Schädeln spritzte. Dann zerhackte er sie und fraß sie, ohne ein Knöchelchen übrig zu lassen. Darauf legte er sich schlafen, ohne sich weiter um die vor Angst bebenden Männer da in der Ecke zu kümmern.

Odysseus überlegte hin und her, wie sie entkommen könnten. Jetzt hätte er das schlafende Ungeheuer mit dem Schwert töten können – aber wie sollten sie den riesigen Stein vom Eingang entfernen? Das war für Menschen ein Ding der Unmöglichkeit. Sie wären elend in der Höhle umgekommen, neben der Leiche des Riesen und den verschmachtenden Schafen und Ziegen. So verbrachten sie die Nacht mit Zittern und Zagen und flehten die Götter um Hilfe an.

Am nächsten Morgen frühstückte Polyphemos zwei weitere Griechen und trieb dann seine Herden nach draußen. Den Eingang aber verschloss er wieder mit dem Stein. Es gab kein Entkommen.

Odysseus nahm nun seinen ganzen praktischen Scharfsinn zusammen und entwickelte einen Plan.

Der Kyklop hatte seine Keule aus Olivenholz in der Höhle zurückgelassen. Die spitzte Odysseus nun an und brannte die Spitze in den Resten des Feuers hart. Dann versteckte er die Waffe im Mist, der überall in der Höhle lag.

Abends kehrte Polyphemos zurück, trieb wie am Tag zuvor seine Herden in die Höhle und verschlang erneut zwei von Odysseus' Männern zum Abendessen.

Odysseus hatte bei dem Landgang auf der Insel einen Schlauch mit Wein mitgenommen, den setzte er nun ein. Er goss eine Kanne voll, näherte sich dem Ungeheuer und sagte: »Vielleicht kann ich dich bewegen, uns Arme freizulassen! Koste von diesem Getränk, es ist zu Menschenfleisch ganz vortrefflich! Wenn du den Rest von uns laufen lässt, gebe ich dir mehr davon.«

Der Kyklop hatte noch nie in seinem Leben Wein getrunken. Als er gekostet hatte, war er ganz entzückt und verdrehte sein Auge vor Wonne.

»Gib mir mehr davon, gib mir viel!«, sagte er. »Freilassen werde ich euch nicht. Aber ich will dir ein Gastgeschenk verehren, wenn ich alles ausgetrunken habe. Sage mir deinen Namen, damit ich weiß, wem ich meine Gabe zukommen lasse.«

Der listige Odysseus war auf der Hut und erwiderte: »Ich habe einen seltsamen Namen. Ich heiße Niemand. So hat mich meine Mutter genannt, warum, weiß ich nicht.«

Polyphemos soff eine Kanne nach der anderen aus. Dann, als er nur noch lallen konnte, sagte er: »So, jetzt werde ich dir dein Gastgeschenk geben. Ich verspreche dir, Niemand, dass ich dich als Letzten fressen werde.«

Und mit diesen Worten fiel er um wie ein gefällter Baum und sank in betrunkenen Schlaf.

Nun war die Stunde für Odysseus gekommen. Gemeinsam mit seinen restlichen Gefährten holte er den versteckten Pfahl hervor, der so schwer war, dass ihn nur mehrere Männer handhaben konnten. Sie hielten die Spitze ins Feuer, bis sie glühte. Dann nahmen sie ihn aus den Flammen und stießen das glühende Ende mit aller Kraft gemeinsam in das einzige Auge des Ungeheuers, so, wie der Zimmermann einen Schiffsbalken durchbohrt. Es prasselte und zischte wie heißes Eisen im Wasser, und Wimpern und Braue des Kyklopen fingen Feuer.

Polyphemos brüllte grauenvoll, bäumte sich auf und riss sich mit beiden Händen den Pfahl aus dem Auge, während die Griechen sich in den äußersten Winkel der Höhle verkrochen.

Polyphemos schrie immer weiter und weckte die anderen Kyklopen der Insel auf. Sie versammelten sich vor der verschlossenen Tür und fragten: »Warum schreist du so? Will dir jemand etwas antun?«

Und der Riese antwortete (so wie der schlaue Odysseus es vorhergesehen hatte): »Niemand tut mir etwas! Niemand versucht, mich zu ermorden!«

Daraufhin meinten die anderen Kyklopen: »Wenn dir niemand etwas tut, dann können wir uns ja wieder zur Ruhe legen. Bete zu deinem Vater Poseidon, dass er dir hilft, wenn du eine Krankheit hast!«

Und sie entfernten sich wieder.

Nun hatte Odysseus erfahren, dass der Kyklop einen Gott zum Vater hatte – noch dazu einen, auf den er in der nächsten Zeit angewiesen sein würde, denn Poseidon war ja zuständig für die ruhige Heimkehr der Seeleute. Er konnte nur hoffen, dass sich der Meeresgott wenig aus diesen Kyklopen machte.

Vor Schmerzen winselnd, tappte Polyphemos in der Höhle umher und versuchte, einen der Griechen auf gut Glück zu fangen, aber es gelang ihm blind nicht, die Sehenden zu erwischen.

Inzwischen traf Odysseus weitere Vorkehrungen für die Rettung seiner Gefährten und sich selbst. Mit den Weidenruten, die dem Polyphemos als Unterlage für sein Bett dienten, band er jeweils drei Widder zusammen – solche, die besonders dicke Wolle hatten –, und unter dem mittleren klammerte sich jeweils einer der Griechen fest. Er selbst wählte sich den stattlichsten Schafbock und beschloss, sich unter ihm festzukrallen, wenn Polyphemos am Morgen die Herde ins Freie ließ.

Die List glückte. Der Riese tappte zur Tür, wälzte den Stein zur Seite und ließ die Tiere ins Freie. Sorgfältig betastete er ihre Rücken, weil er dachte, die Griechen hätten sich als Reiter daraufgesetzt – aber eben nur die Rücken. Auf diese Weise entkamen die Männer dem furchtbaren Ungetüm.

Odysseus löste sich von seinem Widder und band die Gefährten los.

Kaum hatten sie alle begriffen, dass sie gerettet waren, begnügten sie sich nicht etwa damit, sondern trieben die ganze Herde des Polyphemos als Beute aufs Schiff.

Sobald sie aber das Schiff vom Strand weggerudert hatten, packten den Odysseus außerdem Tollheit und Hochmut, und getrieben von Ruhmsucht, erhob er die Stimme und begann, den Kyklopen zu verhöhnen. Törichterweise nannte er dabei seinen richtigen Namen, damit das dumme Ungeheuer auch ganz genau erfahren sollte, wer es so schrecklich verletzt hatte.

Polyphemos war zwar blind, aber von seinen Kräften hatte er nichts verloren.

Er ergriff einen mächtigen Felsblock und schleuderte ihn in

Richtung des Schiffes, sodass die Flut hoch aufspritzte. Nur um ein Haar verfehlte er das Ende des Steuerruders und die Griechen mussten sich mit aller Kraft in die Riemen legen, um aus der Reichweite der nächsten Steinwürfe zu kommen.

Mit Müh und Not konnten sie sich retten. Odysseus hatte durch seine Unbesonnenheit und Geltungssucht ihr Leben erneut in Gefahr gebracht. Und es sollte noch schlimmer kommen.

Der blinde Kyklop hatte den Namen sehr wohl behalten, und er lief zu seinem Vater Poseidon und flehte ihn an, den Frevler Odysseus zu strafen.

Und der Gott erhörte seinen geblendeten Sohn. Die Olympier sind nun einmal sehr empfindlich, wenn sich die Menschen erdreisten, sich etwas gegen sie herauszunehmen.

Von nun an hegte Poseidon einen unversöhnlichen Hass gegen Odysseus.

Der Herr der Winde und das Reich der Riesen

Von der Insel des Polyphemos segelten die entkommenen Griechen weiter zur Insel des Aiolos. Der war der Hüter der Winde und hatte die Macht zu bestimmen, ob es Sturm gab oder den Seefahrern freundlicher Westwind die Segel blähte.

Odysseus und die Seinen wurden von ihm gastfreundlich aufgenommen. Aiolos, seine Frau und seine Familie waren begierig darauf, Neuigkeiten zu erfahren. Sie ließen sich vom Kampf um Troja, vom Untergang der Stadt und von den heldenhaften griechischen Fürsten berichten, und während eines ganzen Monats waren die Seefahrer gern gesehene Gäste bei Aiolos. Dann aber drängte Odysseus zur Weiterfahrt.

Zum Abschied gab ihm Aiolos ein wunderbares Geschenk. Es

war ein mächtiger Schlauch aus frischer Ochsenhaut, in dem alle widrigen Winde verschlossen waren. Nur der sanfte Westwind blieb frei, um den Schiffen der Griechen eine glückliche Heimkehr zu ermöglichen.

Neun Tage und neun Nächte segelten sie dahin, und in der zehnten Nacht waren sie ihrer Heimat Ithaka so nahe, dass sie schon die Wachfeuer des Hafens sehen konnten.

Erschöpft von der Mühsal der letzten Tage – denn er hatte während der ganzen Zeit selbst das Steuer gehalten –, gönnte sich Odysseus einen friedlichen Schlaf. Das wurde ihnen allen zum Verhängnis.

Die Männer hatten schon die ganze Zeit über mit gierigen Blicken den Schlauch betrachtet, den Aiolos ihrem Anführer gegeben hatte. Sie vermuteten, dass Odysseus von dem König einen reichen Schatz an Gold und Silber erhalten hatte, den er mit ihnen nicht teilen wollte. Und Poseidon, der diese Gelegenheit nutzte, seinen Sohn zu rächen, gab ihnen einen Plan ein. Als Odysseus schlief, nutzten sie die Gelegenheit und öffneten den Schlauch – und wie rasend brachen die ungünstigen Winde hervor. Die Wut der Orkane warf sie in kürzester Zeit wieder zurück zur Insel des Aiolos.

Mit Erstaunen und Verwunderung sah der, dass die griechischen Schiffe wieder in seinem Hafen einliefen.

Als er aber erfuhr, dass die Griechen sein Geschenk missbraucht hatten, erbleichte er.

»Ein Gott muss euch zürnen«, sagte er. »Verlasst diese Insel, so schnell ihr könnt. Ich will mir nicht den Zorn der Unsterblichen einhandeln, indem ich jemanden beschütze, der einen Frevel begangen hat – und ihr müsst große Frevler sein, wenn euch dergleichen zustößt.«

Betrübt fuhren die Griechen davon.

Schließlich sichteten sie wieder eine Küste und elf der zwölf Schiffe liefen in einen Hafen ein, der von hohen Felsen umgeben war. Nur das Flaggschiff des Odysseus hatte vorsichtig am Hafeneingang festgemacht.

Eine größere Stadt schien in der Nähe zu sein, denn hinter einem Berggipfel stieg Rauch auf.

Wieder schickte Odysseus drei Kundschafter aus. Die Männer machten sich auf, und bald trafen sie auf ein riesenhaftes Mädchen, viel größer als sie selbst, das aus einer Quelle Wasser schöpfte. Sie begrüßte die Fremden freundlich und wies ihnen den Weg zum Haus ihres Vaters, des Königs der Insel.

Die Freude über die angebliche Gastfreundschaft verwandelte sich aber schnell in blankes Entsetzen, denn der Hausherr, ein Mann von gewaltiger Statur, packte ohne weitere Vorrede einen von ihnen und fraß ihn auf. Den anderen beiden gelang es zu entfliehen. Schreiend rannten sie zu den Schiffen zurück. Aber ihre Warnung kam zu spät: Der König dieses menschenfressenden Riesenvolkes hatte bereits seine Untertanen zusammengerufen. Mit mächtigen Schritten näherten sie sich dem Hafenbecken, griffen nach Felsbrocken und zermalmten die Schiffe, die sich dort aufhielten. Das schreckliche Krachen der berstenden Planken mischte sich mit den Todesschreien der Menschen, die, falls sie nicht ertranken, von den Riesen wie Fische aufgespießt und zum Abendessen fortgetragen wurden.

Das war das Ende der Flotte aus Ithaka.

Odysseus rettete noch an Gefährten aus dem Wasser, was zu retten war, doch als die Riesen durch das Wasser wateten und sich auch der Hafeneinfahrt näherten, kappte er mit dem Schwert die Taue, die das Schiff am Felsen festhielten, und bleich vor Entsetzen ruderten die verbliebenen Männer fort von dem Land der Menschenfresser.

Bei Kirke

Auf einem einzigen Schiff zusammengedrängt, fuhr nun der Rest der Mannschaft aus Ithaka weiter. Als sie eine waldige Insel am Horizont auftauchen sahen, waren sie alles andere als froh. Nach den schrecklichen Erlebnissen wären sie am liebsten gar nicht gelandet, aber natürlich brauchten sie frisches Wasser und neuen Proviant. Entmutigt und verzagt wagte die kleine Schar zwei Tage lang nicht, sich weiter als ein paar Schritte von ihrem Schiff zu entfernen. Am dritten Tag schließlich riss Odysseus der Geduldsfaden. Er unternahm selbst einen Erkundungsgang und sah bald inmitten von Wäldern ein schönes Haus liegen. Vielleicht, so hoffte er, würde man dort einen freundlichen Empfang finden.

Er kehrte zu seinen Gefährten zurück und erzählte von seiner Entdeckung, und obwohl die verängstigten Männer Einwände erhoben, befahl er, die Insel zu erkunden, denn die Lebensmittelvorräte auf dem Schiff wurden ernsthaft knapp. Er teilte zwei Suchtrupps ein, von denen der eine von ihm selbst, der andere von Eurylochos, einem vornehmen Ithaker, geführt werden sollte. Dann warfen sie das Los, wer zuerst aufbrechen sollte, und es traf den Eurylochos. Schicksalsergeben zog er mit zweiundzwanzig Männern los.

Bangen Herzens wartete der Rest der Mannschaft auf ihre Rückkehr. Es wurde Abend. Niemand war in Sicht. Aber dann – zu ihrem Entsetzen – kehrte Eurylochos allein zurück, bleich und verstört, und konnte zuerst vor Tränen nicht sprechen. Schließlich berichtete er Folgendes: Sie fanden bald das Haus im Tal. Zunächst wagten sie sich nicht näher heran, denn Löwen mit zottigen Mähnen und spitzzahnige Wölfe umschlichen das Anwesen wie Wächter. Als sie sich dann aber doch vorsichtig näherten, kamen die wilden Tiere demütig auf sie zu, leckten ihnen die Hände und umschmeichelten ihre Knie wie zahme Schoßhunde. Vorsichtig gingen sie weiter. Einerseits war es erleichternd, dass die Bestien ihnen nichts antun wollten, aber es war auch unheimlich.

Doch dann hörten sie jemanden ein Lied singen. Eine melodische Frauenstimme erklang aus dem Innern des Hauses. Das schien ihnen ein gutes Omen zu sein. Ein besonders Mutiger wagte sich noch näher heran und spähte durch die Pforte des Hauses. Da sah er eine wunderschöne Frau an einem Webstuhl sitzen. Er rief sie an, und sie kam sofort heraus und lud alle mit freundlichem Lächeln ein, mit ihr gemeinsam zu speisen.

Die Männer fühlten sich wie erlöst und strömten lachend und einander stoßend in das Haus.

Nur dem misstrauischen Eurylochos war die Sache nicht geheuer; er folgte der Frau nicht und versteckte sich draußen. Was dann geschah, sah er nicht mit an, aber anstelle seiner Gefährten kamen aus dem Haus plötzlich borstige Schweine gerannt und wurden von der Frau mit einem Stab in den Koben getrieben.

Für Eurylochos war klar: Das konnten nur seine Gefährten sein! In Panik rannte er zum Schiff zurück.

Nach dieser grässlichen Geschichte hätten die meisten der Seefahrer am liebsten gleich die Anker gelichtet.

Aber Odysseus hatte als Kapitän die Verantwortung für seine Mannschaft und war sich dessen wohl bewusst. Er beschloss, einen Befreiungsversuch zu unternehmen. Er wappnete sich mit Schild, Schwert und Lanze und machte sich allein auf den Weg, denn weder Eurylochos noch den anderen wollte er zumuten, sich den Gefahren auszusetzen, die ihnen von dieser Frau drohten. Falls er nicht wiederkommen würde, so bestimmte er, sollte

Eurylochos das Kommando über das Schiff übernehmen und die Leute nach Ithaka führen.

Zu allem entschlossen, brach er auf.

Nun aber griffen die Götter ein, und diesmal zum Guten. Odysseus war ja schon vor Troja ein besonderer Liebling der Pallas Athene gewesen. Jetzt hatte sie sich für ihren Heros nach Verbündeten umgesehen.

Auf halbem Wege begegnete Odysseus einem jungen Mann, der in Wirklichkeit Hermes war. Der hielt ihn auf und sagte: »Unglücklicher, sei vorsichtig! Du weißt nicht, mit wem du dich einlässt! Die Frau dort in dem Haus ist die Halbgöttin Kirke, eine Tochter des Sonnengottes. Sie kennt alle Arten von schädlichen Drogen und Zauberkräutern, und es ist ihr eine besondere Freude, Männer und Frauen in Tiere zu verwandeln. Deine Freunde haben mit ihr gespeist und von ihrem Wein getrunken, und das war ihr Verderben, denn ihre Sinne waren umnebelt. Sodann brauchte Kirke sie nur noch mit der Zauberrute zu berühren, und schon waren sie in Schweine verwandelt. Aber sei getrost. Ich will dir helfen, dass du vor einem solchen Schicksal bewahrt bleibst. Hier, nimm diese Pflanze!«

Mit diesen Worten bückte er sich und zog eine schwarze Wurzel mit milchweißer Blüte aus dem Boden, die vorher nicht zu sehen gewesen war. Er gab die Wurzel Odysseus. »Dies Kraut heißt Moly«, sagte er, »behalte es bei dir und es wird dich gegen Kirkes Zauberei immun machen. Wenn sie dich also mit dem Stab berührt und merkt, dass du nicht verzaubert wirst, so nutze ihre Verwirrung, zieh gleich dein Schwert und bedroh sie mit dem Tod. Zwinge ihr den Eid ab, dass dir nichts geschehen wird. Selbst Kirke wird einen Eid, den sie bei den unsterblichen Göttern geschworen hat, nicht brechen.«

So sprach Hermes und enteilte auf geflügelten Schuhen.

Odysseus tat, wie es ihm der Gott geraten hatte. Er rief nach der Zauberin, und schon öffnete sie ihm die Pforte und begrüßte ihn freundlich, wie vorhin die anderen, und reichte ihm einen Becher Wein.

Sie sah voller Vergnügen in ihm das nächste Opfer, einen weiteren Menschen, den sie in ein Tier verwandeln konnte. Als sie meinte, dass der Trank wirkte und ihr Gast umnebelt genug war, berührte sie ihn mit ihrem Stab und sagte mit bösem Lachen: »So, nun geh in den Koben zu deinen grunzenden Gefährten, sie erwarten dich bestimmt schon!«

Aber zu ihrem Schrecken trat keinerlei Verwandlung ein! Im Gegenteil, der Fremde zog das Schwert, stürzte auf sie los und machte Miene, sie umzubringen.

Kirke schrie laut auf. Schnell warf sie sich vor Odysseus auf den Boden, umfasste seine Knie und stammelte: »Steck deine Waffe weg, mächtiger Held! Wer bist du, und woher stammst du? Bist du überhaupt ein Sterblicher? Denn kein Mann hat bisher meinem Zaubertrank widerstanden. Ja, einst hat es mir Hermes gesagt: Ein Mann wird auf meine Insel kommen, nachdem Troja gefallen ist, und an ihm werden meine Zauberkünste zunichte. Sein Name ist Odysseus. Bist du jener Odysseus – dann sei mir willkommen! Ich bin bereit, mit dir das Lager zu teilen. Vertrau mir, so wie ich dir vertraue!«

Odysseus aber hielt sie weiter mit dem blanken Schwert in Schach und erwiderte: »Schnell bist du mit deinem Sinneswandel, zu schnell! Wie soll ich dir vertrauen? Du hast meine Gefährten in Tiere verwandelt, und sicher willst du mich ebenfalls verhexen, wenn ich mit dir das Lager besteige und waffenlos und schwach bin! Nein, erst sollst du mir mit heiligem Eid geloben, dass du mir kein Übel antun willst.«

Das tat die Göttin, und nun war Odysseus bereit, sich mit ihr zu vergnügen, denn sie, als eine Tochter des Sonnengottes, war schön wie der helle Tag, und der Krieger Odysseus hatte lange Zeit keine Frau mehr angesehen.

Am anderen Morgen aber, als er erwachte, erschienen vier Nymphen, die der Kirke dienten, und begannen, das Haus zu schmücken.

Eine bedeckte die Thronsessel in der Halle mit purpurnen Polstern, die zweite stellte silberne Tische vor die Sessel und setzte darauf goldene Körbe, die dritte mischte Wein mit Wasser und verteilte ihn in goldene Becher. Die vierte endlich holte frisches Quellwasser und erhitzte es in einem Kessel über dem Feuer, denn sie sollte Odysseus das Bad bereiten.

Als die Nymphen ihn mit einem Kräutersud gewaschen, gesalbt und mit prächtigen Gewändern ausstaffiert hatten, führten sie ihn zu Kirke, damit er mit ihr das Morgenmahl genießen konnte. Aber der Wein und die köstlichen Speisen reizten ihn nicht. Er saß mit verschränkten Armen am Tisch und sah kummervoll vor sich hin.

Kirke aber sagte schmeichelnd: »Warum verschmähst du, was auf dem Tisch steht, Liebster? Fürchtest du etwa, ich würde dir jetzt noch etwas antun? Ich habe doch einen Eid geleistet – und außerdem bist du mir schon ans Herz gewachsen!«

Odysseus erwiderte: »Wie könnte ich mich hier an Essen und Trinken gütlich tun und meine Gefährten müssen sich im Schweinekoben von Abfällen ernähren? Erlöse sie von deinem Zauber und bringe sie her!«

Kirke ließ sich nicht lange bitten. Sie warf ein Kraut in den Schweinestall, das die Tiere in Männer zurückverwandelte, und sie waren durch das Zaubermittel sogar größer und schöner als vorher.

Dann sagte Kirke: »Du siehst, dass ich dir und den Deinen

wohlwill. Nun tu mir den Gefallen, geh zum Strand, lass dein Schiff an Land ziehen, und bringe den Rest deiner Besatzung her, damit sie sich ausruhen und wir alle uns miteinander vergnügen können.«

Odysseus befolgte ihren Rat, und obwohl der misstrauische Eurylochos erst Einwände erhob, gingen schließlich alle Seeleute an Land und genossen die Gastfreundschaft der Zauberin und ihrer Nymphen, und es gefiel ihnen so gut, dass sie die Heimreise immer weiter hinausschoben und ein ganzes Jahr auf der Insel blieben.

Odysseus in der Unterwelt

Dann aber wurde das Heimweh bei den Gefährten übermächtig, und obwohl Odysseus sehr in Kirke verliebt war, beugte er sich ihrem Drängen und bat die Halbgöttin, sie alle nach Haus zu entlassen.

Kirke willigte ein, wenn auch ungern. Sie riet ihm aber, zuvor in die Unterwelt zu reisen und dort Teiresias zu befragen, den thebanischen Seher, der bald nach dem Tod des Oidipus gestorben war und sein Dasein unter den Schatten fristete. Als Einzigem unter den Toten war ihm sein Verstand und sogar die Gabe der Weissagung geblieben. Der Weise würde als Einziger in der Lage sein, ihn zu beraten, wie er die Heimat erreichen könne. Kirke gab ihm genaue Anweisungen, wie er und seine Gefährten sich bei dieser gefährlichen Reise in den Hades zu verhalten hätten.

Widerstrebend ließen sich die Männer auf ein so grausiges Abenteuer ein, denn vor den Schatten der Unterwelt hatten alle Angst.

Während der Vorbereitungen zur Abreise versuchten sie, ihre Furcht mit Wein zu betäuben. Einer von ihnen, der Seemann Elpenor, hatte allzu viel getrunken. Er wollte sich schlafen legen, stürzte vom Dach des Hauses und brach sich das Genick. In der Eile aber – man war kurz vor dem Auslaufen und der Wind blähte schon die Segel – konnten die Griechen nicht mehr für eine ordentliche Bestattung sorgen.

Ganz ohne Steuer segelte das Schiff dahin – denn zur Unterwelt führt für Sterbliche kein Wille und kein Plan – und kam schließlich zum Land der Kimmerer, wo die Sonne niemals scheint und das in ewigem Nebel liegt. Dort gingen die Männer an Land, und Odysseus befolgte aufs Genaueste die Anweisungen, die ihm Kirke gegeben hatte. An der Stelle, wo zwei Flüsse der Unterwelt in einen dritten münden, ließ er ein Loch graben und goss für die Toten ein Trankopfer hinein, erst Milch, Wein, Honig und Wasser, worüber er Gerstenmehl streute. Dann opferte er einen Widder und ein Mutterschaf.

Aber in dem Augenblick, in dem das Blut aus den Kehlen der Tiere in das Loch floss, tauchten die Seelen der Toten in Scharen auf, begierig nach dem Trank, der ihnen wenigstens für kurze Dauer das Gefühl zurückgeben würde, sie seien am Leben. Männer und Frauen, Greise und zarte Jungfrauen, kleine Kinder und Krieger mit klaffenden Wunden – geisterhaft umkreisten sie alle die Opfergrube, klagend und stöhnend.

Odysseus standen vor Entsetzen die Haare zu Berge. Schnell ermahnte er seine Männer, nach Kirkes Rat die geopferten Tiere zu verbrennen. Er selbst aber hielt mit blankem Schwert Wache und verwehrte den Schattenwesen, von dem Opferblut zu lecken, denn zuerst musste Teiresias seinen Anteil bekommen.

Da näherte sich der Geist des Elpenor, jenes Mannes, der bei Kirke vom Dach gefallen war, und verlangte jammernd nach ehrenvoller Bestattung. Odysseus versprach, die Bitte zu erfüllen, aber er ließ ihn nicht von dem Blut trinken. Dann entdeckte er seine eigene Mutter! Als er Ithaka vor einem Jahrzehnt verlassen hatte, war sie noch unter den Lebenden gewesen. Auch sie verlangte gierig, von dem belebenden Blut zu trinken. Odysseus weinte vor Schmerz und Mitleid, aber er konnte ihr den Trunk nicht gewähren. Es ging um ihn und seine Mannschaft, um ihre Heimkehr.

Dann endlich erschien Teiresias. Ihn ließ Odysseus von dem Opferblut trinken und fragte ihn dann, wie er sicher in seine Heimat zurückkehren könne.

»Erwarte keine leichte Heimreise!«, erwiderte der große Seher seufzend. »Du hast Polyphemos, den Sohn des Poseidon, geblendet und der Gott verfolgt dich mit seinem Zorn. Vor allem aber hüte dich, auf der Insel Thrinakia die Rinder des Sonnengottes Helios anzurühren! Wenn du oder deine Männer diese Tiere auch nur verletzen, so wird keiner von ihnen Ithaka erreichen. Du, listenreicher Odysseus, vielleicht als Einziger – aber nicht auf eigenem Schiff. Und wenn du dann tatsächlich dein Haus erreichst, glaube nicht, dass du dort Ruhe und Frieden vorfinden wirst! Übermütige junge Männer verprassen dein Hab und Gut und bedrängen deine Frau Penelope, dich zu vergessen und einen von ihnen zu heiraten! Bessere Kunde habe ich nicht für dich. Nun fahre dahin.«

Darauf verschwand der Schatten wieder und nun endlich ließ Odysseus auch seine Mutter an das Trankopfer. Beunruhigt von den Prophezeiungen des Teiresias, befragte er sie nach den Zuständen auf seiner Heimatinsel. Die Mutter bestätigte das, was der Seher gesagt hatte. »Deine Frau ist dir unerschütterlich treu und dein junger Sohn versucht, an deiner Stelle der Herr im Haus zu sein, aber die unverschämten Freier lassen sich nichts vorschreiben. Dein alter Vater hat sich aufs Land zurückgezogen und lebt dort wie ein einfacher Bauer, weil er nicht mehr mit ansehen konnte, was sich in deinem Haus abspielt. Ich aber bin vor Gram gestorben.«

Odysseus war zutiefst erschüttert von dem, was der Schatten seiner Mutter ihm erzählt hatte. Er begriff, wie dringend seine Heimkehr erforderlich war. Aber bevor er sich in Grübeleien verlieren konnte, stürmten andere Abgeschiedene auf ihn ein, Kriegskameraden von Troja, darunter Agamemnon, der von seinem kläglichen Ende zu Haus berichtete, von seiner Ermordung durch seine Frau und deren Geliebten. Auch Achilleus kam zu ihm. Als Odysseus ihm aber sagte, dass er auf Erden wie ein Gott geehrt sei und doch sicher auch eine hohe Stellung im Schattenreich innehaben würde, antwortete Achilleus: »Lieber wollte ich als Tagelöhner das Feld bestellen, als Herr über Heerscharen von Toten zu sein. Die Hallen des Hades sind schauerlich und finster!«

Dann aber näherten sich die nach Lebensblut begierigen Schatten in solchen Massen, dass Odysseus das helle Grausen ergriff. Er verließ schnellen Schrittes die Stätte mit der Opfergrube, eilte zum Schiff zurück und segelte mit seinen Männern davon.

Die Sirenen und der Meeresstrudel

Ohne weitere Zwischenfälle reisten die Ithaker zurück zu Kirkes Insel, um dort den toten Elpenor zu verbrennen und seine Asche zu bestatten, wie es Odysseus seinem Schatten versprochen hatte.

Sie ließen sich frischen Proviant für die Weiterreise geben und stärkten sich nach den Schrecken der Fahrt in die Unterwelt mit Wein, Fleisch und Brot.

Die kluge Halbgöttin aber gab Odysseus noch genaue Hinweise, wie er sich bei den künftigen Gefahren verhalten sollte, und vor allem ermahnte sie ihn noch einmal, wie es schon Teiresias getan hatte: »Verletze oder töte auf Thrinakia kein einziges Tier aus der Herde des Helios! Das würde schreckliche Folgen haben!«

Im Morgengrauen des nächsten Tages brachen die Seefahrer auf, neuen Abenteuern entgegen; zum Abschied sandte ihnen Kirke einen günstigen Südwind nach.

Es dauerte nicht lange und sie näherten sich der Insel der Sirenen, von denen ihnen die wissende Halbgöttin berichtet hatte.

Diese Sirenen waren Zwitterwesen, halb Vogel, halb Frau, sie hatten scharfe Klauen und Flügel, aber liebliche Frauengesichter, und vor allem: Sie sangen. Sie sangen unbeschreiblich betörend. Ihrem Gesang konnte kein Seefahrer widerstehen. Doch wenn er sich dann dichter heranlocken ließ, kenterte das Schiff, und die Sirenen machten sich über die Besatzung her und verspeisten sie – das Ufer war übersät mit menschlichen Knochen. Als einziges Schiff war ihnen bisher die Argo entkommen, jener berühmte Segler, mit dem die Argonauten das Goldene Vlies nach Griechenland gebracht hatten. Damals war der große Sänger Orpheus an Bord, gegen dessen Klänge sie nicht ankamen.

Kaum war die Insel in Sicht, da legte sich der Wind. Das Meer war glatt wie ein Spiegel und an Segeln war nicht mehr zu denken.

Nun war es an Odysseus, die Ratschläge der Kirke zu befolgen! Er goss Wachs in die Ohren seiner Gefährten, damit sie den Gesang nicht hören konnten und nicht in Versuchung gerieten.

Er selbst aber wollte um nichts in der Welt diese herrliche Musik versäumen und ließ sich mit Stricken an den Mastbaum fesseln. Seinen Gefährten schärfte er ein: »Wenn ich euch anflehen sollte, mich loszubinden, so folgt meinem Befehl nicht, sondern bindet mich noch fester!«

Dann legte sich die Besatzung in die Ruder, um so schnell wie möglich an dem gefährlichen Strand vorbeizukommen. Kaum hatten die Wesen das Schiff erspäht, als sie schon mit ihrem Gesang begannen. Sie lockten und girrten mit so süßen, melodischen Stimmen, dass Odysseus alles vergaß und außer sich geriet vor Entzücken. Er gab mit dem Kopf ein Zeichen, man solle ihn losbinden, denn er wollte unbedingt näher heran zu diesen Zauberklängen. Aber die Gefährten erinnerten sich an seinen Befehl und knoteten noch ein paar Stricke mehr um ihren Anführer.

Als sie schließlich die Insel hinter sich gelassen hatten und außer Hörweite des Sirenengesangs kamen, nahmen sie sich selbst das Wachs aus den Ohren und befreiten ihren Kapitän, und er dankte ihnen herzlich für ihre Standhaftigkeit.

Aber nach dem lieblichen Gesang erklang nun sofort etwas Schreckliches und die Mannschaft mit Odysseus erschauerte: Das Tosen und Donnern von gewaltigen Wassermassen war zu hören. Es kam von einem riesigen Strudel in einer Meerenge, den man Charybdis nannte. Er saugte das Wasser ein und spie es dann wieder aus.

Die Männer ließen vor Schreck die Ruder sinken, aber Odysseus lief übers Schiff und sprach ihnen Mut zu. Er befahl ihnen, aus allen Kräften zu rudern, und wies den Steuermann an, so dicht wie möglich unter einem überhängenden Felsen entlangzusteuern, um dem Wirbel zu entgehen.

Um sie nicht zu verunsichern, hatte er ihnen aber verschwiegen, was Kirke ihm noch gesagt hatte: dass nämlich am Felsen gegenüber die Skylla, ein sechsköpfiges menschenfressendes Ungeheuer, lauerte.

Aller Augen waren auf das entsetzliche Schauspiel gerichtet, das die Charybdis bot: Solange die Flut herausschoss aus ihrem wirbelnden Rachen, flog weißer Schaum durch die Luft wie aus einem überkochenden Kessel, aber sobald sie die Wassermassen wieder einsog, konnte man in den Strudel bis auf den schwarzen Sand des Meeresgrunds hinabsehen, und die Felsen dröhnten und bebten.

Wie gebannt starrten die Seefahrer in den grausigen Abgrund und beeilten sich, über die Ruder gebeugt, so schnell wie möglich dem Strudel zu entkommen. Dabei bemerkte keiner, dass die gierige Skylla am jenseitigen Ufer bereits ihre sechs Schlangenhälse ausstreckte. Und schon verschwanden sechs der Ruderer zwischen ihren scharfen Zähnen! Odysseus sah sie zappeln und hörte, wie sie verzweifelt seinen Namen riefen – aber er war machtlos.

Wie betäubt vom ausgestandenen Entsetzen, zitternd und heulend, ließen sie schließlich Skylla und Charybdis hinter sich. Vor ihnen lag im ruhigen Meer, glänzend im Sonnenlicht, verheißungsvoll friedlich, die Insel Thrinakia, wo die Herden des Helios weideten. Odysseus erinnerte sich der doppelten Warnung: Sowohl der Seher Teiresias als auch Kirke hatten ihn eindringlich beschworen, die Rinder und Schafe des Gottes nicht zu verletzen, falls er und die Seinen jemals die Heimat erreichen wollten. Deshalb befahl er, an der Insel vorüberzurudern.

Aber nun gab es fast eine Meuterei.

Eurylochos machte sich zum Wortführer der Mannschaft. »Was bist du doch für ein unbarmherziger Mann, Odysseus!«, rief er zornig. »Wir alle sind übermüdet und entkräftet und der

Schrecken hat unsere Seelen erbeben lassen. Willst du uns nicht gönnen, wenigstens für eine Nacht den Fuß an Land zu setzen? Es ist ohnehin töricht, bei Nacht in dem unbekannten Gewässer weiterzufahren! Also gönne uns diese Pause!«

Und die anderen stimmten ihm lärmend zu und schlugen mit den Fäusten auf ihre Ruderstangen.

Odysseus begriff, dass er nachgeben musste. Aber er ahnte Unheil.

Die Rinder des Helios und der Schiffbruch

Seine Ahnungen vertieften sich, als in der Nacht der Wind umschlug. Der aufkommende Südsturm hätte sie unfehlbar zu Skylla und Charybdis zurückgetrieben. Sie mussten also noch einige Nächte auf der Insel aushalten.

Doch es blieb nicht bei einigen Nächten. Einen ganzen Monat lang änderte sich das Wetter nicht.

Solange ihre Lebensmittelvorräte reichten, hielten sich die Männer an Odysseus' strenge Anweisung, die Herden nicht anzurühren, die da friedlich Wiesen und Haine bevölkerten. Aber dann war das aufgezehrt, was Kirke ihnen mitgegeben hatte. Man verlegte sich aufs Fischen und Jagen, jedoch nicht immer mit Erfolg, und die Mannschaft litt Hunger.

Odysseus ging ins Landesinnere, um ungestört von seiner aufmüpfigen Truppe die Götter um Rettung anzuflehen. Erschöpft von der Anspannung der letzten Zeit und seinen ständigen Bemühungen, die Disziplin seiner zermürbten Landsleute aufrechtzuerhalten, schlief er ein, nachdem er gebetet hatte.

Die Zeit nutzte der rebellische Eurylochos, um die Männer aufzuwiegeln.

»Was kann schlimmer sein«, sagte er zu den Gefährten, »als langsam zu verhungern, während einem die fetten Rinder vor der Nase weiden? Wir werden ein paar schlachten und davon reichlich den Göttern opfern, vom Rest des Fleisches jedoch können wir uns sättigen. Wenn wir erst in Ithaka sind, werden wir dem Helios einen herrlichen Tempel bauen und ihm Weihegeschenke spenden, um ihn zu versöhnen. Sollten wir aber wirklich umkommen, so ist mir ein Tod in den Wellen lieber als der Hungertod hier.«

Nur allzu freudig stimmten die anderen zu.

Als Odysseus zum Lager zurückkehrte, roch er schon von Weitem den Duft des gebratenen Fleisches. Er wusste, das Unglück war geschehen.

Es half nichts, dass er jetzt zornig und verzweifelt mit den Männern schalt. Sie stillten ihren Hunger, und was kommen würde, war ihnen im Augenblick gleichgültig.

Natürlich hatte Helios den Frevel sofort bemerkt. Rasend vor Zorn war er zum Olymp geeilt und hatte Zeus gebeten, die Schuldigen zu bestrafen. Er drohte sogar, den Sonnenwagen in die Unterwelt zu lenken und die Erde nicht mehr zu beleuchten, wenn er nicht gerächt würde.

Zeus selbst war entrüstet über die Übeltat.

»Leuchte du weiter Göttern und Menschen!«, sprach er. »Ich werde diese Verbrecher vernichten, verlass dich darauf!«

Sechs Tage nährten sich die Griechen von dem Fleisch der geschlachteten Rinder. Aber es gab bereits unheimliche Vorzeichen: Die Häute der Tiere krochen herum, als ob sie lebendig wären, und nachts brüllte das rohe Fleisch, so wie Rinder brüllen.

Am siebten Tag drehte der Wind endlich. Alle schöpften Hoffnung. Nur fort von der Insel! Man beeilte sich, von der Stätte des Unheils fortzukommen, und setzte Segel.

Kaum war das Land außer Sicht, als Zeus zuschlug. Eine blauschwarze Wolke breitete sich direkt über dem Schiff aus, und ein rasender Orkan knickte den Mast, als sei er ein Strohhalm. Er stürzte aufs Deck und riss das Takelwerk mit sich. Schlag auf Schlag ging es weiter: Blitze zuckten vom Himmel und hüllten das Schiff in Schwefeldämpfe, der Kiel barst, und die Gefährten zappelten im aufgewühlten Meer und gingen schließlich unter. Das war das Ende der letzten Männer aus Ithaka, die vor Troja gekämpft hatten.

Odysseus hatte eines der ledernen Taue genommen und sich geistesgegenwärtig an den treibenden Mastbaum geklammert; ein Stück des Kiels schwamm ihm entgegen, und er verband es mit dem Mast, sodass eine Art Floß entstand.

Als sich der tobende Sturm legte, entdeckte er entsetzt, dass er der einzige Überlebende war.

Aber damit nicht genug. Zu allem Unglück begann nun der Südwind wieder zu wehen und trieb ihn direkt Richtung Skylla und Charybdis.

In der Morgendämmerung sah er bereits die spitzkantigen Felsen der Meerenge und hörte das furchtbare Brüllen des Strudels.

Als das Floß sich schließlich, vom Sog gepackt, hochkant stellte, wurde Odysseus durch die Luft gewirbelt. Und während die Charybdis unter ihm Mast und Kiel verschlang, konnte er sich gerade noch an die Äste eines Feigenbaums klammern, der über den Strudel hinausragte.

Dort hing er wie eine Fledermaus und hielt sich krampfhaft fest. Dabei behielt er die Charybdis fest im Blick und spähte mit zusammengekniffenen Augen in die Gischt. Als dann der Strudel Mast und Kiel wieder ausspie, warf er sich ins Wasser, enterte sein Floß und ruderte mit den Händen so schnell er konnte weg von dem entsetzlichen Wirbel. Zum Glück trieb sein »Fahrzeug« nicht auf der Seite der Skylla dahin.

Neun Tage war er auf dem notdürftigen Floß ohne Speise und Trank auf dem Meer, bis er schließlich völlig entkräftet an einen fremden Strand gespült wurde.

In Kalypsos Grotte

Die Insel, wo Odysseus gelandet war, hieß Ogygia, und auf ihr lebte eine einsame schöne Göttin mit ihren Nymphen, so wie es Kirke auf ihrer Insel auch tat. Diese Schöne hier hieß Kalypso und hegte den Menschen gegenüber keine bösen Absichten. Als sie den Schiffbrüchigen am Ufer fand, nahm sie ihn sogleich fürsorglich auf. Und nachdem er gegessen und getrunken, gebadet und sich von seinen Strapazen erholt hatte, gefiel er der Göttin über die Maßen und sie nahm ihn mit in ihr Bett.

Hatte Kirke in einem prachtvollen Haus gelebt, so bewohnte Kalypso eine Grotte, die aber einer gebauten Wohnung an Bequemlichkeit und Schönheit in nichts nachstand. Am Eingang wuchs ein Weinstock. Er rankte sich um das Felsengewölbe und die reifenden Trauben sahen unter dem üppigen Laub hervor. Um die Grotte herum wuchsen Erlen, Pappeln und dunkle, duftende Zypressen, der Hain hallte wider vom Gesang vieler Vögel. Vier Quellen entsprangen in der Nähe und schlängelten sich durch das Grün. Sie bewässerten Wiesen, die reich geschmückt waren mit Veilchen und mancherlei anderen Blumen.

Die schöne Göttin nährte ihren Gast und Liebhaber mit Nektar und Ambrosia, der Speise der Götter, und wünschte sich nichts sehnlicher, als ihn für immer bei sich zu behalten. Sie hatte ihm sogar Unsterblichkeit versprochen. Was sie ihm freilich vorenthielt, waren Werkzeuge und Ausrüstung, die es ihm ermöglicht hätten, ein Schiff zu bauen und sich von Ogygia zu entfernen.

Nichts fehlte zum Glücklichsein auf Kalypsos Insel. Aber Odysseus *war* nicht glücklich.

Immer wieder kam ihm in den Sinn, was ihm der Seher Teiresias und seine eigene Mutter über das gesagt hatten, was auf seiner Heimatinsel vorging: sein Vater als Bauer zurückgezogen lebend, sein Sohn ohne Rechte im eigenen Haus, seine Frau in Bedrängnis durch dreiste Freier … Und er saß hier und die Zeit verging unerbittlich!

Die Monate wurden zu Jahren. Kalypso liebte Odysseus noch immer, aber er gab sich nur noch widerwillig ihren Zärtlichkeiten hin, und die meisten Stunden des Tages saß er am Meeresgestade, starrte in die Ferne, und oft vergoss er Tränen vor Ungeduld und Kummer.

Da erschien eines Tages ein Fremder auf Ogygia. Er war aus dem Äther gekommen, gleich einer Möwe über das Wasser dahingeschossen, und stand nun vor der Grotte der Kalypso. Von drinnen hörte er melodischen Gesang. Die Göttin saß in ihrer Kammer und webte mit goldener Spule an einem Gewand für Odysseus. Der war aber nicht zugegen und saß wie so oft seufzend am Meeresufer.

Der Ankömmling war kein Geringerer als der Götterbote Hermes.

Kalypso empfing ihn freundlich und reichte ihm Erfrischungen, obgleich ihr nichts Gutes schwante. Und damit hatte sie recht.

»Zeus selbst schickt mich zu dir«, sagte Hermes, »nicht mein eigener Wille treibt mich, denn ich bin dir wohlgesinnt und gönne dir dein Glück. Aber der oberste Gott lässt dir sagen: Bei dir weilt einer der größten Helden Griechenlands und er sehnt sich nach Haus. Ich befehle dir nun, entlasse ihn! Es ist ihm nicht bestimmt, auf ewig bei dir zu bleiben, sondern er soll in seine Heimat zurückkehren.«

Kalypso seufzte und bedeckte die Wangen mit ihren Händen. »Grausam und eifersüchtig seid ihr olympischen Götter, gönnt mir nicht, dass ich, eine Unsterbliche, mir den Sterblichen zum Gemahl nehme, den ich doch aus Todesgefahr gerettet habe. Hat nicht Zeus selbst sein Schiff vernichtet? Nun tut es ihm leid, wie mir scheint. Aber gegen den Befehl des Göttervaters kann und darf ich mich nicht sträuben. Freilich habe ich kein Schiff, mit dem ich ihn in die Ferne senden könnte, doch ich will ihm behilflich sein mit Rat und Tat, falls es ihm aus eigener Kraft gelingt, die Insel zu verlassen.«

Sie verabschiedete Hermes, der sich wieder aufschwang in die Wolken, und ging dann zu Odysseus – sie wusste, an welcher Stelle des Meeresufers sie ihn finden konnte. Sie legte die Arme um ihn und sagte tröstend: »Gräme dich nicht länger, Odysseus! Ich bin bereit, dich in deine Heimat zu entlassen. Gleich morgen sollst du beginnen, dir ein seetüchtiges Floß zu zimmern – ihr Inselbewohner seid ja in solchen Fertigkeiten bewandert. Ich werde dir Werkzeuge geben und dich für die Fahrt ausstatten. Mögen dir alle Götter beistehen!«

Odysseus, vorsichtig wie er war, sagte: »Ich weiß nicht, ob ich dir trauen darf, Kalypso? Wieso hat sich dein Sinn so gewandelt? Willst du mir etwa Böses? Schwöre mir mit heiligem Eid, dass du kein Übel gegen mich planst, wenn du mich auf die wilde Salzsee hinausschickst!«

Diesen Eid leistete die Göttin willig. Sie verschwieg ihm aber, dass Hermes bei ihr gewesen war und ihr den Befehl des obersten Gottes geschickt hatte, denn sie wollte, dass er ihr gegenüber für ihren freien Entschluss dankbar war.

Am anderen Tag gab sie ihm Axt, Bohrer und Richtschnur und sonst alles, was zum Schiffbau vonnöten ist, und der Erfindungsreiche machte sich sogleich daran, Bäume zu fällen und zu behauen und sie mit Pflöcken und Klammern zum Floß zu verbinden. Er setzte den Mast und befestigte ein Ruder, und um das Floß vor Brechern zu schützen, umgab er es auf allen Seiten mit einem Schutzwall aus geflochtenen Zweigen. Kalypso brachte selbst gewebte Tücher für das Segel und sachkundig schuf er auch dieses. Nachdem ihm die Göttin Kleider und reichlich Proviant, Wein und Wasser gegeben hatte, nahm sie Abschied von ihm und sandte ihm eine milde Brise, die das Floß vorwärtstrieb. Einsam und allein schipperte Odysseus nun über die Salzflut.

Was aber war geschehen, dass sich die Götter selbst für Odysseus' Weiterreise einsetzten?

Athene und Ithaka

Bewirkt hatte es seine Freundin und Beschützerin Athene, die schon immer den Mut und die Verschlagenheit des Ithakerfürsten bewundert und ihm bei Troja oft im Kampf beigestanden hatte. Jetzt erinnerte sie sich seiner und sagte sich: Es geht nicht an, dass ein solcher Heros wie Odysseus seine Tage fern von der Welt in den Armen einer Frau verbringt, und inzwischen geht in seinem Heimatland, wie ich höre, alles drunter und drüber! Ich muss etwas für ihn unternehmen.

Sie passte einen Moment ab, wo sich Poseidon, der unversöhnliche Feind des Odysseus, gerade in einem fernen Land aufhielt, und eilte zu Zeus. »Vater«, sagte sie bittend, »erinnerst du dich an Odysseus, den listenreichen König von Ithaka? Du selbst hast von ihm vor Troja reichliche Opfergaben empfangen – soll er jetzt wirklich auf einer Insel mitten im Meer dahinschmachten und niemals mehr den Rauch des heimischen Herds aufsteigen sehen? Bitte komm ihm zu Hilfe!«

Zeus sah das ein. Er hoffte, wenn Odysseus erst wieder glücklich zu Hause gelandet sei, würde man Poseidon schon versöhnen können, und befahl Hermes daraufhin, nach Ogygia zu eilen und Kalypso zu befehlen, den Seefahrer ziehen zu lassen.

Athene aber band sich die goldenen Sandalen an die Füße und eilte nach Ithaka, um dort nach dem Rechten zu sehen. Sie überzeugte sich mit eigenen Augen von den Zuständen in Odysseus' Haus: Eine Schar dreister junger Männer hatte sich dort seit drei Jahren eingenistet. Sie behaupteten, sichere Kunde davon zu haben, dass Odysseus tot sei. Deshalb warben sie um seine Witwe Penelope. Aber diese Werbung sah vor allem so aus, dass sie das Hab und Gut des abwesenden Fürsten aufzehrten, auf seine Kosten lebten und den frechsten Übermut trieben. Eine Reihe der Diener des Hauses unterwarf sich diesen Schmarotzern bereitwillig, und die Mägde des Odysseus waren ihre Geliebten. Mit lärmenden Gelagen vertrieben sie sich ihre Zeit und in ohnmächtigem Zorn und voller Trauer sahen Penelope und ihr junger Sohn Telemachos ihrem Treiben zu. Sie hatten die Hoffnung nicht aufgegeben, dass der Hausherr eines Tages noch zurückkommen würde. Jeder Fremde, der in Ithaka an Land ging, wurde von ihnen sehnsuchtsvoll befragt, ob er Kunde von Odysseus hätte. Viele Schwindler nutzten das aus und erzählten Mutter und Sohn irgendwelche Lügenmärchen, um ihre Hoffnung zu nähren – konnte man doch auf diese Weise gute Bewirtung und vielleicht sogar Geschenke ergaunern.

So war es für Athene ein Leichtes, in der Gestalt eines Reisenden Zutritt zum Haus des Odysseus zu finden. Es gelang ihr, dem jungen Telemachos den Rücken zu stärken, sodass er zum ersten Mal energisch gegen die zügellosen Freier auftrat. Dann machte er sich, von der Göttin geleitet, auf und besuchte andere Kriegsteilnehmer, die glücklich heimgekehrt waren, um von ihnen etwas über den Verbleib seines Vaters zu erfahren. Unter anderem bereiste er auch Sparta und stattete Menelaos und Helena einen Besuch ab. Aber sie alle hatten keine Neuigkeiten von der Flotte der Ithaker – sie wussten nicht einmal, dass die Schiffe zerstört waren.

Währenddessen spitzte sich für Penelope zu Hause die Lage zu. Sie hatte sich eine List ausgedacht, um die frechen Werber hinzuhalten. Sie sagte nämlich, sie würde sich erst für einen von ihnen entscheiden, wenn sie auf ihrem Webstuhl ein großes Stück Stoff fertiggestellt habe – ein Totengewand für ihren alten Schwiegervater Laertes. Aber nachts, wenn alles schlief, ging sie heimlich hin und trennte wieder auf, was sie am Tag davor gewebt hatte.

Eine ihrer Mägde kam dahinter und verriet das Geheimnis an die jungen Männer, und nun bedrängten und bestürmten die Unverschämten die standhafte Frau noch stärker als zuvor.

So sah es auf Ithaka aus zu dem Zeitpunkt, als sich Odysseus mit seinem Floß einschiffte.

Schiffbrüchig vorm Land der Phaiaken

Siebzehn Tage lang ging alles gut. Siebzehn Tage lang segelte Odysseus mit günstigem Wind dahin, und am achtzehnten Tag erschien im dunstigen Meer das Inselland der Phaiaken und lag wie ein Schild auf dem Wasser. Freudig segelte er darauf zu. Aber in diesem Moment gewahrte ihn Poseidon, der gerade aus der Fremde heimkehrte. Man hatte also seine Abwesenheit ausgenutzt, um seinen Feind nach Hause zu senden! Das durfte nicht sein! Außer sich vor Grimm beschwor er einen Sturm herauf, der das ohnehin gebrechliche Fahrzeug des Reisenden zerschmetterte, als würde es aus Binsenhalmen bestehen. Odysseus wurde ins Meer geschleudert. Die reiche Kleidung, die ihm Kalypso geschenkt hatte, wurde ihm beinah zum Verhängnis, weil sie sich mit Wasser vollsog und ihn in die Tiefe zog. Mit Mühe entledigte er sich der Gewänder und schwamm Wasser spuckend auf die Trümmer des Floßes zu, um sich daraufzusetzen. So trieb er im stürmischen Meer, hilflos Wind und Wellen ausgesetzt.

In dieser Lage erblickte ihn die Meeresgottheit Leukothea, die weitab vom Palast Poseidons lebte und seinen Zorn nicht fürchtete. Sie liebte die Menschen und beschloss, dem armen Mann, der so viel erduldet hatte, zu helfen. Wie ein Wasserhuhn tauchte sie aus der See auf und setzte sich zu ihm auf die Reste des Floßes.

»Lass dir raten, Odysseus!«, sagte sie. »Verlass die Trümmer deines Floßes und vertraue deinen kräftigen Armen und deiner Geschicklichkeit als Schwimmer! Hier, nimm diesen Schleier, binde ihn um deine Brust – er wird verhindern, dass du untergehst! Wenn du das Land erreichst, so wirf ihn ins Wasser zurück. Ich werde ihn zu finden wissen.«

Und während sie ihm den Schleier reichte, tauchte sie so schnell wieder in die Tiefen der See ab, wie sie gekommen war.

Odysseus hatte keine Zeit, darüber nachzudenken, ob diese Erscheinung wirklich oder ein Trugbild gewesen war, denn der wütende Poseidon sandte eine haushohe Welle, die ihn erneut vom Floß riss. Aber immerhin – er hatte den Schleier! Schnell befolgte er die Anweisung der Göttin und umgürtete seine Brust damit wie mit einem Rettungsring, und wirklich hielt ihn dieser hauchzarte Stoff über Wasser.

Verächtlich überließ ihn Poseidon seinem Schicksal und zog sich zurück. Er glaubte nicht, dass sich Odysseus würde retten können.

Der war nun der Gnade von Wind und Wellen ausgeliefert. Zwei Tage trieb er so ziellos umher, dann nutzte Athene die Unachtsamkeit des Poseidon und sandte Odysseus einen günstigen Wind, der ihn wieder zur Küste zurückbrachte.

Land in Sicht! Odysseus atmete auf. Aber noch war er nicht gerettet, denn die Küste war felsig und die Brandung donnerte mit Gewalt gegen das Ufer. Wie sehr er auch den Hals reckte, er sah nur Klippen und schroffes Gestein, weder einen Hafen noch eine geschützte Bucht.

Hier kann ich unmöglich an Land gehen, sagte er sich. Aber während er noch überlegte, was zu tun sei, erfasste ihn eine Welle und warf ihn gegen die steinige Küste. Sicher wären ihm alle Knochen zerschmettert und die Haut vom Leib gefetzt worden, wenn er sich nicht geistesgegenwärtig an zwei Felszacken festgehalten hätte. Dort hing er keuchend, bis die Woge zurückbrandete und ihn weit ins Meer hinaus mit sich trug.

Er trieb also, an Körper und Armen schlimm zerschunden, wieder in die offene See und hielt Ausschau nach einer Stelle, wo er sicher an Land gelangen konnte.

Schließlich erspähte er eine Flussmündung mit ruhigerem Wasser. Mit letzter Kraft erreichte er hier das Ufer und kroch an Land, die Glieder schlaff, die Haut geschwollen vom Meersalz; atemlos, stimmlos, reglos und vollkommen nackt lag er da, einer Ohnmacht nah.

Als seine Lebensgeister zurückkehrten, nahm er als Erstes den Schleier der Leukothea ab und warf die Gabe, die ihm das Leben gerettet hatte, zurück ins Meer, damit die Göttin ihn wieder an sich nehmen konnte. Dann küsste er voller Inbrunst die wiedergewonnene Erde.

Es war Abend geworden und ein eisiger Luftzug wehte vom Fluss. Odysseus überlegte: Wäre es besser, sich im nahe gelegenen Wald zum Schlafen niederzulegen? Freilich gab es da die Möglichkeit, dass ihn wilde Tiere anfallen würden. Trotzdem entschloss er sich dazu, in den Wald zu gehen, denn er fürchtete zu erfrieren. Nach einigem Suchen fand er ein Versteck in einem Dickicht aus verschlungenen Olivenbäumen. Dorthin kroch er, scharrte mit den Händen Laub als Unterlage zusammen und deckte sich mit Blättern zu. Dann verfiel er in einen tiefen Schlaf der Erschöpfung.

Athene aber goss Heilung über seine Augenlider und schenkte ihm schöne Träume. Dann machte sie sich auf, weiter für das Wohl ihres Schützlings zu sorgen.

Nausikaa

Das Land der Phaiaken wurde beherrscht von einem weisen und gerechten König namens Alkinoos. Zu dessen Palast begab sich die Göttin nun eilenden Fußes und suchte die Schlafkammer der Nausikaa auf, einer Tochter des Königs. Das Mädchen glich in ihrer Schönheit und Anmut einer Unsterblichen und war freundlichen Herzens.

Zu ihr ging Pallas Athene und gab ihr im Traum ein, dass sie am nächsten Tag mit ihren Gefährtinnen und Dienerinnen an den Fluss fahren und ihre Kleider waschen sollte.

Es war kaum Morgen geworden, da erhob sich Nausikaa vom Lager, und der Befehl der Göttin bewirkte, dass sie nichts dringender wollte, als am Fluss Wäsche zu waschen. Ihre Mutter war schon auf und spann mit den Mägden Purpurseide, ihr Vater, der König, aber war gerade im Begriff, zu einer Ratsversammlung der angesehensten Bürger zu gehen.

Nausikaa fing ihn ab und sagte schmeichelnd: »Väterchen, willst du mir nicht einen Wagen anspannen lassen, damit ich unsere Kleider zur Wäsche an den Fluss fahren kann? Dir und deinen Söhnen steht es nicht an, anders als in stets sauberer Kleidung vor dem Volk zu erscheinen, und auch meine Gewänder sollten anständig rein sein.«

Alkinoos gab ihrer Bitte nach. Er ließ von den Knechten einen geräumigen Korbwagen mit zwei Maultieren bespannen, damit die Wäsche transportiert werden konnte. Nausikaas Mutter versorgte die Tochter noch mit einem Korb voller Brot und Zukost und reichte ihr, als sie schon auf dem Sitz des Wagens saß, eine Flasche mit Öl, damit sich die Mädchen, wenn die Arbeit erledigt war, nach dem Bad salben konnten.

Nausikaa war eine geschickte Wagenlenkerin, sie schwang die Peitsche und trieb die Tiere aus der Stadt hinaus an die Flussmündung, wo die Frauen einen Waschplatz hatten. Während die Maultiere sich am üppigen Gras labten, stampften die Mädchen alle Gewänder im Wasser mit den Füßen, schwenkten, spülten und reinigten sie und breiteten sie dann zum Trocknen und Bleichen in der Sonne aus.

Dann badeten sie selbst, salbten sich mit duftendem Öl und speisten von den Lebensmitteln in ihrem Korb. Während die Wäsche trocknete, vergnügten sie sich mit Gesang, Tanz und Ballspiel.

Aber Athene fügte es, dass Nausikaa einer der Mägde den Ball zuwarf und nicht traf. Er flog vorbei und fiel in den Fluss. Die Mädchen kreischten laut auf, und davon erwachte Odysseus.

Wohin bin ich geraten?, fragte er sich. Sind das vielleicht Nymphen, die da schreien und lachen, oder sterbliche Mädchen? Wie dem auch sei, ich muss es erkunden und Hilfe finden.

Er erhob sich und brach einen starken, dicht belaubten Ast ab, um damit die Blöße seines Leibes zu bedecken, dann kroch er aus dem Dickicht und trat vor die jungen Frauen.

Er musste auf sie im ersten Augenblick wohl wirken, wie ein wilder Berglöwe zarten Antilopen vorkommt. Er war zerschunden und vom Meerwasser entstellt, Haar und Bart verkrustet vom Salz. Die jungen Frauen hielten ihn wahrscheinlich für ein Seeungeheuer und flohen kreischend in alle Himmelsrichtungen, nur die Königstochter selbst blieb stehen und sah ihm mutig entgegen.

Odysseus hielt Abstand, um das Mädchen nicht zu ängstigen, aber so erschöpft er auch war – die schmeichlerische Rede floss ihm wie süßer Honig über die Lippen.

»Magst du nun eine Göttin sein oder eine Sterbliche«, sagte er, »ich nähere mich dir als Schutzflehender! Der Artemis gleichst du an Anmut, und ich preise deine Eltern und deine Brüder, die so ein wunderbares Geschöpf täglich um sich haben dürfen. Sieh mich gnädig an, Schönste! Ich bin in einer entsetzlichen Lage. Auf dem Meer geriet ich in einen Sturm, mein Schiff wurde ein Raub der Wellen, und tagelang trieb ich auf dem Wasser, ständig gewärtig, den Tod in den Wellen zu finden. Nun wurde ich an diese Küste geschleudert, ein Fremder, nackt und hilflos. Erbarme dich meiner, gib mir ein Gewand, damit ich anständig vor dich hintreten kann, und zeige mir den Weg zu einer Stadt, und die Götter mögen dir dafür geben, was du wünschst, einen Gemahl, ein Haus und Frieden und Harmonie!«

Die verständige Nausikaa erwiderte: »Du scheinst weder töricht noch böse zu sein, so wie du sprichst, Fremder. Wie es Sitte ist unter den Menschen, werde ich einem Schutzflehenden helfen. Du hast dich an mich und mein Land gewandt. Wir sind Phaiaken, mein Vater ist König Alkinoos, und sicher wird er dich gastlich bei sich aufnehmen. Ich werde dir Kleidung geben und was du sonst brauchst und dir den Weg zur Stadt weisen.«

Dann beruhigte sie ihre Mädchen, die zögernd wieder herankamen, und befahl ihnen, dem Fremden Essen und Trinken zu geben. Odysseus badete im Fluss, salbte sich mit dem Rest des Öls, das noch in der Flasche war, und zog dann Kleid und Mantel an, die Nausikaa für ihn zurechtgelegt hatte. Athene tat ein Übriges, ihren Schützling zu verschönen: Sie ließ ihn größer und stattlicher erscheinen und sein Haar sich in Locken ringeln. So trat er vor die jungen Frauen und Nausikaa betrachtete ihn mit Staunen.

Was für ein Mann!, dachte sie bei sich. Ach, gäbe es doch so einen unter unserem Volk und wäre er mir zum Gatten erkoren ... Aber sie wagte nicht, sich so etwas weiter auszumalen.

Sie verabredete mit Odysseus, dass sie mit ihren Mägden und dem Wäschewagen vorausziehen würde. Er solle in gebührendem Zeitabstand folgen und sich dann ihrer Mutter schutzflehend zu Füßen werfen.

Odysseus bei Alkinoos

Langsam näherte sich nun der Schiffbrüchige den Hallen des Alkinoos. Der Tag neigte sich und das hochragende Haus strahlte im Glanz der untergehenden Sonne. Erzverkleidete Wände erstreckten sich von der Pforte aus, geschmückt mit einem Sims aus Glasfluss. Die Türen waren golden und silbern und von Hephaistos persönlich geschmiedete goldene und silberne Hunde bewachten stumm den Eingang.

Odysseus betrat den Vorbau der Königswohnung und sah sich um. Da gab es Sessel, bedeckt mit kostbaren Teppichen, auf denen man zur Ratsversammlung Platz nahm.

Fünfzig Dienerinnen waren über das Haus hin verteilt. Die einen mahlten Getreide mit der Handmühle, andere saßen am Webstuhl, wieder andere wirbelten die Spindel, denn bei den Phaiaken sind die Frauen so gute Weberinnen wie die Männer hervorragende Schiffsbauer und Seeleute. Die Bewohner dieser Insel waren berühmt dafür, vielen in Seenot Geratenen geholfen zu haben: Sie hatten schnelle Schiffe, die mit Zaubermacht ausgestattet waren und durch die Wogen dahinschossen wie Pfeile – also hatten die Wellen den Umgetriebenen an den richtigen Strand gespült.

Odysseus verließ den Vorbau und bestaunte nun den üppig fruchttragenden Garten und die zwei unermüdlich sprudelnden Quellen; eine war den Bewohnern des Palastes vorbehalten, aus der anderen schöpften die Bürger ihr Wasser.

Dann trat er in die Haupthalle ein. Alkinoos, seine Familie, seine Freunde und seine Berater waren gerade beim Abendessen und spendeten zum Abschluss des Tages Hermes ein Trankopfer. Im unsicher flackernden Licht der Fackeln ging Odysseus unbemerkt an den anderen Schmausenden vorbei, bis er beim Königspaar angelangt war. Dort warf er sich vor der Königin nieder, umschlang ihre Knie und rief: »Hehre Herrin, flehend liege ich hier vor dir und vor deinem Gemahl! Mögen die Götter euch Heil und Glück senden. Ich bin ein Schiffbrüchiger, erbarmt euch meiner und helft mir, die süße Heimat wieder zu erreichen!«

Nach diesen Worten erhob er sich und setzte sich, wie es Bittenden geziemt, mit niedergeschlagenen Augen entfernt in einer Ecke der Halle in die Asche neben das Herdfeuer.

Zunächst schwiegen die Phaiaken, zwar erschrocken von dem plötzlichen Auftauchen des Fremden, aber beeindruckt von der edlen Gestalt und berührt von seinen wohlgesetzten Worten. Alkinoos hatte die Überraschung schnell verwunden. Er wandte sich ihm zu, winkte ihn herbei, reichte ihm die Hand als einem Gastfreund und lud ihn ein, am Mahle teilzunehmen.

Als sich später die anderen Besucher zerstreut hatten und Odysseus allein mit dem Königspaar in der Halle zurückblieb, fragte die Mutter Nausikaas: »Lass mich dir eine Frage stellen, Fremder. Du sagtest, du wärst als Schiffbrüchiger hierhergekommen. Woher hast du diese Gewänder?« Denn natürlich hatte sie erkannt, dass die Kleidungsstücke aus ihrem eigenen Haus stammten.

Odysseus lächelte und sagte: »Ich lobe deinen Scharfblick, Fürstin. Ja, diese Gewänder wurden mir von deiner Tochter gegeben.« Und er erzählte von der Begegnung an der Flussmündung und dass Nausikaa es für schicklicher gehalten hatte, den Fremden erst später nachkommen zu lassen.

Die fürsorgliche Mutter, die sich nicht sattsehen konnte an dem stattlichen Mann, dachte insgeheim: So ein Schwiegersohn würde mir willkommen sein, denn er überstrahlt alle Männer des Phaiakenlandes an gutem Aussehen, und wie wohlgesetzt er doch reden kann!

König Alkinoos aber versprach, sobald sein Gast es wünsche, ein Schiff zur Heimreise für ihn bereitzustellen. Nur das Land müsse er nennen, in das er gebracht werden wolle. Alles andere würden die schnellen Ruderer der Phaiaken dann schon vollbringen.

Nach dem Namen des Fremdlings fragte er nicht, das hätte der guten Sitte widersprochen – ein Gast wurde ungeachtet seiner Person willkommen geheißen.

Am folgenden Tag wurden Kampfspiele abgehalten, bei denen sich Odysseus besonders im Diskuswerfen hervortat, und danach folgte ein festliches Gelage. Zum Schluss trat ein Sänger vor die Versammelten und begann, sie mit Liedern zu unterhalten, in denen die Taten großer Heroen besungen wurden. Vor allem berichtete er von der Eroberung Trojas und rühmte besonders die List und die Kühnheit des Odysseus, der den Rat gegeben hatte, das hölzerne Pferd zu bauen, und dessen Entschlossenheit und Klugheit ebenso bedeutend waren wie sein Mut im Kampf.

Als Odysseus hörte, wie man ihn im Lied pries, konnte er nicht an sich halten. Die Tränen traten ihm in die Augen und er verbarg sein Gesicht in den Falten seines Mantels.

Alkinoos bemerkte, wie bewegt der Fremde war. Er gebot dem Sänger Einhalt und sagte: »Wir alle bewundern deine Vortragskunst, aber es ist jemand hier im Saal, den deine Lieder traurig stimmen, also solltest du für diesmal lieber aufhören.«

Odysseus trocknete seine Tränen und sagte: »Du missverstehst meine Traurigkeit, gütiger Gastfreund! Ich habe den Vortrag des Sängers sehr genossen, vor allem, da ich die Taten, von denen berichtet wird, zum Teil selbst vollbracht habe. Nein, was mich bewegt hat, ist, wie weit man mich kennt und rühmt. Ich will meinen Namen vor euch nicht länger verbergen. Ihr sollt wissen, ich bin der Sohn des Fürsten Laertes aus Ithaka. Mein Name ist Odysseus.«

Voller Staunen vernahmen Alkinoos und die Seinen, welch edlen Gast sie da bei sich aufgenommen hatten, und nun drängten ihn alle zu berichten, was ihm seit der Abreise vom trojanischen Strand begegnet war.

Zwar stand auf Befehl des Königs das Schiff der Phaiaken noch in derselben Stunde bereit, aber die Einschiffung nach Ithaka wurde verschoben, denn Odysseus musste nun Alkinoos und den anderen all seine Abenteuer erzählen, und die Zuhörer vernahmen mit Schrecken und Mitgefühl, was ihm und seiner Mannschaft zugestoßen war.

Natürlich war er klug genug, den Zorn des Poseidon nicht zu erwähnen – vielleicht hätte das die freundlichen Helfer für die bevorstehende Seereise abgeschreckt und sie wären nicht mit ihm aufs Wasser gegangen.

Als er schließlich geendet hatte, saßen die Zuhörer noch lange stumm und wie gebannt vom Zauber seiner Erzählung da, bis ihm schließlich Alkinoos dankte und alle zur Ruhe gingen.

Am anderen Tag aber rüsteten die Seeleute endgültig das Schiff, das reichlich mit Geschenken des gastfreundlichen Volkes beladen wurde. Bevor man den Göttern opferte, um eine glückliche Reise zu erbitten, trat die schöne Nausikaa an der Schwelle des Hauses an Odysseus heran und maß ihn mit einem wehmütigen Blick. Dann sagte sie leise: »Glück und Segen wünsche ich dir, edler Gast. Denke an mich, wenn du wieder bei den Deinen bist – schließlich habe ich dir das Leben gerettet.«

»Niemals werde ich dich vergessen, edle Nausikaa«, entgegnete Odysseus mit Wärme. »Und wenn Zeus mir endlich die Heimkehr gewährt, werde ich dich in meinem Vaterland wie eine Gottheit verehren!«

So schieden die beiden voneinander und in der Erinnerung des Mädchens blieben Stimme und Gestalt des Fremden wie ein unauslöschliches Siegel zurück.

Endlich setzte Odysseus seinen Fuß auf das Schiff der Phaiaken. Man hatte für ihn ein Lager unter einem Sonnenschutz am Hinterdeck bereitet. Schweigend legte er sich nieder. Und noch während die Seeleute die Leinen lösten und aus der Hafeneinfahrt hinausruderten, versank er in einen Schlummer, der voll süßer Träume war, aber so tief wie der Tod – er vergaß das erlittene Unheil, alles wurde fortgespült und machte Platz für Neues. So wollte es seine Göttin Athene, die wohl wusste, was ihm in seiner Heimat bevorstand.

Das Schiff aber hob sich mit dem Bug aus den Wellen und schoss dahin, einem Viergespann vergleichbar, das von der Peitsche vorwärtsgetrieben wird. Die Phaiaken waren so kundige und zaubermächtige Seefahrer, dass sie in einer einzigen Nacht die Überfahrt bis Ithaka schafften, die sonst viele Tage gedauert hätte. Als der Morgenstern aufging, lief das Schiff bereits in den Hafen ein.

Sie merkten indes erstaunt, dass ein Gott die Augen ihres Passagiers mit einem so tiefen Schlummer versiegelt hatte, dass es unmöglich war, ihn aufzuwecken. Also trugen sie ihn schlafend an Land, legten Leinen und Decke für ihn auf den Boden und häuften die reichen Geschenke um ihn herum auf.

Dann stachen sie wieder in See.

Poseidon aber reagierte zu spät; er sah mit Zorn, dass sein Feind seiner Macht entflohen und daheim angekommen war – auf dem Land konnte er Odysseus nicht mehr schaden. Er fühlte sich um seine Rache betrogen, denn sein Plan war es gewesen, seinen Feind nie wieder nach Hause kommen zu lassen. So suchte er seinen Bruder Zeus im Olymp auf. Wasser triefte von seinem bläulichen Haar und Bart, und er schwang seinen Dreizack, als wäre er nicht nur im Meer, sondern auch auf dem Olympos der Herrscher.

»Gelte ich überhaupt nichts mehr unter Göttern und Menschen?«, schrie er grimmig und mit grollender Stimme. »Kann man mir einfach ein Schnippchen schlagen, mich hintergehen und mir verwehren, diejenigen zu strafen, die mich beleidigen?«

Zeus aber redete mit beruhigenden Worten auf ihn ein. »Lieber Bruder, es ist wahr, Odysseus ist dir entkommen! Aber da ist das Schiff der Phaiaken. Strafe doch sie für ihren Frevel, dich zu missachten, und stille deinen Zorn!«

Das tat der Meeresbeherrscher dann auch: Als die Seeleute bereits in Sichtweite der Insel waren, schlug er mit gewaltiger Hand zu und versteinerte das Schiff mitsamt der Besatzung.

Jammernd standen die Phaiaken, die zur Rückkehr des Schiffes an den Hafen gekommen waren, am Ufer und sahen sich das grässliche Wunder an. Fortan fürchteten sie den Zorn des Poseidon so sehr, dass sie niemals wieder Schiffbrüchige in ihre Heimat geleiteten. Sie opferten dem Gott und erflehten seine Vergebung, doch ob sie ihnen zuteilwurde, ist nicht bekannt.

Indessen erwachte Odysseus aus seinem tiefen Schlummer. Er fand sich allein an irgendeinem Strand, umgeben von den Geschenken seiner Helfer, aber wo er war, das wusste er nicht. Allzu lange war er der Heimat ferngeblieben, um sie wiederzuerkennen; die Bäume waren höher, das Grün üppiger gewachsen, die Felsen verborgen unter Gestrüpp.

Verzweifelt rang er die Hände. »Diese Phaiaken schienen mir doch so treu und redlich zu sein! Nun haben sie mich auf einem fremden Strand ausgesetzt! Zeus möge sie dafür strafen!«

Da näherte sich ihm ein blutjunger Schafhirt, zart gebaut und mit strahlenden Augen, den Hirtenspieß in der Faust, den Mantel über der Schulter.

Ihn sprach Odysseus an und sagte: »Bitte, Freund, du bist der Erste, den ich in diesem Land antreffe. Tu mir den Gefallen und sage mir: Wo bin ich hingeraten? Wie heißt dieses Land? Man hat mich nämlich hier mit all meiner Habe ausgesetzt.«

Der Knabe sagte: »Du musst ja wirklich von weither kommen, wenn du dieses Land nicht kennst. Es ist eine Insel – zwar klein und gebirgig, aber darum nicht arm. Wein und Getreide gedeihen hier, auf üppigen Weiden grasen Rinder und Schafe, wir haben Wälder und kraftvoll strömende Quellen. Aber am meisten sind wir bekannt durch unsere heldenhaften Männer, die sich bei Troja hervorgetan haben. Ithaka heißt diese Insel!«

Da hüpfte dem Odysseus vor Freude das Herz in der Brust. Aber vorsichtig, wie er war, hütete er sich, seinen Namen zu nennen, sondern dachte sich eine Geschichte aus. Er behauptete, aus Kreta zu kommen, und erzählte eine lange Fabel, bis der Hirt in herzhaftes Gelächter ausbrach.

Odysseus verstummte, und siehe, vor seinen Augen verwandelte sich der junge Mann in eine hochgewachsene Frau in glänzendem Gewand. Es war Pallas Athene, seine Schutzgöttin, die sich ihm in anderer Gestalt genähert hatte. Nun streichelte sie ihm die Wange und sagte, noch immer lachend: »Es muss wirklich ein Ausbund an Schlauheit sein, wer gegen dich und deine Erfindungen ankommt! Aber im eigenen Land kannst du nun bald aufhören mit Lug und Trug! Immerhin, so gewitzt du auch bist, deine Gottheit hast du nicht erkannt. Aber nun genug der Reden. Nun lass uns zu Taten schreiten. Glaube nicht, dass es einfach sein wird, wieder von deiner Insel, deinem Haus und deinem Weib Besitz zu ergreifen. Ein Haufen habgieriger Männer von hier und den umliegenden Inseln hat dein Land gleichsam überschwemmt und belagert deine Frau, und wenn du plötzlich zwischen sie treten würdest, würden sie dich wohl ermorden. Wir müssen mit Klugheit und Vorsicht zu Werke gehen.«

»Wie soll mir das gelingen?«, fragte Odysseus. Er hatte zwar bei seinem Besuch in der Unterwelt von diesen Vorgängen gehört, aber nun bemächtigte sich tiefe Niedergeschlagenheit seiner. »Kaum bin ich zu Hause, so erwarten mich neue Gefahren!«

Aber Athene sprach ihm Mut zu. »Sei sicher, ich werde dich nicht verlassen, sondern an deiner Seite stehen. Aber zuerst lass uns deine Schätze vor gierigen Augen verbergen.«

Sie half ihrem Schützling, die Gaben der Phaiaken in einer nahe gelegenen Grotte zu verbergen, und Odysseus tat nun, wonach er sich so lange gesehnt hatte: Endlich kniete er nieder und küsste den lieben Heimatboden.

Athene aber verwandelte die Gestalt des Odysseus, damit ihn niemand erkennen sollte und auf dass er ungestört die Herzen der Menschen erkunden könne, wer auf seiner Seite sei und wer auf der Seite der Freier. Sie berührte ihn mit ihrem Stab und machte aus ihm einen zerlumpten schmutzigen Bettler mit geflicktem Bettelsack und knorrigem Stock.

»Nun überlasse ich dich deinen eigenen listigen Einfällen«, sagte sie lächelnd, »ich weiß, dass du daran niemals Mangel hast.«

Dann verschwand sie.

Einkehr bei Eumaios

Odysseus musste nicht lange überlegen, wohin er sich zuerst wenden sollte. In seiner verwandelten Gestalt zog er auf steinigem Pfad über die Hügel zu der Stelle, wo der oberste Sauhirt, Eumaios, die Schweineherden bewachte. Einst war er der Treuste der Treuen gewesen, und Odysseus rechnete auch jetzt damit, dass er sich nicht von seinem Herren abgewandt hatte.

Er fand Eumaios auf der Hochebene, wo er für die Schweineherde aus Feldsteinen, die er selbst herangeschleppt hatte, eine Art Pferch gebaut hatte. Innerhalb dieses Pferches hatte er die Muttersauen und die Ferkel untergebracht; die gemästeten Eber weideten im Wald. Jeden Tag hatte Eumaios ein Mastschwein an die schmarotzenden Freier zu liefern und die Herde verringerte sich zu seinem Kummer immer mehr.

Odysseus näherte sich dem Gehege, und sofort stürzten sich die wehrhaften Hütehunde auf den Eindringling und hätten ihn wohl zerfleischt, wenn er sich nicht so geschickt im Umgang mit diesen Tieren verhalten hätte: Er setzte sich auf den Boden und legte den Stab aus der Hand. So war er für die Hunde kein Gegner.

Das Gebell schreckte den Hirten auf, der gerade dabei war, sich aus Rindsleder Sohlen für neue Sandalen zu schneiden. Mit Steinwürfen und gebrüllten Befehlen trieb er die halbwilden Hunde zurück und half dem Fremden freundlich auf.

»Wahrhaftig, Alter, das hätte mir noch gefehlt, dass hier einer durch meine Hunde zu Schaden kommt!«, sagte er betrübt. »Ich habe schon genug Mühsal und Kummer zu erdulden. Komm in die Hütte, erhole dich von dem Schrecken bei einem Becher Wein und etwas Essen!«

Dieser freundliche Empfang tat Odysseus gut.

Sie betraten die Hütte. Der Sauhirt streute Laub und Reisig auf den Boden und bedeckte diese Unterlage mit seiner eigenen Decke, einem zottigen Geißfell. Dann bat er seinen Gast, sich niederzusetzen.

»Die Götter geben dir, was du am meisten wünschst, dafür, dass du den Fremden so gütig aufnimmst!«, sagte Odysseus dankbar.

Eumaios schüttelte den Kopf. »Das ist doch ein Gebot der Menschen untereinander. Ich werde nie einen Gast vertreiben, selbst wenn er noch armseliger wäre als du. Freilich kann ich dir nicht viel bieten. Wäre mein Herr aus dem Krieg von Troja heimgekommen – da sähe es hier bestimmt anders aus!«

Dann ging er hinaus, um ein Ferkel für sie beide zum Abendessen zu schlachten, und dazu gab es süßen Wein.

»Iss nur, Alter«, sagte er. »Etwas Besseres habe ich nicht. Die gewalttätigen Menschen da unten in der Stadt fressen uns die Mastschweine weg, diese Kerle, die weniger Gottesfurcht im Herzen haben als grimmige Seeräuber. Da verprassen sie fremdes Gut, diese Unverschämten. Wahrscheinlich haben sie schon in Erfahrung gebracht, dass mein Herr wirklich tot ist!«

Odysseus hörte sich das alles an, während er aß und trank, und der Durst nach Rache begann, sein Herz zu erfüllen. Als er satt war und sich die Hände gewaschen hatte, sagte er: »Beschreibe mir doch einmal deinen Herrn, Freund! Vielleicht bin ich ihm ja auf meinen Fahrten schon einmal begegnet!«

Aber der Sauhirt erwiderte beinah böse: »Versuch das nicht! Du ahnst nicht, wie viele Fremde hier schon aufgetaucht sind und meiner Herrin und ihrem Sohn irgendwelche Märchen aufgetischt haben, um sich einen Mantel oder ein paar Münzen zu ergaunern. Nichts von den Geschichten ist wahr und nährt nur vergebliche Hoffnung.«

»Ich kann deine Zweifel verstehen, Gastfreund«, sagte Odysseus. »Und ich will mir keinen Mantel und auch keine Münzen erschnorren. Aber ich kann dir schwören: Odysseus lebt und noch diesen Monat wird er zurückkehren und die Frevler zur Rechenschaft ziehen.«

»Ach, Alter«, sagte Eumaios müde, »trink deinen Wein und hör auf zu faseln. Erzähl mir lieber, wer du bist und woher du kommst.«

Nun war Odysseus wieder in seinem Element. Er begann, dem Eumaios eine lange, rührende Geschichte über seine Herkunft und sein Leben aufzutischen, sodass der fast zu Tränen gerührt wurde.

Seufzend sagte der Hirte schließlich: »Du hast mich mit der Geschichte deines unglückseligen Schicksals wirklich bewegt und ich glaube dir jedes Wort. Nur das, was du über die Heimkehr meines Herrn erzählt hast, das halte ich für erlogen. Wie gesagt, versuch nicht, dich durch solche Märchen bei mir einzuschmeicheln. Mein Gast bist du doch ohnehin.«

Dann kehrten die anderen Hirten, die ihm unterstellt waren, heim und setzten sich ebenfalls zum Mahl; aber Eumaios sorgte weiter dafür, dass die besten Stücke dem Gast gereicht wurden.

Draußen bedeckten Wolken den Mond, der Wind sauste, und bald regnete es in Strömen.

Eumaios bereitete seinem Gast nah beim Feuer ein Bett aus Schafhäuten und Ziegenfellen und deckte ihn mit seinem eigenen Mantel zu. So schlief der Listenreiche schließlich gut gebettet ein und fühlte sich auf seiner Heimatinsel geborgen.

Eumaios jedoch nahm seine Waffen, um die Herde gegen Räuber oder streunende Hunde zu schützen, und ging hinaus zu seinen Tieren, um dort zu wachen, nur mit einem zottigen Ziegenfell gegen den schneidenden Nordwind geschützt.

Die Rückkehr des Telemachos

Inzwischen war Telemachos, der junge Sohn des Odysseus, von seiner Erkundungsfahrt bei den anderen Griechenfürsten nach Hause gekommen. Am Ufer Ithakas erschien ihm Athene, so wie sie seinem Vater erschienen war, als Hirtenknabe, und gab ihm einen guten Rat.

»Die gewissenlosen Freier trachten dir nach dem Leben, Sohn des Odysseus!«, sagte sie. »Deshalb folge meinem Rat, geh nicht geradewegs in den Palast, sondern mach einen Umweg zum Sauhirten Eumaios. Er wird dich beraten und du kannst dir zunächst einmal ein Bild über die Lage verschaffen.«

Telemachos folgte diesem Rat.

Es war früher Morgen, die Knechte trieben gerade die Schweine aus, und Eumaios bereitete gemeinsam mit Odysseus das Frühstück, als die Hunde vorm Haus anschlugen. Schnell ging ihr Gebell in freudiges Gewinsel über.

»Da kommt jemand, der den Tieren bekannt ist«, sagte Odysseus. »Bestimmt besucht dich ein Freund!«

Kaum hatte er ausgeredet, als Telemachos in der Tür stand.

Vor freudiger Erregung ließ Eumaios das Trinkgeschirr fallen, das er gerade in der Hand hielt, eilte auf seinen jungen Herrn zu, schloss ihn in seine Arme und küsste ihn.

Noch vor der Tür ließ sich der junge Mann berichten, ob im Haus der Mutter eine Veränderung vor sich gegangen sei. Erst als er erfuhr, dass Penelope weiterhin standhaft das Werben der Freier abwehrte, trat er ein – und Odysseus unterdrückte seine Tränen nur mit Mühe, sah er doch seinen Sohn vor sich, den er verlassen hatte, als das Kind noch in der Wiege lag! Er beherrschte sich aber und spielte weiter den Bettler, stand auf und wollte dem Ankömmling den Sitz auf seinem Felllager anbieten.

Der Jüngling aber grüßte ihn freundlich und sagte: »Bleib nur sitzen, Fremder. Eumaios wird mir schon Platz schaffen.«

Dann aßen sie zusammen gebratenes Fleisch, Brot und Wein, und Telemachos fragte nach dem Gast. Eumaios erzählte ihm die Geschichte, die Odysseus ihm aufgetischt hatte, und Telemachos bedauerte den Flüchtling.

»Leider«, sagte er, »kann ich dich nicht mitnehmen in den Palast meines Vaters. Die übermütigen Männer schalten und walten so frech in meinem Haus, sie würden mit dir bestimmt ihren Spott treiben. Ich werde dir stattdessen anständige Kleidung schicken, Schuhe, eine Waffe und Speise, damit du Eumaios nicht zur Last fällst. Dann werden wir weitersehen.«

In Odysseus regte sich der Zorn und er sagte: »So bist du nicht Herr im eigenen Hause, Jüngling? Wäre ich der Sohn des Odysseus, eher würde ich mir den Kopf von den Schultern hauen lassen, als in der Halle meines Vaters ohnmächtig zuzusehen, wie Schandtaten vollbracht werden.«

Telemachos erwiderte ruhig: »Fremder, noch fühle ich mich diesen Männern nicht gewachsen. Ich muss die Mutter beschützen, so gut es geht, und es würde ihr wenig nützen, wenn ich in Stücke gehauen in der Halle liegen würde.«

Odysseus bewunderte im Stillen die bedächtige und verständige Art des jungen Mannes.

Telemachos bat nun den Eumaios, als Bote zu seiner Muter zu gehen und ihr seine glückliche Rückkehr zu melden – aber so, dass es die Freier nicht merkten. Und der Sauhirt zog seine Sandalen an, nahm seinen Speer und machte sich auf den Weg.

Kaum jedoch hatte Eumaios die Hütte verlassen, da erschien in der Tür die hoheitsvolle Pallas Athene; sie war aber für Telemachos nicht sichtbar. Der wunderte sich nur, dass die Hofhunde sich winselnd in eine Ecke verkrochen. Sie winkte Odysseus nach draußen auf den Hof und sagte ungeduldig: »Jetzt, mein Held, ist die Stunde gekommen, dass du dich deinem Sohn offenbarst. Vor ihm musst du dich nicht verstecken. Ihr beide sollt miteinander in den Palast einziehen und die Freier verderben. Zögere nicht, denn ich bin begierig darauf zu kämpfen!«

Sie berührte Odysseus mit ihrem Stab und die Bettlergestalt verschwand, er stand da wie früher, stattlich anzusehen, mit bräunlichen Wangen und lockigen Haaren, kraftvoll wölbten sich die Muskeln unterm Gewand.

So trat er wieder in die Hütte und Telemachos traute seinen Augen nicht. »Bist du der Gleiche, der eben den Raum hier verlassen hat?«, rief er und schirmte die Hand mit den Augen. »Einer der Unsterblichen scheinst du zu sein, wenn du dich so verwandeln kannst!«

Aber Odysseus sagte mit mühsam zurückgehaltenen Tränen: »Die Verwandlung bewirkte die Göttin, die mir beisteht, ich aber bin sterblich. Kind, erkenne mich doch! Ich bin Odysseus, dein Vater.«

Dann begann er zu weinen, und tränenüberströmt eilte er auf den Sohn zu, schloss ihn in die Arme und bedeckte sein Gesicht mit Küssen.

Telemachos jedoch wollte es nicht glauben. »Du täuschst mich! Du bist ein Dämon oder ein anderes überirdisches Wesen!«, rief er ängstlich.

Odysseus ließ von ihm ab und sagte: »Glaube mir einfach, Sohn. Pallas Athene macht mich einmal zum Bettler und einmal zu dem Fürsten, der ich bin, sie steht mir zur Seite. Jetzt bin ich da, und gemeinsam wollen wir die Feinde des Hauses bekämpfen, du und ich.«

Da endlich glaubte ihm der junge Mann und umschlang den Vater ebenfalls mit den Armen.

Aber nachdem sie nun ihr Wiedersehen ausgiebig und unter heißen Tränen ausgekostet hatten, sagte Odysseus: »Lass uns keine Zeit verlieren, sondern das Werk der Rache angehen! Sag mir, wie viele von diesen Unverschämten meinen Palast bevölkern, damit wir überlegen, wie wir gegen sie vorgehen.«

»Vater«, entgegnete der Jüngling, »ich fürchte, wir werden allein nicht mit ihnen fertig. Es sind einfach zu viele. Ich weiß zwar, dass du im Kampf und im Rat gleichermaßen berühmt bist, aber diese Aufgabe wird für uns unlösbar sein.«

»Nur Mut!«, sagte darauf Odysseus. »Mit uns ist eine mächtige Verbündete, die Göttin Pallas Athene selbst. Mit ihr werden wir siegreich sein. Wir sollten schnell, aber überlegt vorgehen. Du begibst dich jetzt einfach hinunter in die Stadt und tust so, als seist du gerade von der Reise zurück. Der Sauhirt wird mich in meiner Gestalt als Bettler dann ebenfalls in den Palast bringen. Und was auch immer diese Übermütigen dort mit mir anstellen werden: Ob sie mich beschimpfen, schlagen oder an den Füßen über die Schwelle ziehen – greife nicht ein, außer mit Worten. Ihr Verderben ist beschlossen. Sieh zu, dass du die Rüstungen und Waffen aus der Halle entfernst, unter welchem Vorwand auch immer. Lass nur für uns beide zwei Schilde, zwei Schwerter und zwei Lanzen zurück. Vor allen Dingen aber eins: Verrate niemandem, dass ich zurückgekehrt bin, nicht einmal deiner Mutter!«

Und so schieden sie voneinander.

Odysseus kommt in die Stadt

Die Freier hatten den verruchten Plan gefasst, Telemachos bei seiner Heimkehr noch vor dem Hafen abzufangen und auf offener See zu ermorden, aber das hatte Athene verhindert, indem sie das Schiff des jungen Mannes in einen dichten Nebel gehüllt hatte. Wütend über den missglückten Anschlag kamen sie zusammen, um zu beraten, wie es weitergehen sollte.

Antinoos, der frechste und gewalttätigste unter den Männern, schlug vor, Telemachos einfach im Palast zu erschlagen, wenn er es wagen sollte heimzukommen, aber vor derart offener Gewalt schreckten die anderen zurück. Sie fürchteten, mit einer solchen Bluttat den Zorn des Volkes zu erregen.

Mit Erstaunen und Verwunderung sahen sie, dass Telemachos, der inzwischen im Schutze der Göttin Stadt und Palast erreicht hatte, ihnen aus den Gemächern seiner Mutter entgegenkam. Sie hatten keine Ahnung, wie er an Land gekommen war. Trotzdem machten sie sich weiter keine Gedanken darüber, sondern begannen, wie es ihre Art war, mit lärmenden Kampfspielen, warfen den Diskus und schleuderten Speere aufs Ziel.

Unterdessen hatten sich auch Eumaios und Odysseus auf den Weg gemacht, Letzterer in seiner Bettlergestalt, und als sie den Stadtbrunnen erreichten, den die Vorfahren des Fürsten einst schön gefasst und mit einer Anpflanzung von Pappeln geziert hatten, begegneten sie dem Ziegenhirten Melantheus, der Tiere für die Mahlzeit der Freier herbeitrieb. Melantheus war um seines eigenen Vorteils willen zu den Fremden übergelaufen und verachtete den Sauhirten Eumaios wegen seiner Treue zum verschollenen Herrn.

Melantheus konnte es nicht lassen, die beiden zu verhöhnen, und sprach: »Wen bringst du denn an, du erbärmlicher Schweinehirt? Da kommt ein Dreckskerl mit noch einem Dreckskerl anspaziert? Solche schnorrenden Nichtstuer mögen wir leiden! Wenn er zu mir käme und die Ziegenställe sauber machen würde, dann könnte er sich ohne Weiteres einen dicken Hintern anfressen von der abfallenden Molke, aber nein, so einer will ja keine Hand rühren! Will der Faulpelz da neben dir etwa an der Schwelle stehen und die Herren um ein paar Brocken anbetteln? Da wird er sich wundern! Die Schemel werden ihm um die Ohren fliegen, das wird alles sein, was er bekommt!«

Und im Vorübergehen hob er den Fuß und versuchte, Odysseus vom Weg fortzustoßen, aber der stand unerschütterlich. Er überlegte, ob er dem Unverschämten nicht gleich mit seinem Stab über den Kopf schlagen sollte, aber er beherrschte sich und gab keine Antwort.

Schließlich erreichten auch der Sauhirt und der Bettler den Palast. Sein Haus nach so langer Zeit wiederzusehen, bewegte Odysseus' Herz und füllte es mit Wehmut.

Während sie noch überlegten, ob sie beide gleichzeitig oder einer nach dem anderen in die Halle gehen wollten, erhob sich am Tor ein alter, von Flöhen geplagter Haushund und wedelte mit dem Schwanz, aber er war zu schwach, näher zu kommen.

Odysseus erkannte ihn wieder. Das war Argos, sein Lieblingshund, den er selbst als Welpen aufgezogen hatte! Ihm schossen die Tränen in die Augen, sodass er sich abwenden musste. Als er sich wieder gefasst hatte, sagte er zu Eumaios: »Das Tier da sieht so aus, als wenn es früher einmal ein guter Jäger und Läufer gewesen ist.«

»Ja«, erwiderte Eumaios. »Das war der Hund meines Herrn und keiner kam ihm an Schnelligkeit und Spürsinn gleich. Aber jetzt ist er verwahrlost, dass es eine Schande ist. Die Mägde kümmern sich nicht um ihn, so liegt er hier auf dem Mist.«

Dann ging er in den Saal hinein. Es war um die Mittagsstunde.

Als er fort war, näherte sich Odysseus dem alten Hund, kniete bei ihm nieder und streichelte ihm den Kopf, und während ihm Argos dankbar die Hand leckte, verlosch sein Leben. Über zwanzig Jahre war er alt geworden, aber in Ruhe sterben konnte er erst, als er seinen Herrn wiedersah.

Als Bettler im eigenen Haus

Telemachos entdeckte den Sauhirten und rief ihn zu sich, damit er sich ebenfalls zum Essen setzen konnte. Dann wankte auch der Bettler heran, ließ sich auf der Schwelle nieder und lehnte den Kopf gegen den Türpfosten. Als Telemachos ihn sah, nahm er aus dem vor ihm stehenden Korb ein großes Brot, belegte es mit Fleisch und wies Eumaios an, es dem anderen zu bringen. Odysseus bedankte sich mit einer Verbeugung, legte die Speisen auf seinen geflickten Ranzen und begann zu essen.

Athene aber, die sich gar nicht genug darin tun konnte, den Zorn in Odysseus' Herzen zu schüren, gab ihm ein, er solle zu den einzelnen Freiern gehen und sie um Speisen anbetteln. Auf die Weise konnte er sehen, welche von ihnen freundlich und welche roh und hochfahrend waren. Also erhob Odysseus sich und ging mit bettelnd ausgestreckter Hand von Mann zu Mann, und die meisten gaben ihm.

Auf die Frage eines der Zecher, woher der Fremde wohl kommen würde, gab der Ziegenhirt Melantheus hämische Antwort: »Den kenne ich! Der nichtswürdige Sauhirt hat ihn angeschleppt!«

Antinoos aber, der hochmütigste unter den Herren, fuhr zornig auf: »Telemachos, haben wir nicht Landstreicher genug? Musst du uns auch noch fremde Schmarotzer herbringen?«

Darauf entgegnete der junge Sohn des Odysseus mit Festigkeit: »Antinoos, halte dich heraus aus dieser Angelegenheit. Du bist schließlich nicht mein Vormund, und wenn du schon an meinem Tisch meine Speisen verzehrst, so kannst du mir kaum vorschreiben, wen ich außerdem noch bewirte! Aber du isst lieber selbst, als anderen etwas abzugeben, nicht wahr?«

Antinoos wurde rot vor Wut, und da er sie nicht an Telemachos auslassen konnte, ergriff er einen Fußschemel und warf ihn nach dem Bettler. Er traf ihn an der Schulter, aber Odysseus wich und wankte nicht, schüttelte nur finster den Kopf und ging zur Schwelle zurück, um die Gaben zu verzehren. Dabei murmelte er: »Möge das Todesgeschoss den Antinoos noch vor seiner Hochzeit treffen!«

Antinoos aber hatte ihn gehört und knurrte: »Wenn du nicht still bist, du frecher Kerl, lasse ich dich an den Füßen durchs Haus schleifen und schinde dir die Haut vom Leibe.«

In ihrem Frauengemach konnte Penelope durch die offenen Fenster alles vernehmen, was in der Halle geschah. Als sie merkte, dass ein Fremder angekommen war, wurde sie wie immer erregt und hoffnungsfroh. Bei jedem Mann, der auf Ithaka gelandet war, hatte sie bisher Erkundigungen nach ihrem verschollenen Gemahl eingezogen. Nun wollte sie auch diesen Bettler befragen und ließ heimlich nach Eumaios schicken, mit der Bitte, er solle ihr den Fremden herbeischaffen – vielleicht hätte er ja Neuigkeiten!

Eumaios aber war vorsichtig und vertröstete sie auf den Abend, wenn die Freier so betrunken sein würden, dass sie nicht mehr merkten, dass sie den Mann zu sich geholt hatte.

Unterdessen war ein zweiter Bettler im Saal aufgetaucht, der

»Hausbettler«, der stets hierherkam, wenn die Freier prassten. Mit Namen hieß er Iros, und er war zwar groß und breit, aber schwammig und weichlich. Er hatte gehört, dass ein Nebenbuhler im Palast aufgetaucht war, und kam voller Missgunst herbei, um dem anderen das Handwerk zu legen.

Kaum hatte er den Saal betreten, rief er Odysseus schon zu: »Verschwinde von hier, bevor es dir schlecht ergeht! Siehst du nicht, dass mir alle zuzwinkern? Sie hätten ihren Spaß daran, wenn ich dich an Armen und Beinen von der Tür wegschleife! Also geh lieber freiwillig!«

Finster entgegnete Odysseus: »Hier ist Raum für uns beide. Ich gönne dir deinen Anteil, also gönne mir meinen. Im Übrigen reize mich nicht. Ich bin zwar ein alter Mann, aber wer mich herausfordert, wird vielleicht sein blaues Wunder erleben.«

»Du schwatzest wie ein altes Weib!«, höhnte Iros, der den anderen nicht ernst nahm. »Wenn ich dir aufs Maul haue, wirst du bald keine Zähne mehr haben!«

Jetzt waren die Freier auf den Streit der beiden aufmerksam geworden, und laut lachend sagte Antinoos: »Was meint ihr, Freunde, wollen wir uns ein kleines Schauspiel gönnen? Wie wär's, wenn die beiden Kerle sich vor unseren Augen gegenseitig verprügeln?« Und er wandte sich an die Männer auf der Schwelle: »He, ihr! Auf zum Faustkampf! Und wer siegreich ist, soll den gefüllten Ziegenmagen bekommen, der da auf dem Feuer brät. Aber der Verlierer darf sich nicht mehr sehen lassen!«

Die Herren stimmten schreiend und lachend zu. Sie freuten sich auf die blutige Prügelei, sprangen auf und scharten sich um die Bettler.

Odysseus warf nun seinen Mantel ab und gürtete seine Lumpen um die Scham, und mit Staunen sahen die Männer seine kraftvollen Schenkel, die breiten Schultern und die muskulösen Arme.

Iros bekam es mit der Angst zu tun, aber die Diener zwangen ihn, sich ebenfalls für den Kampf vorzubereiten.

Odysseus überlegte, ob er seinem Zorn freien Lauf lassen und den Gegner mit einem Schlag töten sollte, aber dann besann er sich eines Besseren, denn das hätte nur den Argwohn der Zuschauer erregt. So entschloss er sich, den anderen nur mit halber Kraft zu schlagen.

Der Kampf begann – und war schnell zu Ende. Denn nachdem Iros dem Odysseus einen leichten Schlag gegen die Schulter versetzt hatte, holte der aus und traf seinen Gegner hinter dem Ohr. Und obwohl er sich zurückgehalten hatte, brach er dem anderen den Kiefer. Iros schoss das Blut aus Mund und Nase, er warf sich zu Boden und lag brüllend und mit den Beinen zappelnd da.

Die Freier klatschten vor Vergnügen in die Hände und bogen sich vor Lachen. Odysseus zog Iros am Fuß auf den Hof und setzte ihn an der Mauer ab. Er gab ihm seinen Bettelstab in die Hand, als sollte er die Hunde verscheuchen. Er selbst aber ging in den Saal zurück und setzte sich mit seinem Bettelsack an der Schwelle nieder.

Wie versprochen, bekam er den gefüllten Ziegenmagen von Antinoos. Und ein anderer Freier, Amphinomos mit Namen, der verständigste unter den übermütigen Männern, ging zu Odysseus, brachte ihm Brot und Wein und sagte freundlich: »Ich wünsche dir Glück für die Zukunft, Fremder! Mögen deine Lebensumstände bald besser sein als jetzt.«

Odysseus entgegnete: »Du scheinst mir ein vernünftiger junger Mann zu sein, darum lass dir von mir eines sagen: Was hier im Haus geschieht, ist nicht gut, und mich betrübt es zu sehen, dass du dabei bist bei diesem frevelhaften Tun. Bedenke, der Gatte der Frau, die ihr jetzt so unwürdig behandelt, könnte ja schon morgen hier im Hause stehen! Dann möge dich ein guter Gott fortführen von hier, denn unblutig wird es nicht abgehen, wenn er unter sein Dach kommt!«

Nachdenklich ging Amphinomos auf seinen Platz zurück. Trotzdem missachtete er den Ratschlag und blieb, und auch ihn ereilte das Verhängnis.

Penelope erscheint vor den Freiern

Die kluge Penelope hatte den Einfall, sich jetzt den Freiern zu zeigen und ihnen das Ende der Wartezeit anzukündigen. Sie hatte sich etwas überlegt, wovon sie ihr Jawort abhängig machen wollte. Natürlich hatte sie nicht wirklich vor, nachzugeben und einen von ihnen zu erhören.

Geschmückt und gesalbt erschien sie auf der Schwelle des Saales, und Athene hatte ein Übriges getan und ihr Anmut geschenkt: Sie ließ ihre Haut wie Elfenbein schimmern und ihre Augen leuchten.

Als sie so, geleitet von ihren Mägden, den Saal betrat, bekamen die Freier weiche Knie vor Verlangen nach ihr.

Sie aber wandte sich an Telemachos und sagte: »Sohn, ich begreife nicht, wie du es zulassen konntest, dass dieser Fremde in unserer Halle gekränkt und misshandelt wurde. Das verletzt das Gastrecht und bringt Schande über uns.«

Telemachos erwiderte: »Du hast recht, liebe Mutter, aber diese hochmütigen und feindseligen Männer hier machen, was sie wollen, und missachten meine Worte.«

Eurymachos aber, nach Antinoos der frechste der Freier, war wie trunken vom Anblick der Königin und rief: »Penelope, du schönste unter den Frauen, wenn dich alle Griechen so sehen könnten, würden sich morgen bestimmt noch mehr Bewerber in dieser Halle einfinden und mit uns schmausen!«

»Eurymachos und ihr anderen, ich will euch jetzt etwas sagen!«, begann Penelope. »Als mein Gemahl auszog, um vor Troja zu kämpfen, hat er diese Worte zu mir gesprochen: Falls ich aus diesem Krieg nicht zurückkomme, so vermähle dich wieder, wenn unser Sohn erwachsen ist. Nun, die Zeit ist heran, aber wie soll ich mich entscheiden? Eigentlich ist es doch Sitte, dass die Werber um eine Frau sich ihr mit Höflichkeit nähern und ihr Geschenke bringen. Ihr aber verprasst ohne jede Entschädigung das Gut der Frau, die ihr begehrt!«

Odysseus freute sich über die Klugheit und Besonnenheit seiner Frau. Für die Freier aber antwortete Antinoos: »Königin, gern sind wir bereit, dich mit Geschenken zu überschütten. Aber wir weichen nicht von der Stelle, bis du einen aus unserer Mitte zum Bräutigam erkoren hast!«

Und die anderen Freier stimmten tobend zu.

Alsbald schickte man Diener aus und brachte Geschenke für Penelope: prächtige Kleidung, edle Schmuckstücke, kostbare Duftstoffe und feinste Stoffe. Penelope und ihre sie begleitenden Frauen sammelten das alles ein, bevor sie wieder zu ihren Gemächern hinaufstieg.

Die Stimmung unter den Männern war nun noch stärker angeheizt als vorher. Sie lärmten, sangen und tanzten, und als es dunkel wurde, kamen die Mägde mit Lampen und Kienspänen dazu – und blieben.

Odysseus kehrte sich fast der Magen um vor Abscheu über die Schamlosigkeiten, die er da zu sehen bekam. Er verließ seinen

Platz an der Tür, trat unter sie und sagte: »Meint ihr nicht, es würde sich besser für euch gehören, oben bei eurer Herrin zu sitzen und Wolle zu spinnen, als euch hier mit diesen ehrlosen Männern zu vergnügen?«

Die Frauen lachten abfällig, und die hübsche Melantho meldete sich zu Wort (sie war die Geliebte des Eurymachos): »Bist du betrunken, du elender Bettler, oder ist dir der Sieg über Iros zu Kopf gestiegen, dass du hier das große Wort führen willst? Warte nur, bald wird bestimmt ein anderer kommen, der stärker ist als Iros, und dir das Maul stopfen!«

»Hündin«, sagte Odysseus finster. »Das werde ich dem Telemachos sagen und er wird dich bestrafen!«

Aber die Mägde achteten nicht auf ihn, und Eurymachos, betrunkener als die anderen, begann, Odysseus zu verhöhnen, bis der die Beherrschung verlor und drohte: »Warte nur ab, du Aufschneider! Wenn Odysseus zurückkommt, wird dir diese weite Halle eng werden, so groß gebaut sie ist, weil du nicht wissen wirst, in welche Ecke du flüchten sollst!«

Eurymachos ergriff, wie vordem Antinoos, einen Schemel und schleuderte ihn wutentbrannt auf Odysseus, aber der duckte sich, und das Wurfgeschoss traf eine metallene Weinkanne, die vom Tisch rollte.

Die Freier verfluchten den Störenfried, der ihre »Spiele« mit den Mägden unterbrach, und es wäre wohl zu einer Auseinandersetzung gekommen, wenn der einsichtige Amphinomos sie nicht beruhigt hätte. Er überredete die anderen schließlich, zu Bett zu gehen.

Das taten sie und nahmen einige der Mägde, die sie sich ausgesucht hatten, mit.

Jetzt waren nur noch Odysseus und sein Sohn im Saal.

Die beiden schafften nun, wie sie es geplant hatten, die Waffen fort. Athene aber, nur für ihren Schützling sichtbar, schritt mit goldener Lampe vor ihnen her durch den Palast und verbreitete ein wundersames Licht in den Räumen.

»Vater, sieh doch!«, sagte Telemachos, »die Wände des Hauses schimmern! Jede Säule, jeder Stützbalken, jede Wandnische leuchtet wie von innen heraus!«

»Forsche nicht weiter, Sohn«, erwiderte Odysseus. »Leg dich schlafen. Ich habe heute noch etwas vor.«

So trennten sie sich.

Penelope spricht mit Odysseus

Als es ruhig geworden war, erschien, wie mit Eumaios vereinbart, Penelope mit ihren Frauen in der Halle und setzte sich in die Nähe des Feuers auf einen mit Schaffell bezogenen Stuhl. Während die Dienerinnen, die ihr und dem Haus des Odysseus treu geblieben und nicht die Geliebten der Freier geworden waren, die Reste des Gelages forträumten, winkte sie Odysseus zu sich heran, um von ihm Neuigkeiten über ihren abwesenden Gatten zu erfahren.

Wieder erzählte ihr der Listenreiche eine erfundene Geschichte über seine Herkunft aus Kreta und behauptete, er habe dereinst ihren Gemahl in seinem Haus bewirtet, als die griechische Flotte auf ihrer Fahrt nach Troja auf Kreta Station machte. Die besonnene Frau prüfte seine Worte nach, indem sie ihn über die Kleidung ausfragte, die ihr Gemahl damals, kurz nach der Ausfahrt von Ithaka, getragen hatte.

Die konnte Odysseus natürlich beschreiben und Penelope brach in einen Strom von Tränen aus.

»Du hast ihn also wirklich gesehen!«, rief sie. »Aber was bringt mir das jetzt? Es ist so lange her, es war vor dem Feldzug, und ich lebe hier in Bedrängnis. Diese Bewerber um meine Hand zehren das Erbe meines Sohnes auf. Soll Telemachos irgendwann mittellos dastehen? Ich kann es nicht länger verantworten. Ich muss den Männern nachgeben.«

Und dann erzählte sie dem Bettler, zu dem sie ein merkwürdiges Zutrauen gefasst hatte, wie sie die Zudringlichen fast drei Jahre hingehalten habe, indem sie ihnen versprach, sich zu entscheiden, wenn ihre Arbeit am Webstuhl fertig sei.

Odysseus bewunderte im Herzen die Klugheit seiner Frau.

Penelope sagte schließlich seufzend: »Ich kann die Männer nicht mehr hinhalten. Aber ich habe mir etwas überlegt. Ich werde mein Jawort morgen von einer Probe abhängig machen, und ich hoffe, dass sie keiner besteht. Ich will nämlich einen Wettkampf bestimmen und der soll so aussehen: Als mein Gemahl noch hier auf Ithaka lebte, stellte er manchmal zwölf Äxte hintereinander auf. Dann durchschoss er mit einem einzigen Pfeil die Löcher der Äxte. Seinen großen Bogen bewahre ich hier im Haus auf. Den will ich morgen hervorholen und den Freiern auftragen, ihn zu spannen und den Pfeil durch die zwölf Äxte zu jagen. Und wer diese Probe besteht, dem will ich als Eheweib folgen – es bleibt mir nichts anderes übrig.«

Da jubelte Odysseus innerlich, denn er wusste: Die Stunde der Rache war nah.

»Erhabene Königin«, sagte er, »das ist ein sehr guter Einfall. Ich möchte wetten, eher erscheint Odysseus selbst unter den Freiern, als dass einer von denen in der Lage ist, auch nur den Bogen zu spannen!«

»Mögen die Götter deine Worte hören, Fremder«, sagte Penelope und erhob sich. »Ich werde wohl die Nacht in Tränen verbringen. Dir aber soll es im Hause an nichts fehlen. Ich werde eine alte Dienerin herbeirufen, dass sie dir die Füße wäscht. Dann soll sie dir ein warmes Lager zuweisen.«

Damit erhob sie sich und ging in ihre Gemächer, und die Dienerin kam mit einer metallenen Wanne und Wasser in zwei Krügen, um Odysseus die Füße zu waschen.

Odysseus kannte sie sehr gut. Es war Eurykleia, seine alte Amme, und er befürchtete, dass sie ihn erkennen könnte, und setzte sich am Feuer so, dass er im Schatten blieb.

Während die alte Frau noch kniend heißes und kaltes Wasser mischte, sagte sie: »Ich habe noch nie einen Mann gesehen, dessen Füße und Beine und ganze Gestalt meinem Herrn so ähnlich sind.«

»Ja, das sagen viele«, erwiderte Odysseus, während sie begann, seine Füße zu waschen. »Solche Ähnlichkeiten gibt es, aber sie bedeuten nichts.«

Aber dann berührte die Alte mit den Händen die Narbe unter dem rechten Knie, die er trug. Die hatte ihm als Kind während einer Jagd ein wilder Eber beigebracht.

Eurykleia hielt in der Bewegung inne. Natürlich kannte sie diese Narbe! Sie schrie laut auf und ließ Odysseus' Bein zurück in die Wanne gleiten, sodass das Metall laut erklang und das Wasser nach allen Seiten spritzte. Dann schossen ihr die Tränen in die Augen und sie rief mit bebender Stimme: »Odysseus, du bist es, mein liebes Kind! Musste ich dich erst betasten, bevor ich dich erkannte?«

Ihr Herr aber hielt ihr schnell den Mund zu und flüsterte: »Mütterchen, sei nur still und verrate keinem das Geheimnis, auch nicht deiner Herrin! Bald ist die Stunde der Rache da. Aber sage nichts, zu niemandem. Alle müssen arglos sein, nur dann kann mein Plan gelingen. Und Penelope würde wahrscheinlich die Fassung verlieren, wenn sie wüsste, wer ich bin.«

Die alte Amme aber sah ihn an und erwiderte ebenso leise: »Keine Sorge, mein Kind. Ich bin verschwiegen, und mein Wille ist fest und unerschütterlich. Ich bete zu den Göttern, dass dir alles gelingen möge.«

Der Wettkampf

Am nächsten Tag versammelten sich die Freier wie üblich zum Schmausen und Trinken. Telemachos aber hatte für den Bettler extra einen kleinen Tisch in der Nähe des Eingangs aufgestellt. Und wieder nutzten die übermütigen jungen Männer die Gelegenheit, sich über Telemachos, den Sohn des Hauses, lustig zu machen, der sich solche Gäste wie diesen stinkenden Bettler einlud. Einer der Freier warf sogar mit einem Kuhfuß nach Odysseus, der dem Wurf mit einer kleinen Drehung des Kopfes auswich. Und jeder dieser Vorfälle schürte den Zorn und den Rachedurst in seinem Herzen stärker an.

Inzwischen war auch noch der Rinderhirt Philoitios in die Stadt und den Palast gekommen. Er war ein redlicher Mann und genau wie Eumaios seinem Herrn ergeben und hoffte auf dessen Wiederkehr. Freundliche Worte sprach er zum Bettler am Tisch neben der Tür und Odysseus wusste: In ihm hatte er einen weiteren Verbündeten gefunden.

Nach dem Mahl war Penelopes Stunde gekommen. Sie nahm den Schlüssel und begab sich zu der Kammer, wo alle kostbaren Gerätschaften des Hauses aufbewahrt wurden, und holte von dort den Bogen und den Köcher mit den Pfeilen. Aber sie konnte nicht sogleich zurück in die Halle gehen, denn der Schmerz der Erinnerung überwältigte sie, und sie sank weinend auf einen Stuhl. Schließlich sammelte sie sich; sie ließ die Geräte in einen Kasten legen, den die Frauen hinter ihr hertrugen. So trat sie hinaus vor die lärmenden unwillkommenen Gäste, die bei ihrem Anblick sofort ruhig wurden und aufmerksam der Dinge harrten, die sich ereignen würden.

Penelope fasste sich kurz. Sie sprach ruhig und würdig: »Ihr Männer, die ihr mich zur Frau erwerben wollt: Seht, was ich hier herbeibringen lasse. Es ist der Bogen des Odysseus, meines erhabenen Gemahls. Wem es gelingt, ihn zu spannen und einen Pfeil durch die Löcher von zwölf Axtblättern zu schießen, die ich hier aufstellen lasse, dem werde ich als Gattin folgen.«

Mit Erstaunen und Verwunderung hörten die Freier ihre Worte. Sie alle erklärten sich bereit, diese Bedingung anzuerkennen. Natürlich dachte jeder von ihnen, dass er die Probe ohne Weiteres bestehen könnte.

Auch Telemachos stieg nun in das Spiel ein. Er legte seinen Mantel ab, zog eine Linie durch den Saal und bohrte dort die Axtblätter eins nach dem anderen mit der Schneide in den Boden, sodass sie eine Linie bildeten, und wohl oder übel bewunderten alle seine Kraft und Genauigkeit. Dann ergriff er selbst als Erster den Bogen und versuchte, ihn zu spannen, aber ein heimlicher Wink seines Vaters hielt ihn davon ab.

Antinoos trat nun wieder in den Vordergrund, herrisch wie er war, und gab die Anweisung, in welcher Reihenfolge die Männer sich an dem Bogen versuchen sollten. Er sagte: »Ich kann mir denken, dass eine Waffe des Odysseus nicht einfach zu handhaben ist, aber nur mutig voran, wir wollen es versuchen.«

Im Geiste sah er sich selbst schon mit dem gespannten Gerät, den Pfeil auflegen und die Ösen der Äxte durchschießen.

Einer nach dem anderen probierten nun die Freier, die Sehne aufzuziehen, um die Waffe zu spannen, aber bereits daran scheiterten sie.

Eurymachos sagte schließlich: »Der Bogen hat zu lange unbenutzt herumgelegen, das Holz ist ausgedörrt.« Und er wandte sich an den Ziegenhirten: »Melantheus, mach uns ein Feuer, damit wir ihn anwärmen können, und hole eine Scheibe Speck, um ihn damit einzufetten und geschmeidig zu machen!«

Das geschah, und währenddessen ging Odysseus, von den beschäftigten Männern unbemerkt, vor die Tür des Saals, wo sich der Sauhirt und der Rinderhirt aufhielten. Er trat zu den beiden, nahm sie beiseite und sagte leise und vertraulich: »Ich denke, auf euch kann man sich verlassen. Ihr habt nichts gemein mit diesen da drin. Wie wäre es für euch, wenn ein Gott plötzlich Odysseus zurückführen würde? Zu wem würdet ihr stehen – zu ihm oder zu denen?«

»Was für eine Frage!«, sagte Eumaios. »Wenn unser Herr zurückkäme, würden wir mit Gut und Blut für ihn einstehen!« Und das Gleiche sagte der Rinderhirt.

Odysseus nickte. Er hatte nichts anderes erwartet.

»Nun will ich nicht länger damit hinterm Berg halten, Freunde«, sagte er. »Ich bin es selbst, Odysseus. Und ich hoffe, ihr werdet mir helfen, diese schändlichen Freier zu bezwingen. Für eure Hilfe werdet ihr von mir reich belohnt werden mit Haus und Hof, und mein Sohn und ich werden euch ehren, als wärct ihr unsere Verwandten. Damit ihr aber auch nicht den geringsten Zweifel hegt, seht hier die Narbe, die ihr sehr wohl kennt.« Mit diesen Worten entblößte er sein Bein von den Bettlerlumpen und zeigte ihnen die Narbe, die ihm der Eber geschlagen hatte.

Da fielen ihm die beiden Hirten um den Hals wie einem lang vermissten Bruder.

Schließlich sagte Odysseus: »Lasst uns jetzt keine Zeit mit allzu großer Wiedersehensfreude vergeuden, und verbergt eure

Gefühle noch eine Weile, damit niemand im Palast etwas merkt. Wir müssen handeln. Du, Philoitios, gib Eurykleia, meiner alten Amme, Bescheid, dass sie die verräterischen Mägde einsperrt und die Hintertür verriegelt. Dann verschließe du das Hoftor. Keiner darf entkommen. Und wenn ich da drinnen nach dem Bogen und dem Köcher verlange, Eumaios, so lass dich nicht beirren von den wütenden Freiern, sondern bringe alles durch den Saal zu mir, gleich, was sie sagen. Telemachos wird dich unterstützen.«

Nachdem er so alles abgesprochen hatte, begab er sich mit den Hirten zurück in die Halle.

Gerade war Eurymachos dabei, den Bogen über dem Feuer zu drehen, um ihn zu erwärmen. Dann versuchte er, die Sehne aufzuziehen, aber auch ihm gelang es nicht. Ärgerlich sagte er: »Es grämt mich nicht so sehr um die Hand Penelopes als darum, wie wir dastehen! Wenn wir gegen den großen Odysseus so kraftlos erscheinen, werden noch unsere Enkel über uns lachen!«

Antinoos aber suchte nach einem Vorwand, es heute nicht mehr zu probieren, und meinte: »Wir haben wahrscheinlich alle zu viel getrunken. Lieber sollten wir es morgen mit frischen Kräften noch einmal versuchen, nachdem wir dem Bogenschützen Apollon ein Opfer gebracht haben.«

Daraufhin setzten sich alle wieder zur Tafel.

Odysseus aber sagte: »Ihr tut gut daran, den Wettkampf auf morgen zu verschieben. Aber heute ... wie wär's? – Würdet ihr mir wohl gestatten, auch einmal diesen großen Bogen in die Hand zu nehmen?«

»Bist du verrückt geworden, Bettler?«, fuhr Antinoos auf. »Willst du Ärger bekommen?«

Da mischte sich Penelope ein. »Antinoos, warum verweigerst

du dem Fremden, den Bogen zu berühren? Fürchtest du etwa, ich könnte ihn zu meinem Ehegemahl nehmen, wenn er es schafft?«, fragte sie spöttisch.

»Das nimmt gewiss niemand an«, erwiderte ihr Eurymachos anstelle des Freundes. »Wir befürchten nur, dass wir uns für ganz Griechenland zum Gespött machen, falls dieser Kerl das schaffen sollte, woran wir gescheitert sind.«

Jetzt mischte sich Telemachos ein. Er sagte entschieden: »Über den Bogen habe nur ich zu bestimmen, denn ich bin der Erbe des Odysseus. Und ich ordne an, dass dieser Mann hier einen Versuch mit dem Bogen wagen darf. Du, Mutter, begib dich zurück in deine Gemächer. Das hier ist Männersache.«

Und die kluge Penelope zog sich zurück. Sobald sie aber in ihrem Gemach war, legte Pallas Athene gnädig einen sanften Schlummer auf ihre Augen, sodass sie von den Schrecknissen, die sich nun in ihrem Haus ereigneten, nichts mit ansehen musste.

Jetzt befahl Telemachos dem Eumaios, den Bogen durch den Saal zu Odysseus zu tragen, wie sie es abgesprochen hatten. Die Freier erhoben ein wütendes Geschrei gegen solche Anmaßung und protestierten laut, und den Sauhirten verließ der Mut. Er wollte den Bogen wieder fortlegen, aber Telemachos sagte warnend: »Väterchen, ich bin der Herr im Haus! Wenn du auf jeden hier hören willst, ergeht es dir bald schlecht.«

Mit wankenden Knien brachte nun Eumaios die Waffe und den Köcher zu Odysseus; er fürchtete weniger das Geschrei der Freier als den Kampf, der nun bevorstand. Dann gab Philoitios der Eurykleia das verabredete Zeichen, und sie verschloss unverzüglich den Hinterausgang, während Philoitios heimlich und leise das Hoftor verriegelte und mit einem Seil sicherte.

Die Freier hatten über die Worte des Telemachos laut gelacht und vergaßen schnell ihren Zorn. Sie widmeten sich wieder den Freuden des Mahls und sahen arglos und neugierig zu, was der Bettler wohl mit dem Bogen anstellen würde.

Endlich hielt Odysseus seinen Bogen in der Hand!

Prüfend drehte er ihn hin und her und begutachtete das Holz, ob es in der langen Zeit auch nicht die Würmer befallen hätten oder es sonst irgendwie Schaden genommen hätte. Und die ihm am nächsten saßen, sagten beunruhigt: »Seht doch nur, wie dieser Lumpenkerl mit dem Bogen umgeht! Der scheint ja wirklich etwas davon zu verstehen!«

Nachdem Odysseus nun die gewaltige Waffe von allen Seiten geprüft hatte, zog er die Sehne so leicht auf, wie ein Musiker wohl die Saiten seiner Lyra aufzieht, und prüfte mit der rechten Hand ihre Spannkraft, und die Sehne gab einen hellen Ton von sich, wie der Schrei des Mauerseglers.

In diesem Augenblick schickte Zeus ein Donnergrollen vom Himmel herab und die Freier durchfuhr ein unbestimmter Schrecken.

Odysseus griff ruhig einen Pfeil aus dem Köcher, legte ihn auf und spannte dann den Bogen, und ohne dass er sich von seinem Stuhl erhob, sandte er das Geschoss genau durch die Ösen der zwölf Äxte; die erzbewehrte Spitze sauste nach draußen ins Freie.

Und während die Schmausenden mit offenen Mündern staunten, sagte Odysseus voller Ingrimm zu seinem Sohn: »Nun, Telemachos, ich denke, es ist angerichtet. Die Stunde des Mahls ist gekommen.«

Und der junge Mann verstand den Wink. Er zog sein Schwert, ergriff den Speer und stellte sich so an die Seite seines Vaters.

Odysseus streifte sich die Bettlerlumpen ab, ergriff den Köcher und sprang mit einem Satz auf den erhöhten Sims an der Wand. Die Pfeile schüttete er aus zu seinen Füßen, sodass er schnell zugreifen konnte, und rief dann zu den Freiern herunter: »Der erste Wettkampf liegt hinter uns, ihr Herren! Nun suche ich mir andere Ziele aus, solche, die noch keiner bisher getroffen hat!«

Und er zielte auf Antinoos. Der hatte gerade den Pokal erhoben und wollte ihn ahnungslos zum Mund führen. Da fuhr ihm der Pfeil in die Kehle, dass er zum Nacken wieder herauskam. Der Becher fiel klirrend zu Boden. Er selbst sank seitlich um, den Tisch mit sich reißend, und der dicke Blutstrahl, der ihm aus der Nase schoss, besudelte die Speisen, die auf die Erde gefallen waren.

Die anderen sprangen entsetzt auf und suchten nach Waffen, aber es gab keine; in der Nacht zuvor hatten Odysseus und sein Sohn sie weggeschafft.

Noch meinten sie, der Bettler habe aus Versehen einen unwillkürlichen Schuss abgegeben und damit einen aus ihrem Kreis getötet, und sie schrien durcheinander: »Du verfluchter Kerl, was schießt du hier auf Menschen? Warte nur, das soll dein letzter Schuss gewesen sein!«

Aber nun brach der angestaute Hass aus Odysseus heraus.

»Hunde!«, schrie er mit lauter Stimme. »Ihr habt gedacht, ich komme nie wieder nach Hause von Troja, darum habt ihr mein Hab und Gut verprasst und die dienenden Weiber beschlafen, ihr habt um meine Frau geworben und sie ungebührlich bedrängt, während ich noch am Leben war, und die Gesetze der Götter und Menschen verhöhnt. Nun ist über euch alle das Netz des Verderbens gebreitet!«

Da ergriff die Freier blankes Entsetzen. Schließlich fasste sich Eurymachos und sagte mit bebender Stimme: »Wenn du wirklich Odysseus bist, der heimkam, so hast du recht, auf uns zu zürnen, denn wir haben an dir und deinem Eigentum viel Unrecht verübt. Aber der Anstifter von allem, Antinoos, ist ja nun tot, ihn hat deine Rache dahingestreckt. Er war die treibende Kraft – und er hatte auch vor, deinen Sohn zu ermorden und König von Ithaka zu werden. Er hat seine verdiente Strafe nun empfangen. Also habe Einsicht und verschone uns andere. Wir wollen dir vergüten, was wir hier gegessen und getrunken haben, und außerdem jeder eine Buße in Rindern und Gold entrichten, so viel du verlangst.«

»Nein, Eurymachos«, entgegnete Odysseus finster. »Und wenn ihr mir euer gesamtes Erbe anbieten würdet – ich bin entschlossen, euch alle zu töten. Tut nun, was ihr wollt, kämpft oder flieht. Ich aber denke, keiner wird mir entkommen.«

Eurymachos wandte sich an die anderen und sagte hastig: »Freunde, die Hände dieses Mannes wird niemand aufhalten; solange er Pfeile im Köcher hat, wird er auf uns schießen. Darum lasst uns schnell die Tische als Schilde vor uns schieben, zieht die Schwerter, und dringt auf ihn ein, so können wir entrinnen. Dann eilen wir hinaus und holen uns Hilfe gegen diesen Wütenden.«

Und er zog sein Schwert, sprang auf und drang mit wildem Kampfschrei gegen Odysseus vor, doch der sandte im gleichen Augenblick einen Pfeil und traf Eurymachos in die Brust, dass er tot zu Boden stürzte. Zur selben Zeit durchbohrte Amphinomos von hinten der Speer des Telemachos.

Die Freier waren kopflos vor Entsetzen. In ihrer Panik wussten sie nicht, was sie nach diesen drei Morden unternehmen sollten. Telemachos nutzte die Verwirrung, trat zu seinem Vater und sagte: »Ich will schnell in die Waffenkammer laufen und für uns beide und die Hirten Schilde, Helme und weitere Waffen holen.«

»Beeile dich«, entgegnete Odysseus, »lauf, und bring alles herbei, solange ich noch Pfeile zur Abwehr habe, damit sie mich nicht von der Schwelle verdrängen können.«

Das tat Telemachos, und bald standen sie zu viert, bewaffnet und gerüstet, bereit zum Kampf auf der erhöhten Schwelle.

Der junge Mann hatte aber in der Eile vergessen, die Tür der Waffenkammer wieder zu verschließen. Das machte sich der falsche Ziegenhirt Melantheus zunutze; er schlich sich davon und versorgte nacheinander die Freier mit Lanzen und Schilden, sodass sich die vier plötzlich voll bewaffneten Männern gegenübersahen.

»Woher haben sie diese Waffen?«, fragte Odysseus, während er seine letzten todbringenden Pfeile verschoss und sich dann den Helm aufsetzte und Schild und Speer ergriff. »Hat eine der Mägde ihnen verräterisch geholfen?«

»Vater, es ist meine Schuld!«, rief Telemachos. »Ich habe in der Eile die Tür der Kammer nur angelehnt!«

Odysseus schickte die beiden Hirten aus, das Versäumnis wiedergutzumachen. Die beiden trafen in der Waffenkammer den Melantheus an, der gerade einen neuen Arm voller Speere hinaustragen wollte. Sie fesselten ihn und schlossen ihn in der Kammer ein, dann eilten sie zurück zum Kampfgeschehen.

Inzwischen hatte sich Athene, begierig auf den Streit, zu Odysseus gesellt und ihm, unsichtbar für die anderen, Siegesgewissheit eingeflößt. Dann hatte sie sich schnell wie ein Vogel aufgeschwungen und saß im rußigen Gebälk der Decke, um zuzuschauen.

Die Freier entwickelten nun eine Kampftaktik. Sie beschlossen, alle zugleich ihre Lanzen zu werfen. »Wenn wir erst Odysseus erledigt haben, kümmern uns die anderen wenig!«, sagten sie. Aber Athene verhinderte den Wurf und lenkte ihre Waffen hierhin und dorthin.

Weiter ging das furchtbare Gemetzel. Nachdem die Speere verschossen waren, machten Odysseus und seine Helfer die restlichen Freier im Nahkampf nieder, und Athene freute sich an dem Anblick und schüttelte ihren verderblichen Schild vom Dachbalken herab, dass es laut schepperte und klirrte; das flößte Entsetzen in die Herzen der Überlebenden. Sie irrten im Saal hin und her wie kleine Vögel vor den Klauen des Habichts.

Furchtbares Todesröcheln war zu hören, der Boden dampfte vom vergossenen Blut, und Odysseus stieg über die Leichenberge, um nach denen Ausschau zu halten, die sich vielleicht versteckt hielten. Verschont wurden nur ein Herold und ein Sänger, die den Freiern nur gezwungenermaßen gedient hatten.

Irgendwann regte sich nichts mehr.

Odysseus war wieder Herr im eigenen Haus. Einem Haus, das voller Leichen war.

Nach dem Mord

Da lagen sie nun, hingestreckt wie die Fische, die der Fischer aus dem Netz schüttet – jene, die sich seines Gutes, seiner Herrschaft und seiner Gemahlin hatten bemächtigen wollen. Odysseus sah über sie hin; dann schickte er nach seiner alten Amme Eurykleia.

Die alte Frau kam und fand ihren Herrn zwischen den Leichen stehend wie einen Löwen, der eine Herde gerissen hat, mit funkelnden Augen und an Armen und Beinen mit Blut besudelt.

Als sie das gewaltige und entsetzliche Werk sah, hob sie die Hände und jauchzte auf, aber Odysseus hielt sie zurück. »Freue dich im Herzen, Mütterchen«, sagte er, »aber jubele nicht laut, denn es ist nicht recht, über Erschlagene zu jauchzen. Diese hier hat das Gericht der Götter gefällt. Aber die Arbeit im Haus ist noch nicht vorbei. Vorwärts, nenne mir jetzt die Mägde, die ihre Herrin verachtet und sich mit den Unverschämten eingelassen haben.«

»Es sind zwölf, und ich will sie dir gern nennen«, erwiderte Eurykleia, »aber nun lass mich gehen und eilig die Königin wecken!«

»Nein, warte noch, wecke sie noch nicht«, sagte Odysseus. »Schicke mir zuerst diese zwölf Frauen, damit das Werk vollendet wird.«

Die untreuen Mägde mussten die Leichen fortschaffen und den Saal säubern; danach wurden sie im Hof erhängt, und genauso geschah es mit dem Ziegenhirten Melantheus.

Odysseus aber ließ sich von der alten Frau eine Schale mit Schwefel geben und ließ sie eine Lunte entzünden. Damit räucherte er eigenhändig den Saal aus und reinigte ihn so, und erst danach ließ er sich von Eurykleia das Blut abwaschen und sich mit einem schön verzierten Gewand und einem purpurnen Mantel bekleiden, denn noch immer trug er die Lumpen eines Bettlers.

Alle Diener und Mägde, die Odysseus treu geblieben waren, umringten ihn nun und begrüßten mit Tränen der Freude den heimgekehrten Herrn.

Eurykleia aber eilte zu Penelope und ihr versagten fast die Knie. Sie trat an das Bett ihrer Herrin und sagte mit vor Glück fast versagender Stimme: »Wach auf, liebe Tochter! Die Götter sind uns gnädig. Komm herunter in den Saal. Dein Mann ist zurückgekommen und hat die Freier erschlagen!«

Penelope schlug langsam die Augen auf und erwiderte dann mit einem traurigen Lächeln: »Mütterchen, warum weckst du mich mit solchen dummen Lügenmärchen? Ich habe gerade so tief und fest geschlafen wie lange nicht mehr. Hätte mir eine andere als du so eine Geschichte aufgetischt, so hätte ich sie wohl sehr gescholten. Nun lass mich und geh wieder an die Arbeit.«

»Die Arbeit ist getan!«, sagte die Alte triumphierend. »Jener Bettler, den alle im Saal verspotteten, hat sie für uns erledigt, denn er ist Odysseus. Dein Sohn wusste es längst, aber er hielt es geheim, bis die Rache an den Freiern vollbracht war.«

Penelope erhob sich vom Lager und sah Eurykleia ungläubig an. »Wenn das wirklich wahr ist und wenn Odysseus nach Hause gekommen ist – wie hat er denn die große Menge der Freier besiegen können? Sie waren in der Übermacht!«

»Das weiß ich nicht«, entgegnete die Amme. »Ich war nicht in der Halle, sondern ich und die anderen dir treuen Mägde, wir hielten uns im Frauengemach auf. Wir hörten nur das Ächzen, das Klirren der Waffen, das Todesgeschrei. Vielleicht hat ihm ja ein Gott beigestanden. Als dein Gemahl mich zu sich rief, stand er bereits zwischen den Leichenbergen. Du kannst aber ohne Furcht herabsteigen, die Halle ist gereinigt und die Toten wurden fortgeschafft.«

Penelope schüttelte den Kopf und sagte: »Vielleicht hast du recht, dass ein Gott uns von den Freiern erlöst hat; dass es Odysseus ist, kann ich nicht glauben. Er hat bestimmt sein Leben verloren in der Fremde.«

»Wie kannst du nur so misstrauisch sein!«, rief Eurykleia und rang die Hände. »Ich kann dir ein sicheres Zeichen nennen, denn auch ich habe ihn erkannt! Als ich ihm die Füße gewaschen habe, fand ich die Narbe von dem Eberzahn unter seinem Knie! Ich wollte dich gleich rufen, aber er hatte es mir aus Vorsicht untersagt. Komm endlich mit herunter, liebe Tochter, und überzeuge dich selbst!«

»Gut, lass uns hinabgehen«, sagte Penelope leise. »Ich werde ja sehen.«

Und so stiegen sie die Stufen hinunter und betraten die Halle.

Odysseus und Penelope

Mit zögernden Schritten betrat die Fürstin die Halle und setzte sich, ohne ein Wort zu sagen, am Herdfeuer auf der anderen Seite des Saals nieder, dort, wo Odysseus nicht war. Der verharrte, an eine Säule gelehnt, sah zu Boden und wartete. Und sosehr sein Herz sich auch sehnte, die geliebte Frau in die Arme zu nehmen, so genau verstand er auch ihr Zögern. Ihre Hoffnung war allzu oft getäuscht worden und sie wollte keinem Betrüger ins Garn gehen.

Penelope indes betrachtete den Mann, der ihr da gegenübersaß, mit gemischten Gefühlen. Mal schien er ihrem verschollenen Gatten ähnlich, dann wieder nicht. Und sie wagte kaum, ihm gerade ins Gesicht zu sehen, aus Furcht, seinen Augen zu begegnen.

Endlich durchbrach Telemachos die Stille und sagte ungeduldig: »Mutter, hast du denn statt eines Herzens einen Stein in der Brust? Warum gehst du nicht zu ihm, befragst ihn, forschst ihn aus? Wie kannst du so unempfindlich sein und ihn dir aus der Ferne betrachten? Ich verstehe dich nicht!«

Penelope sagte leise: »Bitte, lass mir Zeit, lieber Sohn. Noch bin ich wie gelähmt. Aber sei getrost, wenn dieser Mann wirklich Odysseus ist, dann werden wir einander an geheimen Zeichen erkennen.«

Odysseus indessen lächelte. »Lass doch, Telemachos, gib der Mutter die Gelegenheit, mich gründlich und in Ruhe zu mustern. Sie weiß schon, was sie tut. Indessen müssen wir überlegen, was hier weiter geschehen soll. Schließlich haben wir die edelsten Jünglinge Ithakas und der umliegenden Inseln erschlagen, und gewiss werden ihre Familien bald als Rächer auftreten. Also, was tun wir?«

Telemachos sagte: »Vater, von dir wissen wir, dass du in aller Welt als klügster Ratgeber giltst. Sag du uns, was zu tun ist.«

»Gut denn«, erwiderte Odysseus. »Ich schlage vor, dass sich alle in festliche Kleidung hüllen, der Sänger die Leier schlägt und die Mädchen singen und tanzen. Die Pforten des Palastes sollen mit Blumen umkränzt werden, sodass man in der Stadt meint, es gäbe eine Hochzeit, und alle sagen: So, nun hat also Penelope einem der Freier nachgegeben. Und während sich das Gerücht ringsum verbreitet, können wir morgen in aller Frühe auf unser Landhaus hinausreisen. Dort wollen wir abwarten, was weiter passiert.«

So geschah es. Alle im Haus badeten und salbten sich, auch Penelope, und kleideten sich in die schönsten Gewänder, und dann begannen Musik und Tanz.

Es trat genau das ein, was Odysseus vorausgesagt hatte – draußen sammelten sich die Leute und sagten: »So, nun ist es geschehen. Die Fürstin hat einem der Bewerber nachgegeben, sie hat nicht mehr die Kraft gehabt, ihrem Mann das Haus zu bewahren. Ach, wie traurig ist das doch!« Und die Kunde verbreitete sich überall.

Auch Odysseus stieg nach der ersten notdürftigen Reinigung vom Blut der Erschlagenen noch einmal ins Bad und trat nun seiner Frau in aller seiner von der Göttin gegebenen Schönheit gegenüber. Er setzte sich auf seinen Thronsessel – sie trat zwar zu ihm, aber sie wandte noch immer den Kopf ab und sprach nicht mit ihm.

Schließlich sagte Odysseus seufzend: »Seltsame Frau, du hast wohl ein Herz aus Eisen in der Brust, dass du es nicht über dich bringst, den Heimgekehrten freundlich zu begrüßen.« Und er wandte sich an Eurykleia: »Mütterchen, richte du mir irgendwo ein Lager, denn diese hier verschmäht mich.«

Darauf stellte die besonnene Frau ihn auf die Probe. Sie sagte: »Verzeih mir und glaube mir, nicht Stolz oder Verachtung halten mich von dir fern, nur Unsicherheit. Aber die will ich nun von mir streifen. Geh denn, Eurykleia, und bringe unsere gemeinsame Bettstatt nach draußen ins Freie, und bedecke sie mit Fellen und kostbaren Decken.«

Odysseus fuhr auf und sagte zornig: »Frau, was redest du da? Wer hat sich an unserem Bett zu schaffen gemacht, dass man es auf einmal von der Stelle bewegen kann? Ich selbst habe dies Lager gezimmert, und außer dir und mir weiß niemand, wie es gebaut ist. Mitten in unserem Palast wuchs ein Ölbaum, um den herum ließ ich unser Schlafzimmer bauen. Dann kappte ich seine Krone und fing an, ihn von der Wurzel her zu glätten und zu behauen, bis er nur noch so hoch wie ein Bett war – ich! Mit eigenen Händen! Und darüber zimmerte ich die Lagerstatt und belegte sie mit Gold und Elfenbein und bespannte den Rahmen mit starken Gurten aus Rinderhaut. Das ist unser Lager, Penelope! Und wenn es nicht mehr steht, müsste schon jemand den Ölbaum mit der Wurzel gerodet haben!«

Da zitterten Penelope die Knie, und lachend und weinend zugleich sprang sie von ihrem Sitz auf, lief zu ihrem Gemahl und warf sich ihm an den Hals. »Ja, nun weiß ich sicher, du bist es und kein anderer!«, rief sie unter Schluchzen und Küssen. »Niemand als du und ich wussten um dies Geheimnis, so ist es. Zürne mir nicht, geliebter Mann, dass ich dich nicht gleich überschwänglich begrüßt habe. Aber ständig lebte ich in Angst, ein Betrüger würde versuchen, deine Stelle einzunehmen! Nun ist dir das Lager bereit, das du selbst gebaut hast, bereit für dich, so wie dein Haus und das Land deiner Väter.«

Dann gingen sie zu Bett und erfreuten sich aneinander, und danach erzählte Odysseus seiner Frau all die Wunderdinge und Schrecknisse, die er erlebt und erlitten hatte – bis die rosige Morgenröte am Horizont auftauchte.

Die Aussöhnung

Mit dem Morgenrot stand Odysseus auf und verließ seine Frau, um mit dem Sohn und den beiden Hirten auf das Landgut zu gehen, wo sein alter Vater Laertes zurückgezogen lebte.

Natürlich erkannte nach zwanzig Jahren der Vater seinen Sohn ebenso wenig wieder wie seine Ehefrau, und auch hier musste er erst die Narbe unterm Knie vorweisen, damit der Vater ihm glaubte.

Als Laertes erfuhr, was geschehen war, geriet er in große Sorge. »Du hast die edelsten Häuser Ithakas ihrer Erben beraubt!«, rief er. »Die ganze Stadt, das Land, die benachbarten Inseln werden sich gegen dich erheben!«

»Wir müssen gemeinsam einen Weg finden, auf dass das Blutvergießen ein Ende hat und wir uns mit den Eltern und Geschwistern der Toten aussöhnen!«, sagte Odysseus ernst.

Währenddessen hatten die Blutsverwandten der Erschlagenen die Leichname gefunden. Unter lauten Wehklagen und Drohungen gegen die Mörder hatten sie die Toten bestattet, die aber von den anderen Inseln herstammten, wurden mit schnellen Booten in ihre Heimat überführt.

In einer großen Volksversammlung prallten die Meinungen aufeinander.

»Odysseus ist unser Verderben!«, sagte der eine. »Nicht nur, dass er vor zwanzig Jahren schon einmal die Blüte des Landes fortgeführt hat in einen verderblichen Krieg – keiner ist zurückgekehrt! –, jetzt hat er auch noch die nächste Generation abgeschlachtet! Wie sollen wir Väter der ermordeten jungen Männer leben, ohne Rache zu nehmen? Wir würden eine Schande für ganz Griechenland sein!« Aber es erhoben sich auch Gegenstimmen. »Was Odysseus vollbracht hat, das hat er nahezu allein getan!«, gaben die zu bedenken. »Einzig sein Sohn und zwei seiner Diener haben ihm beigestanden. Ist es da nicht einleuchtend, dass ihm ein Gott zur Seite gestanden haben muss? Die Unsterblichen sind auf seiner Seite!«

Und eine dritte Meinung war die, dass sich die Ältesten von Ithaka das jetzige Elend selbst zuzuschreiben hatten. Denn sie hatten keinen Versuch unternommen, die Jungen von ihrem frevlerischen Tun zurückzuhalten. Odysseus, hieß es, habe nur getan, was jeder Familienvater zu tun berechtigt sei: Er habe die Feinde seines Hauses vernichtet.

So stritten sie miteinander, und wie es aussah, gewann die Partei, die Vergeltung üben wollte, die Oberhand.

Pallas Athene hatte unerkannt der Versammlung beigewohnt und aufmerksam alles verfolgt. Nun sah sie, dass ihrem Schützling erneut Gefahr drohte. Eilig stieg sie zum Olymp auf, trat vor ihren Vater Zeus und sprach: »Herr der Götter, sage mir, was nach deinem Willen in Ithaka geschehen soll. Krieg und Zwietracht oder Frieden und Ruhe?«

»Das ist doch längst beschlossen, Tochter«, erwiderte der Gewaltige. »Als ich die Erlaubnis gab, dass Odysseus heimkehren kann, da bedeutete das ein Ende der Feindseligkeiten, Einigkeit und Frieden. Freilich müssen die Geister der Toten versöhnt werden.«

Froh über diese Worte schwebte die Göttin zur Erde und ließ sich auf Ithaka nieder.

Dort rüsteten die zornigen Väter der Freier schon zum Streit und zogen gegen das Landhaus des Laertes zu Felde, wo sie die Herrscherfamilie versammelt wussten, und sicher wäre es wieder zu Blutvergießen gekommen, wenn die Göttin nicht selbst mit hallender Stimme Einhalt geboten hätte.

Schließlich einigte man sich. Odysseus versöhnte die Seelen der Erschlagenen durch reichliche Opfer und entschädigte ihre Familien mit Rindern und Gold, und mit heiligen Eiden verpflichtete Pallas Athene selbst die Parteien, Frieden zu halten.

Nun huldigte das Land erneut seinem Schutzherrn und Fürsten Odysseus, und jubelnd geleitete man den Kämpfer, der so vieles erduldet hatte, zurück in seinen Palast, wo ihn die treue Penelope mit ihren Dienerinnen, bekränzt und geschmückt, erwartete, als ginge es zu einem zweiten Hochzeitsfest.

Athene aber sah ihrem Schützling mit Wohlgefallen zu und wandte sich ab, andere Taten des Kampfes und der Klugheit zu vollbringen.

NACHBEMERKUNG

Als Erzähler sich der griechischen Sagenwelt unvoreingenommen zu nähern, bedarf es Mut und Dreistigkeit.

Immerhin gehören zum Kanon zwei der größten Dichtungen, die der europäische Kulturkreis hervorgebracht hat: Homers Epen »Ilias« und »Odyssee«. Und diese unsterblichen Meisterwerke liegen in mehreren mustergültigen Nachdichtungen und Nacherzählungen vor ... Um ehrlich zu sein: Eigentlich hat man keine Chance.

Besser machen geht nicht. Aber vielleicht kann man es anders machen.

Bei der Beschäftigung mit den Mythen und Sagen der Antike und den vielfältigen Formen, in denen sie überliefert sind, kam ich mir irgendwann vor, als wäre ich zu Besuch in einer kleinen Ortschaft auf dem Peloponnes. Keinem Dorf – obwohl man hier ein Prinz sein kann und trotzdem die Herden seines Vaters hütet –, eher wohl einer kleinen Stadt, so wie es Athen wahrscheinlich zu der Zeit gewesen war, bevor König Theseus die Flecken der Umgebung eingemeindete. Aber einer Stadt, in der jeder jeden kennt.

Man kommt als Fremdling und ist zu Gast bei verschiedenen Familien, und alle beginnen, einem ihre Familiengeschichte zu erzählen. Und nun stellt sich auch noch heraus, dass nicht nur jeder jeden kennt, sondern außerdem eigentlich alle miteinander verwandt sind. Und jeder ist in der Lage, seinen Stammbaum in allen Verzweigungen und Nebenästen bis auf den

Ahnherrn zurückzuführen! In vielen Fällen hat ursprünglich ein Gott mitgemischt, was nicht verwundern soll, wenn man bedenkt, was für abenteuerlustige und liebesfreudige Herren diese Olympier waren, allen voran Zeus selbst.

Immer wieder besucht man eine neue Familie, und es tauchen Namen auf, die man schon aus den Geschichten einer anderen Sippe gehört hat, preisgegeben von einer alten Frau im schwarzen Kleid und Kopftuch, die Spindel in der Hand, vor ihrer Haustür auf dem Küchenstuhl sitzend, oder von einem ebenfalls schwarz gekleideten Großvater, der abends in der Taverne seinen Retsina schlürft.

Je länger man bleibt, desto tiefer dringt man in dies Spinnennetz von Beziehungen ein, desto mehr Querverbindungen zeigen sich auf. Im alten Großgriechenland haben alle irgendetwas miteinander zu schaffen.

Natürlich gibt es auch Widersprüche. Dort wird eine Geschichte so dargestellt und da wieder anders, hier hat eine Figur diese Vorzeichen und dort wieder jene, und wenn man erst anfängt, die Chronologie zu hinterfragen, gerät alles vollends durcheinander. Wer nämlich nun wirklich wessen Zeitgenosse war, wer wen wann besucht, gesehen, geliebt oder verlassen hat – das alles verliert sich doch sehr im Träumerischen.

Handfeste Details erhält man in meiner kleinen Ortschaft eigentlich nur im »Hause Homer«. Der Dichter beschreibt präzis die letzten dreißig Tage eines zehnjährigen Krieges und die Irrfahrt eines Spätheimkehrers. Allerdings, für das Drumherum, das Vorher und Nachher, muss man dann wieder andere Zeugen aufrufen …

So verworren gefädelt und so kunterbunt die Webmuster der Familienverquickung in diesen Geschichten sich ausbreiten, so weit ausufernd sind die Lokalitäten, in denen sie angesiedelt sind. Da wird der ganze bekannte Lebensraum durchschritten vom Kaukasus bis nach Gibraltar, da schwingt man sich, zumal wenn man göttlicher Herkunft ist, in Windeseile zum Olymp auf und kehrt sogar in der Unterwelt ein, und zwar nicht auf Nimmerwiedersehen; obwohl es heißt, dass es von dort keine Wiederkehr gibt – ist es doch in diesen Geschichten mindestens fünf Gestalten gelungen, und eine davon war sogar ein junges Mädchen!

Freilich nimmt man es nicht so genau mit der Topografie. Da kann man schon einmal nach Osten reisen und irgendwie im Westen ankommen; vor allem Herakles vollbringt darin Großes – neben seinen anderen verdienstvollen Taten.

Irgendwann wird dem Fremdling, dem Gast in dieser kleinen Stadt, bewusst, dass es nie aufhört mit den Geschichten. Immer wieder wird er etwas erfahren, was ihm neu ist, andere Verwandtschaften tun sich auf, eine Begebenheit wird so oder anders dargestellt; man kann sich aussuchen, welche Variante einem die liebste ist. Der eine Informant gibt sich dramatisch, der nächste wieder schwärmerisch-romantisch, einer versucht sich in Sachlichkeit, der andere erzählt mit ironischem Augenzwinkern. Aber alle schwören sie, ihre Geschichte sei die eigentliche!

Es bleibt nicht aus, dass man süchtig wird. Man will immer mehr hören. Aber die letzten Familiengeheimnisse werden ohnehin nicht preisgegeben. Und warum etwas wirklich geschehen ist – ja, daran sind in jedem Fall die Götter schuld.

Es gibt in all diesen Geschichten eine »letzte Instanz«. Das ist das Orakel zu Delphi, die Stimme der von Opiaten berauschten Pythia. Aber dies Orakel bietet in den wenigsten Fällen wirklich Klarheit. Oft sind die Aussagen geheimnisvoll und verworren, sie stürzen die, die sie befolgen, genauso ins Elend wie die, die versuchen, sie zu umgehen. Sie sind doppeldeutig oder direkt bösartig. Oidipus wird zum Mörder seines Vaters und zum Schänder seiner Mutter, obwohl seine Eltern alles tun, das Verhängnis abzuwenden. Historisch verbürgt: Ein berühmter König, der fragt, ob er einen Krieg beginnen soll, erhält die Antwort, er würde ein großes Reich zerstören – es ist dann sein eigenes.

Das gleiche Ansehen genießen Propheten – Menschen, oft Priester, die in die Zukunft sehen können, wie Teiresias oder Kalchas. Sie sind die großen Autoritäten; aber auch ihr Schicksal ist es, oft nicht ernst genommen zu werden, obwohl man sie ständig mit Fragen belästigt.

Am Ende des Besuchs wird uns klar, dass wir nie und nimmer daheim all das erzählen können, was wir erfahren haben. Wir haben ja nicht alle Zeit der Welt – nur so viel, wie zwischen zwei Buchdeckel passt. Also beschränken wir uns auf die Hauptfiguren, blenden Nebenhandlungen aus, lassen uns und ihnen Distanz, sich gegenseitig zu betrachten, und Luft zum Atmen.

Aber ehe wir unseren kleinen Ort im Peloponnes verlassen, die Taschen randvoll mit Geschichten, werfen wir noch einen respektvollen Blick nach oben. Irgendwo da, sogar höher als der Olymp gelegen, thront Moira, das allmächtige Schicksal, dem sogar die Götter unterworfen sind. Was für ein Glück, dass bei solchem Glauben an das Vorherbestimmte unsere bunt gemischten Heldinnen und Helden trotzdem ständig versuchen, ihr Leben in eigener Regie zu führen, und sich zu so vielen wilden Taten hinreißen lassen.

Denn wovon sollte man sonst erzählen – auch wenn man nicht Homer ist?

Waldtraut Lewin, Jahrgang 1937, studierte in Berlin Germanistik, Theaterwissenschaft und Latein, bevor sie für einige Jahre als Dramaturgin und Regisseurin am Landestheater in Halle arbeitete. Später wurde sie Chefdramaturgin des Musiktheaters und Opernregisseurin am Volkstheater in Rostock. Seit 1978 ist sie freischaffende Autorin und hat bereits zahlreiche Bücher für Jugendliche und Erwachsene geschrieben, für die sie mehrfach ausgezeichnet wurde. Waldtraut Lewin lebt und arbeitet in Berlin.